2024年主题出版重点出版物

中国式现代化十二讲

清华大学"形势与政策"课程组　编

中国教育出版传媒集团
高等教育出版社·北京

图书在版编目（CIP）数据

中国式现代化十二讲 / 清华大学"形势与政策"课程组编 . -- 北京：高等教育出版社，2025.2. --ISBN 978-7-04-063734-2

I. D61

中国国家版本馆 CIP 数据核字第 2025DS3457 号

中国式现代化十二讲
ZHONGGUOSHI XIANDAIHUA SHIER JIANG

策划编辑	侯良健　刘柏才	责任编辑	夏　阳　刘柏才	封面设计	张志奇
版式设计	贺润聪　杨　帆　于　婕	插图绘制	杨　帆　高海钰　杨泽臣	责任校对	张　薇
责任印制	高　峰				

出版发行	高等教育出版社	网　　址	http://www.hep.edu.cn
社　　址	北京市西城区德外大街 4 号		http://www.hep.com.cn
邮政编码	100120	网上订购	http://www.hepmall.com.cn
印　　刷	北京顶佳世纪印刷有限公司		http://www.hepmall.com
开　　本	787mm×1092mm　1/16		http://www.hepmall.cn
印　　张	21.75		
字　　数	260 千字	版　　次	2025 年 2 月第 1 版
购书热线	010-58581118	印　　次	2025 年 2 月第 1 次印刷
咨询电话	400-810-0598	定　　价	68.00 元

本书如有缺页、倒页、脱页等质量问题，请到所购图书销售部门联系调换
版权所有　侵权必究
物　料　号　63734-00

目 录

导 论 / *1*
中国式现代化：理论与实践

第一讲 / *25*
中国经济的新阶段

第二讲 / *47*
中国式现代化是全体人民共同富裕的现代化

第三讲 / *77*
数字中国与科技创新

第四讲 / *99*
土木工程的创新与实践

第五讲 / *127*
万物互联与智能交通

第六讲 / *155*
全面依法治国与法治中国建设

第七讲 / *183*
　　文化自信与文化强国

第八讲 / *211*
　　中国式现代化背景下的教育强国战略

第九讲 / *239*
　　疫情时代与公共卫生体系

第十讲 / *261*
　　"双碳"目标与能源革命

第十一讲 / *291*
　　"双碳"行动中的中国与世界

第十二讲 / *321*
　　可持续发展与三江源治理

后　记 / *343*

导论

中国式现代化：理论与实践

邱勇

清华大学党委书记
中国科学院院士

研究方向为有机光电材料与器件。曾获国家杰出青年科学基金资助，获全国模范教师称号、国家技术发明一等奖。2023年7月24日，清华大学《践行"三位一体"教育理念，培养肩负使命、追求卓越的创新人才》获评高等教育（本科）国家级教学成果奖特等奖。中国共产党第二十届中央委员会候补委员，党的二十大代表，第十三届全国人大常务委员会委员，第十三届全国人大教育科学文化卫生委员会副主任委员，第十三届全国人大代表。

形势与政策对一个国家而言很重要，也与我们每一位同学密切相关。"形势与政策"这门课，不仅要让同学们掌握科学的知识，更要学会思考自己的人生，确定自己人生的努力方向。

习近平强调："以中国式现代化全面推进强国建设、民族复兴伟业，是新时代新征程党和国家的中心任务，是新时代最大的政治。"中国式现代化是我们的目标、期盼，也是我们的方向、路径。党的二十届三中全会提出，继续完善和发展中国特色社会主义制度，推进国家治理体系和治理能力现代化。到2035年，全面建成高水平社会主义市场经济体制，中国特色社会主义制度更加完善，基本实现国家治理体系和治理能力现代化，基本实现社会主义现代化，为到本世纪中叶全面建成社会主义现代化强国奠定坚实基础。对于当前进入大学的同学们来说，中国式现代化不是一个简单的主题或者话题，它是一个时限，是大家从青年到壮年的人生成长过程，是置身其中的一段深刻的人生经历。

人人都不可能孤立于社会而存在。一个人身处社会之中，不了解形势，就不了解政治，也就没有个人的具体目标和发展方向。

何为形势？《资治通鉴》里这样说："形者，言其大体得失之数也；势者，言其临时之宜、进退之机也"。形势是指事物发展的状况、趋势，也指地形上的高下平险的情况。了解形势，是一种对发展现状、变化趋势的判断。判断之后还要有随机应变、把握进退的能力。

形势与我们的关系是什么？可以用三个短语来概括。第一是"察势而明"，在复杂多变的情形中，敏锐地洞见事物发生和演变的规律。第二是"因势而谋"，顺应社会发展和时代进步，谋划远大而坚定的人生事业。第三是"乘势而上"，要有所作为、有所行动，不断超越自我、提升人生高度。

"虽有智慧，不如乘势。"一个人再努力、再聪明、能力再大，也要找准社会时代发展的方向和脉络，才有可能追求更有意义的人生价值。同学们来到清华之后，一定会有一番思考，只有不断学习了解形势，才能对国家发展状况有深刻的把握，才能真正肩负起社会责任。

我国面临的国际形势是什么？当前，世界百年未有之大变局加速演进，世界之变、时代之变、历史之变正以前所未有的方式展开。这包括很多重大事件，例如中美博弈持续、地缘冲突加剧、极端天气频发等。最近，科技的进步与发展尤其是人工智能的最新突破令人兴奋，我们在积极拥抱人工智能带给世界变化的同时，也要防范它所衍生的技术滥用、失去控制等风险。2024年是迄今为止规模最大的选举年，全球将有超过70个国家和地区（其人口约占全球的一半）举行全国性选举，这将对全球的外交政策、贸易环境、地缘政治等产生重要影响。

我们国内的发展形势是什么？一方面，实现中华民族伟大复兴进入了不可逆转的历史进程，2023年中国国内生产总值增速为5.2%，高于全球增速；目前中国是140多个国家和地区的主要贸易伙伴，货物贸易总额居世界第一。另一方面，我们也面临着人口老龄化、少子化、就业压力长期存在、重大突发公共安全事件处置能力仍待提高、集成电路等"卡脖子"问题没有根本解决的一系列严峻挑战。通过多维度地看待世界形势、辩证地看待中国发展，我们要认识到这些风险挑战都是相互联系的，我们更要思考在这些形势下作为一个清华人应该做什么。

一、中国式现代化的探索历程

什么是现代化？概括来说，现代化是从传统社会向现代社会的转变，是一场全社会的变革。它是复杂的过程，也是系统的过程，既是全球的过程，又是长期的过程。现代化被看作是经济上落后的国家在经济和技术上赶上世界先进水平的历史过程，也被视为工业化进程。1867年，马克思在《资本论》序言中指出："工业较发达的国家向工业较不发达的国家所显示的，只是后者未来的景象。"这一观点被学术界视为现代化思想的早期表现。列宁在1920年提出"共产主义是苏维埃政权加全国电气化"，这是社会主义现代化概念的早期表述。

在现代化的过程中，社会各单元和个体对于科学革命所带来的新环境和新变化也在进行适应和调整。因此，现代化也是一种心理态度、价值观和生活方式的改变过程。

（一）封闭落后阻挠现代化的进程

在人类社会发展历程中，出现过三次现代化浪潮。

第一次现代化浪潮是18世纪后期到19世纪中叶，资本主义工业革命推动人类社会从农业文明进入工业文明时代，英国、法国、荷兰、美国、西班牙等国在这一时期取得快速发展。

第二次现代化浪潮是19世纪下半叶至20世纪初，工业化进一步发展，世界经济驶入快车道，人类社会进入"电气时代"，美国和苏联、德国、日本完成了快速发展。在前两次现代化浪潮中，中国均错失了宝贵的发展机会。

第三次现代化浪潮是从第二次世界大战结束后到今天，新科技革命推动人类社会进入信息时代。在这个过程之中，东亚的发展引人瞩目，中国也终于进入了现代化的历史进程之中。在这一时期，资本主义发达国家对多数发展中国家的先发优势进一步扩大，而中国却显著缩小了与发达国家之间的差距。原因是我们中华民族一旦抓住机会，就能展示出我们的韧性、耐力、勤奋，就有可能后来居上。

为什么中国在第三次现代化浪潮中会爆发出如此巨大的能量？中华民

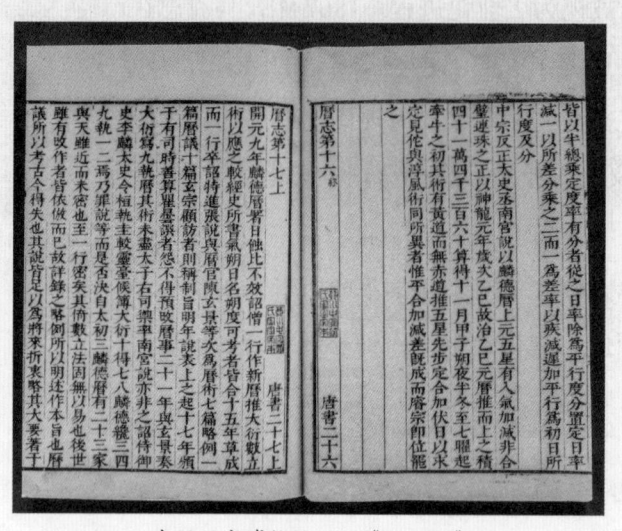

中国国家博物馆——《大衍历》

族在历史上曾经拥有辉煌,有过高光时刻,渴望复兴,也有再次辉煌的梦想。

公元728年,唐朝颁行的《大衍历》已经记录了太阳、月亮每天的位置与运动,每天人们见到的星象和昼夜时刻,以及日食、月食出现的时间和五大行星的位置,比同一时期西方的历法更为科学精确。指南针发明之后,出现了"海道针经",这可谓是中国古人的"航海秘笈",它记录了固定航海路径的指南针针位和航海里程,使得后面的人有路可依。还有一个技术叫"过洋牵星术",它是利用天文观测来实现导航的技术。

明朝时期,郑和在1405年至1433年之间七次下西洋,到访过30多个国家和地区,航行的距离很远,最远到达东非、红海地区。郑和下西洋80多年后,哥伦布才发现新大陆;100多年后,麦哲伦才取得环球航行的成功。郑和下西洋的时候,一次航行可以携带27 000多名船员,有200多艘船只,最大的船长约140米。而哥伦布出海的时候,最多时只有17艘船,船员约1 500人,最大的船约有23米。麦哲伦环球航行出发时只有5艘船、船员265人,最大的船约有20米。

他们的船队规模和我们为什么有这样显著的差距?为什么我们的出海远航比他们要早那么多、航行的距离要远那么多?因为当时中国的历法、造船、航海等科学技术是遥遥领先于西方世界的。

郑和下西洋与哥伦布、麦哲伦开启大航海时代,时间不一样、规模不一样、技术基础不一样，结果也完全不一样。

郑和下西洋之后，明朝政府采取了闭关锁国政策，停造大船，裁撤了水师，造船工厂也衰落了。闭关锁国的原因是多方面的，农耕文明的保守导致我们不愿意远航，"天朝上国"的中国中心主义世界观使得我们缺乏危机意识，并且对发展科学技术也不够重视。还有一个因素，是明朝后期频繁遭受倭寇的侵扰。我们现在很清楚，如果有敌人从海上骚扰，根本的应对办法应该是发展、壮大海军。但明朝采取的办法却是把门关上躲起来。实际上倭寇根本没有大船，但是我们也没有了自己的大船，甚至连驾驶小船的倭寇都没办法对付。

而在欧洲，哥伦布发现新大陆、麦哲伦进行环球航行后，探险家们开启了大航海时代，掀起了远航、探险、发现、殖民的高潮，全球市场联结起来，推动了商业文明、海洋文明的加速繁荣，西班牙、荷兰等国迅速崛起；而明朝政府由于闭关锁国、制度僵化，人才很难涌现，与世界发展的差距越来越大。

令人感慨的是，在郑和下西洋600多年后的今天，中国远洋海运能力重回全球领先地位。2023年，中国远洋海运集团经营船队综合运力1.16亿载重吨、1 417艘，排名世界第一。同时，中国造船能力也位居世界第一，在造船完工量（载重吨）、新承接订单量和手持订单量这三大造船业指标上，中国已连续14年位居世界第一。三大指标均位居世界第一，说明了时代的变化。

（二）救亡图存催生现代化的萌芽

任何国家现代化的萌芽（启动）都要经历现代化因素的积累阶段，现代化因素包括现代化经济成分和进步意识两个方面。从1840年鸦片战争爆发到1949年新中国成立，这100多年间发生了很多重要的事件，洋务运动、戊戌变法、新文化运动、五四运动,这一系列运动让中国在积累现代化经济成分和进步意识这两个方面都做好了准备。

洋务运动,是清朝晚期洋务派利用西方的军事装备、机器制造和科学技术来挽救清朝政府的自救运动。19世纪60年代至90年代,针对外敌入侵,洋务派喊出了"自强""求富"的口号,提出了"中体西用"的宗旨,以我为主,借用西方的技术,"师夷长技以制夷"。当时采取了一系列措施,如创办新式学校,选派人员留洋深造,培养翻译、军事、科技人才,等等。1894年中日甲午战争爆发,清政府派出当时亚洲第一、世界第六的北洋水师出战,结果却是全面输给日本,宣告了洋务运动的失败。

戊戌变法,又称"百日维新",从1898年6月11日至1898年9月21日,仅持续了103天。这是一场想依靠皇帝一个人来推动的变法,是一场资产阶级的改良运动。虽然变法的内容很多,包括改革政府机构,兴办私人企业,开办新式学堂,创办报刊,训练新式海军陆军,改科举、废八股,有其进步的成分,但最后也未能成功。戊戌六君子英勇就义,标志着戊戌变法彻底失败。

新文化运动,是20世纪初由一些先进知识分子发起的一场反对封建主义的思想解放运动,大力提倡民主,反对专制;提倡科学,反对迷信;提倡新道德,反对旧道德;提倡新文学,反对旧文学。1915年陈独秀创办《青年杂志》,成为新文化运动的开端。新文化运动倡导民主和科学,打击了封建思想的统治地位,使中国知识分子尤其是广大青年受到一次民主和科学思想的洗礼,为马克思主义在中国的传播创造了有利条件。

五四运动是一场爱国主义运动。1919年1月,巴黎和会决定将第一次世界大战的战败国德国在中国山东的权益转让给日本。5月4日,在北京的学生们举行游行示威,带动了全国各界爱国人士的抗争。同年6月,中国代表拒绝在损害中国人民利益的合约上签字。五四运动是以先进青年知识分子为先锋、广大人民群众参加的彻底反帝反封建的伟大爱国革命运动，是中国新民主主义革命的开始，这是一个里程碑式的改变，中国无产阶级从此登上历史舞台。

五四运动以后，在一系列救亡图存的运动中，有一项运动跟清华大学密切相关，那就是"一二·九"运动。1935年12月9日，北平几千名学生举行抗日救国示威游行，反对华北自治，反抗日本帝国主义。清华大学组织了学生救国会，发布了《告全国民众书》，起草人是当时的中文系大四学生蒋南翔。他后来成为清华大学的校长和党委书记，1952—1966年在清华工作。

在当时，作为大四学生的蒋南翔，在《告全国民众书》中写道，"华北之大，已安放不得一张平静的书桌了！"毛泽东在1939年对"一二·九"运动给予了高度评价，他在《一二九运动的伟大意义》中强调，"一二九运动是动员全民族抗战的运动，它准备了抗战的思想，准备了抗战的人心，准备了抗战的干部。"

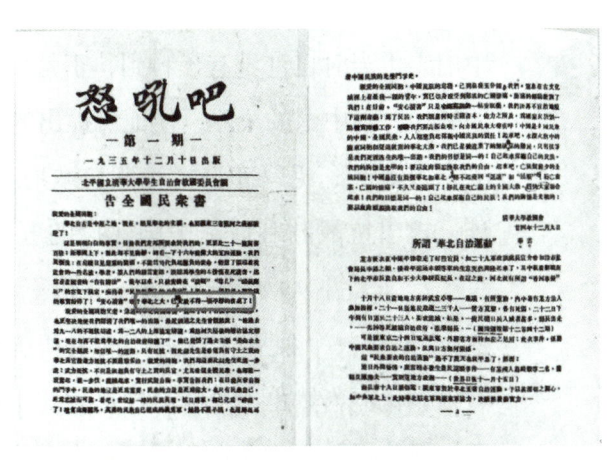

《告全国民众书》

回顾历史，很多思想进步的运动，当时不一定成功，但为社会的发展留下了思想的种子，这也是社会变革必须经历的一个过程。

（三）现代化蓝图指引未来方向

在中国的现代化探索之路上，出现过很多份具体的实现现代化蓝图。

孙中山的《建国方略》是近代中国谋求现代化的第一份蓝图。

《建国方略》包括《孙文学说》（1918—1919年完成）、《实业计划》（1918—1919年完成）和《民权初步》（1917年完成）三部分内容，呈现了孙中山先生对中国现代化的美好憧憬。他提出要在中国建10万英里（合16.1万公里）的铁路，要修建遍布全国的总长100万英里（合161万公里）的公路网，要在三峡开发水利工程。这份方略有目标，有指导思想，也有具体的行动方案。那能否实现呢？在当时的历史条件下，这是不可能实现的。然而在今天，这些设想都不是问题。2009年，世界上规模最大的水电工程长江三峡水利枢纽工程全面竣工。截至2023年底，中国铁路营业里程达15.9万公里，其中高铁4.5万公里，建成世界最大的高速铁路网。孙中山先生当时也许没有预料到，正是后来中国共产党的诞生、中国共产党的领导、新中国的成立，使他所提出的这些美好憧憬成为现实。

1945年，毛泽东在《论联合政府》里对中国的现代化做出全方位设计，提出抗战胜利后新中国建设的五大目标——独立、自由、民主、统一、富强，并从政治、经济、文化三个方面阐明了具体路径。毛泽东讲道："没有一个独立、自由、民主和统一的中国，不可能发展工业。"没有工业化，当然也不可能有现代化。中国的工业化就是从农业国变为工业国，但前提是要建立在独立、自由、民主和统一的基础上。现在我们可以回答"为什么鸦片战争之后到新中国成立之前，中国种种追求现代化的探索不可能成功"这个问题，因为它们都缺失了实现现代化的前提。

中华人民共和国成立后，我们完成了社会主义革命，确立了社会主义基本制度。在社会主义革命和建设时期，我们对现代化的理解进一步丰富和完善。1954年，周恩来在一届全国人大一次会议所作的《政府工作报告》中强调，如果我们不能建设起强大的现代化工业、现代化农业、现代化交通运输业和现代化的国防，我们就不能摆脱落后和贫困，我们的革命就不能达到目的。这时我们不再只讲工业化，而是把工业化拓展为"四个现代化"。1964年，周恩来在三届全国人大一次会议上作的《政府工作报告》，郑重提出实现"四个现代化"的历史任务，即"要在不太长的历史时期内，把我国建设成为一个具有现代农业、现代工业、现代国防和现代科学技术的社会主义强国，赶上和超过世界先进水平。"并作出"两步走"的战略部署：第一步，建立一个独立的比较完整的工业体系和国民经济体系；第二步，全面实现农业、工业、国防和科学技术的现代化，使我国经济走在世界的前列。1975年，周恩来在四届全国人大一次会议所作的《政府工作报告》中细化了"两步走"的时间表，第一步在1980年之前完成，第二步在20世纪内完成。

改革开放以后，我们对于中国的现代化要如何实现进行了更加深入的探索。1979年，邓小平提出："现在搞建设，也要适合中国情况，走出一条中国式的现代化道路。"1987年，实现现代化的"三步走"战略设想被写入党的十三大报告：第一步，到1990年，实现国民生产总值比1980年翻一番，解决人民的温饱问题；第二步，到20世纪末，使国民生产总值再增长一倍，人民生活达到小康水平；第三步，到21世纪中叶，人均国民生产总值达到中等发达国家水平，人民生活比较富裕，基本实现现代化。

1997年，党的十五大提出了实现现代化的新"三步走"发展战略设想和"两个一百年"奋斗目标，即在21世纪的第一个十年实现国民生产总值比2000年翻一番，使人民的小康生活更加宽裕，形成比较完善的社会主义市场经济体制；再经过十年的努力，到建党一百年时，使国民经济更加发展，各项制度更加完善；到新中国成立一百年时，基本实现现代化，建成富强民主文明的社会主义国家。

2017年，党的十九大报告提出，到2035年，基本实现社会主义现代化；到21世纪中叶，把我国建成富强民主文明和谐美丽的社会主义现代化强国。我们把基本实现现代化的目标提前了15年，这个变化反映了我们的自信。

党的十八大以来，中国特色社会主义进入新时代，开创了中国式现代化新道路。从工业化到"四个现代化"，到中国式的现代化，再到中国式现代化新道路，我们党在认识上不断深化，在战略上不断完善，在实践上不断丰富，为中国式现代化提供了更为完善的制度保证、更为坚实的物质基础、更为主动的精神力量。

回顾历史后，我们有必要做一个总结。在总结经验中不断前进，也是我们党的优良传统。中国共产党领导人民开创中国式现代化道路为什么能够成功？这个问题可以有很多答案，但最重要的有四个方面：一是中国共产党领导中国人民实现了国家独立和民族自觉；二是中国共产党坚持理论创新，善于以新的理论指导新的实践；三是中国共产党坚持人民至上，始终代表最广大人民根本利益；四是中国共产党坚持自我革命，永葆青春活力。

二、中国式现代化的理论体系

在中国式现代化的实践基础上，中国式现代化的理论体系已经初步构建起来，包括根本遵循、领导力量、本质要求、中国特色、重大原则、重大关系等内容。

（一）中国式现代化的领导力量和鲜明特色

理解中国式现代化，首先要理解中国式现代化的领导力量是中国共产党。党的领导地位是历史的选择，是人民的选择，党的领导直接关系中国式现代化的根本方向、前途命运和最终成败。

现代化的过程不是一年两年，也不是十年、二十年，而是一个长期的过程。只有坚持党的领导，才能确保中国式现代化锚定奋斗目标行稳致远，才能激发中国式现代化建设的强劲动力，才能凝聚中国式现代化建设的磅礴力量。

正是在党的领导下，我们开创了独具特色的中国式现代化，主要体现在五个方面。深入学习这五个方面的中国特色，可以让我们更好了解怎样把自己的学习工作和中国式现代化结合起来。

第一，中国式现代化是人口规模巨大的现代化。我国 14 亿多人口要整体迈进现代化，人口规模将超过当前发达国家的总和，这将彻底改写现代化的世界版图，在人类历史上是一件有深远影响的大事。

但我们也面临着严峻的问题和挑战。人口规模对经济社会发展带来巨大压力，如资源环境生态压力大、人民群众的美好生活诉求差别大等问题。同时，人口结构转变带来了不容忽视的挑战，如少子化、老龄化、区域人口增减分化等问题。面对这些问题，我们要坚持以人口高质量发展支撑中国式现代化，把教育强国建设作为人口高质量发展的战略工程。

第二，中国式现代化是全体人民共同富裕的现代化。共同富裕是中国特色社会主义的本质要求，要坚决防止两极分化。我们都不愿意看到，未来发达的中国却有巨大的贫富差距，因此这既是压力也是挑战。

发达国家就面临着贫富差距巨大的问题。美联储的数据显示，美国 1% 的人总资产超过了 90% 人口的财富，这样一种财富分配不均反映的是贫富分化，而由此衍生的是中产阶层的塌陷、社会撕裂、政治极化、民粹主义泛滥等问题。

所以中国在推进中国式现代化的过程之中，要时刻提醒自己，我们走的是全体人民共同富裕的道路。要进行不懈努力，根据现有条件把能做的事情尽量做起来，在高质量发展中促进共同富裕。要把蛋糕做大做好，把蛋糕切好分好，不搞超出能力的"福利主义"，不搞一刀切的"平均主义",这些都不利于社会发展。

第三,中国式现代化是物质文明和精神文明相协调的现代化。物质富足、精神富有是社会主义现代化的根本要求。

新时代新征程上,我们要坚持马克思主义在意识形态领域指导地位的根本制度,以社会主义核心价值观为引领,满足人民日益增长的精神文化需求。这跟每个人都密切相关。精神上的混乱和迷失,每个人都要警惕。中国式现代化既要物质财富极大丰富,也要精神财富极大丰富、在思想文化上自信自强。"当高楼大厦在我国大地上遍地林立时,中华民族精神的大厦也应该巍然耸立。"习近平的这句话形象地反映了我们的最终追求。

第四,中国式现代化是人与自然和谐共生的现代化。绿水青山就是金山银山。在现代化的过程中,我们必须坚持系统观念,坚定不移走生产发展、生活富裕、生态良好的文明发展道路,实现中华民族永续发展。

要做到这一点,挑战依然不小。从现状来看,还有三个没有根本改变:以重化工为主的产业结构、以煤为主的能源结构和以公路货运为主的运输结构没有根本改变,污染排放和生态破坏的严峻形势没有根本改变,生态环境事件多发频发的高风险态势没有根本改变。这里提到的挑战跟很多同学的专业都有关联,很有可能就是你们未来要攻克的难关。

这些年,我们很高兴看到全国的污染治理、大气治理取得了显著成效。现在北京的空气优良天数大大增加。北京市生态环境局的数据显示,2023年北京$PM_{2.5}$优良天数全年占比达到了9成,其中最长连续优良天数达到192天,比2022年增加了20天。而这个连续优良天数在2013年的时候仅仅为13天。由不到半个月增加到超过半年,"北京蓝"已成为常态。这是来之不易的成果,是我们国家制度优势的体现。未来,我们还要加快发展方式绿色转型,深入推进环境污染防治,提升生态系统多样性,积极稳妥推进碳达峰碳中和。

第五，中国式现代化是走和平发展道路的现代化。我们高举和平、发展、合作、共赢旗帜，在坚定维护世界和平与发展中谋求自身发展，又以自身发展更好维护世界和平与发展。

面对世界范围内依旧存在的霸权主义、强权政治和不断抬头的保护主义、单边主义，中国要坚持走自己的和平发展道路，有着不小的阻力。中华民族有崇尚和平的文化基因，渴望和平、追求发展始终是中国人民的精神特征。中华人民共和国成立后，我们确立和奉行了独立自主的和平外交政策，坚持和平共处五项原则。2018年，《中华人民共和国宪法修正案》将"坚持和平发展道路"作为新内容写入宪法，我们是世界上唯一一个将坚持和平发展道路载入宪法的国家。这表明我们以国家根本大法的方式宣示了中国坚持走和平发展道路的决心，也表明中国式现代化走和平发展道路是有法律保障的，是得到全体人民支持的。

国际上对于中国式现代化取得的发展成就有很多积极评价，认为"中国式现代化发展惠及全球""中国式现代化为世界提供了全新的现代化模式""中国式现代化提出了改善和解决全球性课题的目标与方案"。

从我们自身来说，我们更是对自己的发展道路葆有坚定的信心。经过改革开放40多年不懈努力，我们创造了经济快速发展和社会长期稳定两大奇迹。从1978年到2018年，中国经济年均增速是同期世界经济年均增速的3倍多，同时中国也是世界上公认的最安全的国家之一。我们相信，中国式现代化有其独特的推进优势，就是规划引领、快速赶超、协同并联和自主开放。实践为我们积累了经验，让我们对自己的理论体系和路径安排充满了信心。

（二）推进中国式现代化的风险挑战和战略定力

推进现代化的进程不是、也不会是一帆风顺的。我们正在经历来自外部日趋严峻的风险挑战。美国将中国视为最大的战略竞争对手,在经济、科技、金融等各个方面实施针对中国的全面遏制战略。美国是领先者,中国现在是追赶者,领先者一定不愿意看到自己被超越。2019年以来,美国国会展现出前所未有的针对中国的态势。2023年1月,美国众议院以365票对65票的压倒性表决结果通过决议,批准成立"美中战略竞争特别委员会"。

从内部情况看,我们实现高水平科技自立自强还任重道远。科研投入持续增长,但投入规模与美国相比还存在差距。原始创新能力不断提升,但具有引领水平的重大创新成果、原创的科学思想还比较缺乏。不少领域的"卡脖子"问题还未解决,顶尖人才聚集不够,激发人才创新创造活力的激励机制尚不健全。

从历史经验来看,一个低收入经济体经过一段时间的较快发展之后,想要继续保持经济的持续增长、进入高收入行列是有很大困难的。其中有两个重要的原因:一是在低收入条件下,劳动力成本很低,但是收入提高以后,劳动力成本越来越高,相较于更低收入的经济体而言竞争力下降;二是科技创新能力不足,在高新技术领域与发达经济体竞争时处于落后地位。在全球范围内,只有少数经济体在进入中等收入行列后,能够成功跨越中等收入陷阱,而多数经济体都失败了。

以阿根廷的发展为例,在19世纪70年代到20世纪30年代,阿根廷的经济发展非常快,人均国内生产总值长期稳定在美国的60%以上,跟加拿大差不多。但20世纪30年代之后,它与加拿大的差距拉大了,与美国的差距就更大了。至21世纪初,阿根廷的人均国内生产总值只相当于美国的20%左右。

中国现在就面临这样一个挑战。世界银行数据显示,1998年,中国首次跻身中等偏低收入国家行列,人均国内生产总值是800美元;2010年,首次跻身中等偏高收入国家行列，人均国内生产总值达到4 340美元；到2022年，中国的人均国内生产总值达到12 741美元，与高收入国家的标准接近。我们要总结那些成功跨越中等收入陷阱经济体的经验，抓住产业结构转型的机遇推动高科技产业发展实现持续增长；采取积极的宏观经济政策，着力增加国民收入，扩大消费，缩小城乡收入差距；重视人力资本投资，增加教育投资，延揽全球人才；坚持贸易开放，融入全球经济。虽然做到并不容易，但我们有信心。

当前和今后一个时期，我国发展仍然处于重要战略机遇期，但机遇和挑战都有新的发展变化。过去我们是顺势而上，现在是顶风而上，把握机遇的难度就不一样了。过去大环境相对平稳，现在世界形势动荡复杂。过去我们发展水平低，寻求同别人的互补性；现在我们发展水平提高了，同别人的竞争性就多起来了。但中国仍然有发展机会，仍然处于重要战略机遇期。

中国式现代化开辟了人类实现现代化的新道路。我们要保持定力，增强战略的稳定性和战略清醒，毫不动摇坚持中国式现代化的中国特色、本质要求、重大原则，确保中国式现代化的正确方向。要坚定文化自信，弘扬中华优秀传统文化，以中华文明厚植中国式现代化的文化底蕴，以中国式现代化推动中华文明重焕荣光。

当前，新一轮科技革命给我们提供了跨越式发展的机会。智能化的时代，创新成为时代主题，创新无处不在。创新要有自信，自信源于文化。2015年，我刚就任清华大学校长，到香港访问时做了一场演讲，讲的是创新时代的大学使命。讲完之后，有一位听众向我提问，说："你讲创新，但中国的文化阻碍创新，儒家文化是不鼓励创新的。"针对这个问题，我用了两句古语回答他，一句是出自《诗经》的"周虽旧邦，其命维新"，另一句是出自司马迁《报任安书》的"亦欲以究天人之际，通古今之变，成一家之言"。这都是在讲创新，可以说，我们中国文化是有创新基因的，创新精神是中华民族最鲜明的禀赋。我们的文化中有保守的成分，更有创新的成分，还有开拓未来的志向和追求。正如张载在《横渠语录》中所说，"为天地立心，为生民立命，为往圣继绝学，为万世开太平"。在当前这样一个重要的发展阶段，我们更要坚定自信。我们的道路自信、理论自信、制度自信、文化自信不是空洞的，而是具体的。学习、成长、工作、奉献需要动力，基础是自信。自信让我们坚定地做正确的事情、建设伟大的事业。

英国著名哲学家罗素在20世纪20年代初到访中国，回国后他写了一本书叫《中国问题》。书中讲到中国缺乏科学研究，但中国的艺术、文化是先进的。还讲到中国的问题必须靠中国人自己来解决。最后，他得出一个很重要的结论：在接下来的两个世纪里，全世界将受到中国时局发展的重大影响。这本书是1922年出版的，到现在正好过去了一个多世纪。在已经过去的一个多世纪里，罗素的话已经得到了印证，中国的发展确实影响了世界。我们也相信，接下来的100年，中国同样会给整个世界带来巨大的影响。文化的基因、文化的独立支撑着一个民族的崛起。

三、中国式现代化的大学使命

现代化的本质是人的现代化。恩格斯在1847年写作的《共产主义信条草案》中有这样一段问答，问题是"共产主义者的目标是什么？"回答是"建立这样的社会：使社会的每一个成员都能完全自由地发展和发挥他的全部才能和力量，并且不会因此而损害这个社会的基本条件"。可以看到，物质现代化是现代化的基础，但现代化的最终目标在于实现人的现代化。人的现代化就是教育要为国家培养社会主义建设者和接班人，培养一代又一代拥护中国共产党领导和中国特色社会主义制度，立志为中国特色社会主义事业奋斗终身的有用人才。教育在其中的作用至关重要。

（一）中国式现代化与高等教育

2023年下半年，习近平在多个场合谈到新质生产力，尤其是在中共中央政治局集体学习时就新质生产力进行了系统阐述和部署要求。新质生产力是实现中国式现代化和高质量发展的重要基础。习近平明确指出，科技创新是发展新质生产力的核心要素，新质生产力本身就是绿色生产力，发展新质生产力必须形成与之相适应的新型生产关系。需要看到，在生产力中人是最活跃的因素，发展新质生产力离不开高素质的劳动者和人的创新活动，这就体现出教育在人才培养、科技创新方面的重要作用，实现中国式现代化就必须建成教育强国。

2023年5月29日，中共中央政治局就建设教育强国进行第五次集体学习，这是党的十八大以来中共中央政治局第一次就教育进行专题学习，是中国特色社会主义教育事业发展历程中的重要里程碑。我很荣幸代表全国教育界向中央领导就这个问题进行讲解，提出工作建议。习近平在听取讲解和讨论后发表了重要讲话。他明确指出，建设教育强国是以中国式现代化全面推进中华民族伟大复兴的基础工程，同时强调，建设教育强国，龙头是高等教育。这就是说，高等教育要在建设教育强国中发挥带头作用、主导作用，要体现出对全面建设社会主义现代化国家的基础性、战略性支撑作用。2024年是中国的龙年，我们谈高等教育的"龙头"作用和时代使命，具有特别的意义。

2021年4月19日，在清华大学建校110周年校庆日即将来临之际，习近平来校考察，对清华大学的发展给予了高度评价。他说道，学校的各项事业欣欣向荣，科研创新成果与国家发展需要丝丝相扣。习近平还强调，清

习近平考察清华大学侧记

华大学的发展历程，是我国高等教育发展的一个生动缩影。从一定程度上来说，清华大学服务国家的历史进程也是我国高等教育助力中国式现代化建设的一个真实写照。

在人才培养方面，清华大学坚持又红又专，"五育并举"全面提高人才自主培养能力。2023年，学校申报的教学成果《践行"三位一体"教育理念，培养肩负使命、追求卓越的创新人才》获评高等教育（本科）国家级教学成果奖特等奖。"三位一体"的教育理念就是价值塑造、能力培养、知识传授，培养学生全面发展。"红"是清华大学人才培养最鲜明的底色。这个"红"是有含义的，就是指清华培养的学生要有信仰、有追求，有鲜明的政治态度和立场。清华的学生要有理想抱负、家国情怀，要到祖国最需要的地方建功立业。2023年清华毕业生出国（境）深造比例只有8%，大量同学到航天科技、国家电网、华为、比亚迪等关系国计民生的重点行业部门、重要民营企业中就业，成为中国式现代化建设的坚强力量。

"无体育，不清华""有美育，更清华""爱劳动，最清华"，这是清华大学对学生全面成长提出的要求。学校制定《清华大学体育教育实施方案》《清华大学美育实施方案》《清华大学劳动教育实施方案》，完善"五育并举"人才培养体系。2017年，学校恢复"不会游泳不能毕业"的老校规；2023年，北体育馆投入使用，校内的体育活动场所越来越多，这归根到底是为了促进同学们养成良好的体育习惯。近年来，学校进一步加强美育工作，2016年清华大学艺术博物馆正式开放，丰富了校内的美育资源供给，学校还举办高水平科学展览，促进美育中艺术与科技的融合。劳动教育是中国特色社会主义教育制度的重要内容，劳育工作反映着清华大学对劳动的态度。通过劳动教育，使同学们树立"劳动最光荣、劳动最崇高、劳动最伟大、劳动最美丽"的观念，体会劳动创造美好生活，热爱劳动，尊重普通劳动者，培养勤俭、奋斗、创新、奉献的劳动精神，形成良好的劳动习惯。

（二）中国式现代化与大学担当

大学特别是高水平研究型大学是科技第一生产力、人才第一资源、创新第一动力天然的最佳结合点，必须在中国式现代化建设中勇担使命。

大学要成为创新高地。清华大学主动发挥学科优势，积极解决核心技术"卡脖子"问题。2023年，清华大学集成电路学院团队成功研制出全球首款全

全球首座！背后是这群清华人！

系统集成、支持高效片上学习（机器学习能在硬件端直接完成）的忆阻器存算一体芯片，该芯片具有满足人工智能时代高算力需求的应用潜力。由清华大学牵头研发、我国具有完全自主知识产权的全球首座模块式高温气冷堆核电站示范工程正式商运投产，标志着我国在这一第四代先进核能技术领域达到世界领先水平。这两项成果都入选了2023年国内十大科技新闻。以清华大学作为依托单位、雅砻江公司作为共建单位，校企合作共同建设的国家重大科技基础设施"极深地下极低辐射本底前沿物理实验设施"实验项目组正式入驻，锦屏地下实验室二期正式投入科学运行。该实验室是目前世界最深、最大的极深地下实验室。清华大学医学院团队设计研发的无线微创植入脑机接口，成功进行首例临床植入试验并取得突破性进展。未来，清华大学还将持续推进一系列的科技创新，努力为实现高水平科技自立自强提供战略支撑。

大学要成为人才高地。2004年，图灵奖首位华人得主姚期智先生全职任教清华大学。2009年，第一位华人菲尔兹奖获得者丘成桐先生担任清华大学数学科学中心主任。2021年，年轻的菲尔兹奖获得者考切尔·比尔卡尔教授入职清华大学求真书院。2024年，唯一同时获

学习习近平给中国科学院院士、清华大学教授姚期智的重要回信精神

得国际力学领域三大荣誉的科学家、"七院院士"高华健教授全职加盟清华大学。大学要吸收顶尖人才,更要通过顶级人才培养顶尖的学生,这是一所好大学需要追求的目标。

新疆"一盘棋"治水,清华这个系几代师生接力

大学要服务国家重大战略。长期以来,清华大学将对口支援工作当成一项崇高的使命,倾情投入新疆大学、青海大学的对口支援工作,并与两所大学形成了携手共进的良好伙伴关系,清华的同学也从两所大学的同学身上学到了优点和长处。中国特色社会主义制度就具有这种互相帮扶、互相促进的优势。清华师生还广泛参与到乡村振兴的进程之中,学校2017年首创的"清华大学乡村振兴工作站"已在全国设立了32个工作站。大学还要发挥科学技术转化作用,为促进地方经济社会发展提供有力支撑。2023年9月,我在新疆参观了位于昌吉州玛纳斯县的石门子碾压混凝土拱坝,内心非常感动,因为这是20多年前清华老师采用当时最先进技术建设而成的工程。这项工程节省了2 000万元的投资,缩短工期近2年,实现了50万亩农田灌溉,并且经受住了6.8级地震,解决了当地经济社会发展的重大问题。

中国国家博物馆——《算表》竹简(复制品)

大学要肩负文化传承创新使命。2008年,约2 500枚珍贵的战国竹简入藏清华大学,在此基础上取得了一系列文化研究成果。2010年,数学史专家通过对竹简的鉴定,发现了人类最早的十进制计算器《算表》,这项发现于2017年获得吉尼斯世界纪录的认证。2011年以来,清华出土文献研究与

保护中心每年推出"清华简"整理报告，至今已出版了13辑。

大学要推动国际交流合作。清华大学一向重视国际合作，并将国际合作视为推动学校发展、推进一流大学建设的重要支撑。2016年，学校制定实施清华历史上第一个全球战略，构建起全方位、多层次、主动作为的国际合作交流新格局，显著提升了学校的国际化办学能力和全球声誉。2021年制定实施《清华大学2030全球战略》，扎根中国大地，立足两个大局，着力提升学校的开放能力、融合能力和韧性。近年来，学校统筹推进海外基地建设，发起成立亚洲大学联盟、世界大学气候变化联盟、世界慕课与在线教育联盟并起主导作用，在全球人工智能治理、在线教育、公共卫生健康、气候变化等方面努力发挥引领作用。重视国际合作既是为了拓展学校的办学视野，也是为了拓宽同学们的视野，同时构建一所大学及其所培养人的未来塑造力。

如何看待中国的大学当前的历史方位和在世界高等教育版图中的位置？我们知道，世界上最早的大学是成立于1088年的意大利博洛尼亚大学，距今已有900多年的历史。中国最早的大学是天津大学的前身——天津北洋西学学堂，距今只有120多年历史。中国大学比欧美等国大学的发展起步要晚很多，但在100多年里，快速地完成了现代大学职能的演进。可以看到，近年来中国大学的全球排名在不断提高，虽然我们不唯排名，但这种进步也反映了中国大学的集体成长和发展。

到2088年，现代大学将迎来千禧年，迈入第二个千年的发展时期。我相信，中国的大学在以中国式现代化推进中华民族伟大复兴的壮阔进程中，一定会加快成长速度，到那时，中国的大学在世界高等教育的版图中将占据更加重要、更为突出的位置。

党的二十大擘画了全面建成社会主义现代化强国、全面推进中华民族伟大复兴的宏伟蓝图，对全面建成社会主义现代化强国作出"分两步走"

总的战略安排：到 2035 年基本实现社会主义现代化，到本世纪中叶把我国建成富强民主文明和谐美丽的社会主义现代化强国。到那时，同学们正值壮年，正是肩负重任之时。身处这样一个时代、这样一个国家，希望同学们能够察势而明，了解大局、洞悉规律、明确方向；因势而谋，把握机遇、思考路径、规划未来；乘势而上，加快成长、增强本领、担当重任，一起为以中国式现代化全面推进中华民族伟大复兴贡献青春力量。

本 讲 小 结

在新中国成立特别是改革开放以来长期探索和实践基础上，经过党的十八大以来在理论和实践上的创新突破，我们党成功推进和拓展了中国式现代化。党的二十大明确，从现在起，中国共产党的中心任务就是团结带领全国各族人民全面建成社会主义现代化强国、实现第二个百年奋斗目标，以中国式现代化全面推进中华民族伟大复兴。党的二十届三中全会通过的《中共中央关于进一步全面深化改革　推进中国式现代化的决定》深入分析了推进中国式现代化面临的新情况新问题，科学谋划了围绕中国式现代化进一步全面深化改革的总体部署。实现中国式现代化，需要全党全国各族人民深刻体察国内外形势变化，不惑于纷乱现象，不畏于艰难险阻，接续奋斗。

第一讲

中国经济的新阶段

| 中国式现代化十二讲

白重恩
清华大学经济管理学院院长、教授

　　清华大学文科资深教授。美国哈佛大学经济学博士。学术研究聚焦于经济制度和政策与发展之间的关系，并以此为主要角度研究中国经济。目前担任全国政协委员、中华全国工商联合会第十三届副主席、民建中央常委、"十五五"国家发展规划专家委员会专家委员、中国财富管理50人论坛学术委员会主席、中国经济50人论坛成员和学术委员会成员、中国金融40人论坛成员和学术委员会成员、中国信息化百人会成员。

改革开放以来中国经济的发展有非常丰富的内容。今天我带同学们一起探讨在经济学领域如何使用一些定量的方法来分析经济增长的质量，因为经济增长的质量是我们追求的一个非常重要的目标。展望未来，高质量发展是我国经济社会发展的鲜明主题，也是全面建设社会主义现代化国家的首要任务。党的二十大报告明确提出，"高质量发展是全面建设社会主义现代化国家的首要任务。发展是党执政兴国的第一要务。没有坚实的物质技术基础，就不可能全面建成社会主义现代化强国。"

一、改革开放以来经济增长的核算

（一）经济增长的核算方法

研究经济增长有一个非常有用的理论框架是经济增长核算，用定量的方法分析增长的特征。有核算就有数字。

在经济学中经常使用模型，如果要求模型特别接近现实，把现实中的每个元素都刻画出来，模型就会过于复杂、没法分析，也会过于混乱、看不到规律。所以我们做模型的时候往往要把它简化，希望用一个特别简化的模型帮助分析，哪怕它看上去不那么贴合实际，但是只要能抓住现实中一些本质的东西就可以，这就是我们做经济模型时经常采用的方法。经济模型与现在具有几百亿参数的大模型不同，我们通常选择做极简模型，希望这种极简模型能带给我们一些启示。我今天要用的经济增长核算模型特别简单，就是把经济想成一个大方盒子，我们把投入叫作生产要素。现实中有很多生产要素，这里只考虑两个最重要的生产要素——人力资本和物质资本。

首先看人力资本。即使未来机器人更加普遍，机器设计、生产使用和维护仍然需要人力。既然做核算就要有定量分析。人力资本怎么定量化？我们用一个简单的算法，我国有14亿多人口，这是人力资本的基数，这些人口中有很多孩子不会参加生产，我们把15岁以下的孩子排除在外；有很多老人也不怎么参加生产，我们把65岁以上的老人也排除在外，只看15～64岁之间这个年龄段，我们把这个年龄段叫作适龄劳动人口。

但并不是所有的适龄劳动人口都参与了劳动，就好比同学们按照年龄处在适龄劳动人口区间，但实际上并未参与生产劳动而是在学习。所以除了看适龄劳动人口数量，还要看就业参与率，就业人口总体构成劳动力总量。

劳动力不仅要数人口，还要评价劳动力的质量，尤其考虑人力资本的时候，要考虑人力资本的质量。质量怎么算？很难找到一个数据来衡量每一个人的人力资本质量。所以我们采用一个相对简单的办法，就是我们核算每个人受过多少年的正式教育，这个数据是可得的，然后把15～64岁之间的适龄劳动人口接受正式教育的总年数算出来，以此作为我国所拥有的人力资本总量的指标。

除了人力资本之外，生产还要使用工具和场地，这些叫作物质资本。怎样核算全社会现在有多少物质资本？我们在这儿上课，课桌、椅子，包括这间教室都是物质资本。生产企业的物质资本跟我们用的物质资本不一样。种类繁多的物质资本要加总起来，看它值多少钱。比如买这些课桌、椅子的时候用了多少钱，用了5年存在折旧，用折旧规律把过去5年折旧剔除掉，剩下的就是这些课桌、椅子的现值，这就是物质资本。5年前购买资本品的价格跟今天的价格不一样，加总过程中还需要剔除通货膨胀的因素。把过去从1952年到现在我国所做的各种各样的投资，经过这样的调整以后再加起来就得到全社会的物质资本。但说起来容易做起来很难，这些数据要分成不同类，比如课桌、椅子跟房子折旧不一样，课桌、椅子用15年差不多折旧完了,房子则可以用50年,等等。根据两个生产要素,人力资本与物质资本进入大车间生产出我们所需要的最终产出,最终产出既包括用于消费的东西,也包括企业用于投资的东西,还有出口等。

最终产出用什么数据来衡量?就是国内生产总值(Gross Domestic Product,简称GDP)。国内生产总值就是一个国家(或地区)所有常驻单位在一定时期内生产活动的最终成果,把成果变现成价值的总和,这就是产出。

进入的是人力资本和物质资本,出来的是产出。产出的增长率是多少?每年都会有国内生产总值增长的数据,如今年的国内生产总值比去年增长了百分之多少,这个季度的国内生产总值比去年同季度的国内生产总值增长了多少,我们都有数据。有了产出增长率,我们还想知道增长的来源是什么?人力资本的增长作了多大贡献,物质资本的积累作了多大贡献,就需要使用国内生产总值增长核算。我们的生产技术,不同车间使用不同的生产技术,有的技术比较先进,用同样的人力和物质资本投入可以有更好的产出,就是效率比较高。用同样的投入得到的产出少,就是效率比较低。所以增长可以分解成效率提升的贡献、人力资本积累的贡献和物质资本积累的贡献,这就是国内生产总值增长核算的做法。这里讲的效率是两个要素的综合效率,我们称之为全要素生产率(Total Factor Productivity,简称TFP)。它不仅告诉我们人力资本使用的效率,也告诉我们物质资本使用的效率。

在数学上,想建立模型,要做很多假设。我们用了一个极强的假设,它虽不符合现实,但在此基础之上做了很多的研究,发现这个假设推出来的结论和现实相吻合,于是很多研究者都觉得这假设尽管简单,但是很有用,这个假设就是我们使用的生产函数,即产出是要素投入的函数。

> 产出是要素投入的函数：Y=Af（K, H）
> - Y 代表总产出，或 GDP
> - A 代表生产效率，或全要素生产率（TFP, Total Factor Productivity）
> - K 代表物质资本投入
> - H 代表人力资本投入
>
> 生产函数的一个特殊形式，Cobb-Douglas 生产函数：$Y=AK^{\alpha}H^{1-\alpha}$
> - 在完全竞争市场条件下，α 等于资本收入占要素收入的份额，大致等于 0.5

生产函数

还有这么一个公式，这个公式可以由生产函数求自然数再求导得出。

> $$g(Y) = g(A) + \alpha g(K) + (1-\alpha)g(H)$$
> $$g(Y) = g(H) + \frac{\alpha}{1-\alpha}g\left(\frac{K}{Y}\right) + \frac{1}{1-\alpha}g(A)$$
>
> - 在索罗经济增长模型中的经济稳态下，$g\left(\frac{K}{Y}\right)=0$，经济可持续增长来自人力资本的增长或全要素生产率的增长
> - 从低投资率的稳态到高投资率的稳态迁移的过程中，经济增长会有短期的加速

索罗经济增长核算的另一种形式

这里的 g 代表的是增长率，g（Y）代表国内生产总值增长速度，2023 年中国经济同比增长 5.2%。A 是全要素生产率，g（A）代表全要素生产率的增长速度。K 代表物质资本。H 代表人力资本。上面第一个公式最早是由经济学家罗伯特·默顿·索洛在 20 世纪 50 年代研究经济增长时提出。他同时也提出了全要素生产率的概念，他把全要素生产率定义成衡量效率的综合指标。效率综合指标怎么来定量？国内生产总值增长有统计数据，

人力资本增长也有统计数据，物质资本增长也能测算出来。假如说知道了国内生产总值的增长，知道了物质资本的增长，知道了人力资本的增长，知道了 α 是什么，由第一个公式就可以把全要素生产率增长倒推出来了。索洛给它取了一个名字：索洛残差法。我们想用人力资本增长和物质资本增长第一个公式的后面两项来解释国内生产总值的增长。第一个公式后面两项的和并不等于公式左边，中间还有个差值，我们把它看作效率增长。效率增长来自哪儿？用同样的要素怎么生产出来更多的产品？有什么办法能生产出更多更好更有价值的产品？这些都离不开创新，创新使得我们能够更加节约，更有新意，以更低成本生产出更好的东西。

创新不仅仅包含科学技术的创新，也包括生产组织形式的创新。过去有很多科技发明，也有很多商业发明。这些商业发明使得我们有更好的商业模式，使得我们用同样的东西能生产出更有价值的、消费者更喜欢的产品。此外，还有科技的创新、生产组织方式的创新。生产组织方式的创新，也称为管理创新，既包括商业模式的创新、企业管理方式的创新，又包括整个社会组织方式的创新，这些都会提高效率。我们把所有的这些东西都放在全要素生产率里面，全要素生产率是个大篮子，它里面包含的东西非常丰富，全要素生产率的增长是一个残差项，除了人力资本积累和物质资本积累带来的增长之外，剩下的部分叫作全要素生产率的增长，这就是增长核算。

国内生产总值增长可以分解成另一种形式。第二个公式说明国内生产总值增长不再是物质资本增长和人力资本增长的贡献，而是以下的内容：一个是人力资本的贡献，一个是效率的贡献，人力资本积累和效率改善本身会直接带来经济增长，同时还会引导更多的投资，从而间接地带来增长，这两项既包括直接影响也包括间接影响，中间一项是资本产出比的增加所作的贡献。如果生产一块钱国内生产总值用的资本越多，增长就会越快,但是这是短期的。在索洛增长模型中,当经济进入稳态的时候,资本产出比应该不变。所谓稳态就是技术以一个稳定的速度发展,国内生产总值也以稳定的速度增长。一旦经济进入稳态,资本产出比应该是常数,因而它的增长率应该是零,经济可持续增长仅仅来自人力资本的增长或全要素生产率的增长。当我们做增长核算的时候,这一部分是否为零就告诉我们经济是不是进入稳态了。如果不是稳态,就要问到底是什么原因。比如,从低投资率的稳态到高投资率的稳态迁移的过程中,经济增长会有短期的加速。这就是第二个公式。

(二) 改革开放以来四个阶段经济增长的核算

1. 1978—2007年经济增长的核算

了解了经济增长核算的理论,我们来看看改革开放以来中国发展各阶段的经济数据。先看第一个阶段,1978—2007年。这样划分的原因在于,1978年是改革开放正式开始的年份,2008年是国际金融危机爆发,国际金融危机爆发以后,有一段时间我们为了应对金融危机采取了非常强有力的财政刺激措施,那时经济结构不处于稳态,是一个特殊阶段。所以我们把2008年作为第二阶段的起始时间。

第一个阶段,1978—2007年我们经济增长是多少?平均每年10.03%。也就是说每年以超10%的速度增长,30年经济累计增长近20倍。这些增长从哪里来呢?在这个阶段平均每年10.03%的增长,一个因素是人力资本积累,增长中有40%是来自于人力资本积累。人力资本为什么会在这一阶段内迅速积累呢?因为从1978年到2007年,存在着巨大的人口红利。我们说15~64岁之间的群体叫适龄劳动人口,在这个阶段,适龄劳动人口占总人口的比重在不断提升,当这个群体人口数量增加的时候,人力资本就会积累得快。同时人力资本不仅是看人数,还看他们平均受教育年限是多少，而这段时间教育也有了巨大的改善。1978年这一年上大学的有30多万人。现在呢？1 000万人。这是30多倍的增长。这其中1978—2007年这一阶段增长特别快。到2007年的时候，大学入学的学生人数大概是500多万人，从30多万人到500多万人是非常快速的增长。前30年，教育增长速度非常快，这也解释了人力资本的积累对经济增长产生了很大的作用。

另外一个因素是全要素生产率的提升。这段时间效率有了巨大提升，全要素生产率对经济增长的贡献是55%，一半以上的增长来自要素的改善。

资本产出比的贡献也是正的，带来每年4%的速度增长。这是因为我们刚开始发展的时候资本非常少，低于稳态的水平，趋于稳态的过程中资本产出比有正增长，对于发展中国家是很正常的。同时，我们看到资本产出比的贡献不大，更多的增长来自效率改善和人力资本的积累。

1978—2007年这段时间的增长，可以说是经济学增长核算教学中能找到的最好的案例。快速增长，以人力资本的积累为驱动，以效率的改善为驱动，从低水平的经济逐渐向稳态发展。人们常常会好奇今天的经济增速为什么会放缓？我们要理解，慢增长是相对于之前的快增长而言的。如果不知道前面为什么增长相对较快，就没法回答为什么今天增长相对较慢。

这里要跟大家探讨一下1978—2007年经济是怎么增长的。人口红利，包括教育的改善，以及效率的大幅提升。效率的提升来自哪里？效率这么大幅度的改善来自三个词：一个是改革，一个是开放，还有一个是后发优势。什么叫后发优势？1978年的时候，中国经济占全球经济的比重是1.8%，而我们的人口占世界人口的比例超过20%。我国的经济不仅跟发达国家有很大差距，当时东南亚的同胞们回国，我们都很羡慕，他们确实比我们富有。这样的一个低起点给我们带来了什么样的机会？我们面临很大的挑战，我们缺资本，缺技术人才，缺管理人才，什么都缺，唯一不缺的是我们有很大的发展的空间。只要我们虚心向全世界学习，只要我们虚心去研究其他国家怎么发展的，我们就可以看到他们做对了什么、做错了什么，我们跟着他们做对的学，绕过他们做错的那些事，同时引进他们开发的技术。

通过学习和引进给我们带来了巨大的增长的空间，从非常低的水平向高水平发展，这就是后发优势，因为你站在别人后面，可以看别人过去是怎么做的。随着离别人越来越近，后发优势会逐渐减弱。

改革开放是一个丰富的话题，足够我们讲上一个月。市场是改革中的一个关键词。1978年之前，我国实行计划经济，连农民种什么庄稼都要由计划定，工厂更不用说了。使市场在资源配置中起到越来越大的作用，这是改革的总方向。市场在资源配置中起到越来越大的作用包含什么？首先要有市场，人们在市场里可以进行交易，交易的范围越大，市场就会越完善。比如，农民开始只在本地集市上去交易，到他们的产品可以运到另一个县，运到另一个省，交易的范围就扩大了。这样的交易就使得人们可以更好地享受比较优势。比如，这个地区生产大米非常好，那个地区生产小麦比较好，就会导致一个地区就聚焦于生产大米，另一个地区就聚焦于生产小麦。消费者既想吃大米又想吃小麦，就可以进行交易，使得各地的比较优势得到充分发挥。

所以，加快建设全国统一大市场的进程变得尤为重要，从改革开放到现在就是全国统一大市场不断完善的过程。在这个市场，不仅产品如小麦和大米可以流动，人和资金也可以流动。计划经济下农村的劳动者在农村劳动，城市的劳动者在城市劳动，如果农村的劳动者进城市劳动就很麻烦，因为农民是没有粮票的，进城买不到粮食。从各种各样的限制使得劳动力要素不能流动，到现在劳动力要素可以比较畅通地流动，虽然还有一些障碍，但是改革开放以来障碍在不断减少。资本也在流动，从资本充裕的省份流向资本缺乏的省份。由于产品在流动，要素也在流动，使得产品的生产可以利用比较优势，要素也可以找到它能够产生最大价值的地方。如果产品不流动，只能在本地生产、在本地消费就没有多少竞争，竞争使得创新有很大的动力，一个全国统一的市场就使得竞争更加激烈。企业有市场还不够，市场中生产者在与别人竞争的时候还要有自主权来决定他做什么，有了自主权还不够，还要给他动力，让他在竞争取得成功的同时，能得到满足、得到回报。

使企业有更大的积极性和自主权，这也是改革的重要部分。某种程度上，改革就是从完全的计划经济向市场起到越来越大作用改变的过程。同时，改革中各级政府也在起作用，政府跟市场是在一起发挥作用的。对中国来说，社会主义市场经济制度还不是很完善的时候，原本市场可以解决的问题，因为某些制度还不完善，不能完全靠市场来解决，这时候政府就出来帮助企业克服各种各样的困难。如企业通过市场获得资金有困难，政府就出面帮助企业来获得资金；有些制度互相打架，使企业无所适从，政府可以帮助企业来做协调，甚至重新设计制度。在市场制度不完善的情况下，政府能起到非常重要的作用，弥补市场的缺位，这也是改革。

何为开放呢？参与全球的竞争，除了参与国内大市场，还要参与全球大市场。这带来了更加激烈的竞争以及更好地发挥比较优势，对我们经济产生很大的推动作用。

中国还有一个特色——以开放促改革，改革就是要打破既有的格局，有的既得利益者失去了他的既得利益，有的人从改革中获得了利益。在这个过程中失去既得利益的人肯定要阻碍改革，那么怎么克服这样的阻力？开放意味着可能面临外部的威胁，但外部竞争压力会变成推动改革最大的动力。

如果不改革，我们在全球竞争中就要失败，在中国很多改革都是由开放推动的。中国的改革开放具有后发优势，可以先向别人学，开放后跟别人打交道，理念的传播、管理方式的传播和技术的传播会更加高效、更加有力。

同时，1978—2007年这段时间的开放也得益于这阶段我们享受了比较有利的国际环境。总之，这段时间经济快速的增长，人力资本积累起了很重要的作用，效率改善也有很重要的作用，效率的改善来自后发优势、改革和开放。改革、开放、后发优势这三者是紧密相关的。

2. 2008—2015年经济增长的核算

第二个阶段，是2008—2015年。之所以从2008年开始，是因为2008年美国次贷危机发生，很快蔓延到全球，带来了全球金融危机。

全球金融危机给中国带来一个严重冲击，那就是出口顺差减少。刚才说产出最终要么是居民消费和政府消费，要么企业拿去投资，还有出口。有出口就有进口，出口额减掉进口额，就是出口顺差。2007年出口顺差占中国国内生产总值比重有多大？接近9%。那是特别重要的一块，如果出口受阻了，这9%的国内生产总值就无法保证。国际金融危机使我们的外部需求突然减弱，面对这样的形势要采取措施，外需没了怎么来创造内需，让我们生产出来的东西能发挥作用，能有消费者、有购买者。这就是2008年之后我们面临的形势转变，从高度依赖外贸顺差，到受到国际金融危机的冲击，外需大幅减少了，要依靠内需。到了2009年第一季度出现一个问题，本来在外贸企业工作的农民工返乡没工作了，因为市场需求变小后用工需求也随之减小。怎么让返乡的农民工重新回到城市里加入现代化生产过程，这就是2008年以后这段时间的主要工作。面临这样一个冲击怎么办？政府采取了非常大力度的财政刺激政策，计划是在2009年、2010年两年增加4万亿元的投资，进一步扩大内需、促进经济增长，实际上实施力度比这大得多。当时我国国内生产总值是 30 多万亿元，4 万亿是特别大力度的财政刺激。而且相较于同样面临国际金融危机的其他国家，只有中国采取了这么大力度的财政刺激。

从实际结果看，2008—2015 年，我们的国内生产总值增长少于上一阶段。这不奇怪，刚才我们说人口红利逐渐消退，教育改善的效应也在减弱，所以人力资本的贡献没有那么大，这是很自然的。后发优势也不会有以前那么大，从非常低的基础到经济发展水平越来越高，增长越来越难，后发优势也减少了。因此国内生产总值增长从 10.03% 到 8.68% 并不奇怪，在这一阶段国内生产总值增长由哪些部分组成？我们刚才提到人力资本的贡献减少了，全要素生产率的贡献就是效率改善的贡献也减少了。而弥补这一部分的就是投资的加速，4 万亿元的财政刺激主要用于基础设施建设的投资。2008 年发生了汶川地震，4 万亿元里面还有一部分用于灾后重建，这也是投资，财政刺激计划主要由投资来承担。这段时间的增长，人力资本的贡献比第一阶段小，效率的贡献也比第一阶段小，但是有一部分是比第一阶段更有力度，那就是资本产出比的增速变得更快，给经济带来了巨大的增长。

前面说过在经济发展到稳态的时候，资本产出比的增速应当为 0。资本产出比永远增长意味着投资在国内生产总值中比重越来越大，投资在国内生产总值中比重越来越大会带来什么后果？消费在国内生产总值中的比重会越来越小。我们发展经济的目的是改善人民的生活，这是其中一个重要的目的，人民生活的改善体现在哪儿？居民消费是最重要的体现之一。所以资本产出比持续增长是不可持续的，我们不可能永远依赖这样的增长，这样的增长带来的后果就是消费受到了损失。

这一阶段，我们的计划里面包含了大量的投资，投资是谁来做的？中国的这些基础设施是谁来建？通常由地方政府来建，铁路是由中央政府来建，公路是地方政府建的，桥梁也是地方政府建，各种各样的设施都是地方政府建。地方政府怎么建？曾经有一段时间，预算法规定地方政府不能有赤字。但是面临国际金融危机既不能有赤字，还要保证大量的投资，钱从哪儿来？我们做了一个特殊的安排，地方政府设立了地方政府融资平台，它既不生产粮食，也不生产其他什么产品，它起的作用就是到市场上去借钱，借到钱以后用来支持政府的投资。地方政府融资平台对这段时间的发展起到了特别大的作用。曾经有一段时间，中央担心地方政府过度借债，一度限制地方政府融资平台发展。2009年，因为需要执行4万亿元的投资计划，就放松了对地方政府融资平台的控制。地方政府融资平台借了大量的债来支持投资。

国际金融危机要求我们大力度进行财政刺激。财政刺激是由地方投资组成的，地方政府是用融资平台在市场上筹集资金来支持建设，所以这一阶段融资平台占所有发债企业的比重也在不断上升，一直到2016年以后它上升的趋势才停下来。

我们已经知道国内生产总值可以测算生产的总量，而国内生产总值里面有各种核算的方法，其中一个方法是收入法，即把国内生产总值分成劳动者报酬、资本报酬以及生产环节中的净税收。知道劳动者报酬是多少，净税收是多少，资本的报酬知道了，再知道资本的总量，二者相除就得到了资本的回报率。最后调整折旧和价格变动，就得到了1978—2015年间投资的净回报率。

通过研究，我们得出结论，2008年之前没有过度投资，因为投资回报率一直是比较高的，如果投资回报率足够高就不能说有过度的投资。但是到了2008年之后，我们的投资回报率呈现非常明显的下降的趋势。

如果我们进行了很多投资，投资回报率又不怎么高，必然会带来一个后果，就是债务越来越多。债务跟国内生产总值的比值，2008年之前还是相对较小，2008年之后这个比值变大了，说明债务增加的速度更快了。

3. 2016—2019年经济增长的核算

分析了第二个阶段的增长模式，我们用国内生产总值增长核算看到人力资本贡献在下降，效率改善的贡献也在下降，主要贡献来自资本产出比不断增加。而资本产出比不断增加带来的后果，几乎必然是投资回报率下降。不仅资本带来的回报会越来越低，而且还会带来债务问题。2008—2015年之间的增长模式是不可持续的。那么如何解决这一系列问题呢？我们来看第三个阶段，即2016—2019年。

2016—2019年这四年我们强调供给侧结构性改革。供给侧结构性改革中我们下很大功夫减少僵尸企业，减少过剩产能，又带来了新的增长模式。尽管增长速度减慢了，但促进增长的组成要素变了，效率的贡献又回升了，尽管没有回到第一阶段的水平，但是比第二阶段高了。效率的贡献高了，对资本投入的依赖减少了，第二阶段国内生产总值38%的增长来自资本产出比的增长，第三个阶段这个贡献依赖度只有22%。人力资本增长越来越慢，这不是短期的政策造成的，而是人口总增速及人口结构的变化带来的。

第三个阶段全要素生产率的增长对国内生产总值增长起到了更大的作用，具体来看，全要素生产率增长跟去产能有很大的关系，不同省份全要素生产率和这个省份钢铁和水泥去产能有正向的关系，跟第三产业也正相关，这段时间发展很多的是现代第三产业，特别是基于数字智能技术的第三产业，对经济增长起了正面作用。

4. 2020—2022年经济增长的核算

第四个阶段是2020—2022年，这一阶段发生了新冠疫情，是很特殊的一个阶段，增长速度平均是4.53%。

这一阶段我们看到人力资本的贡献是0，但不是说人力资本不作贡献，而是人力资本贡献的增速变成了 0。需要说明的是，我们提到的各项数值都指的是增速，国内生产总值也是增速，人力资本也是它的增速。人力资本仍然很重要，经济中如果没有人力资本投入就没有生产，只是它的增速变成了 0。这一阶段国内生产总值的增长又回到了对资本产出比的依赖，对资本产出比的依赖占到国内生产总值增长的 40%。很明显，这是由于疫情的原因。疫情对中国经济产生了巨大的影响，即使是在目前也还存在一些后遗症，给当下经济增长造成了一定困难。

阶段	国内生产总值	人力资本	资本产出比	全要素生产率
1978—2007 年	10.03%	4.11（41%）	0.40（4%）	5.52（55%）
2008—2015 年	8.68%	1.23（14%）	3.26（38%）	4.18（48%）
2016—2019 年	6.60%	0.18（3%）	1.43（22%）	4.99（76%）
2020—2022 年	4.53%	0.00（0%）	1.82（40%）	2.71（60%）

经济增长核算：各要素对国内生产总值增长的贡献

二、中国经济未来增长潜力

上述跟大家回顾了我国改革开放以来经济增长的历史，用经济增长核算的方式去分析 1978—2022 年间的四个阶段，每个阶段增长各有什么样的特征。

现在我们着眼中国经济发展的未来。我们制定经济规划的时候，要看最重要的一个指标，那就是未来增长速度。每家企业对未来做打算的时候，都要看未来的需求会有多大。产品需求多大取决于经济增长速度，我们没办法预测明年经济增长速度，因为有太多的因素会影响它，但是如果什么都做得很好,经济增长就可能会达到预期的速度,这就是经济增长的潜力。

对未来做预测其实是很难的,要考虑很多因素。我们在本讲开始时谈到过经济学的模型,经济学要做的模型特别复杂,里面有特别多的因素,为了推演,就要对每一个因素做假设、估算、测算,就会增加不确定性。那我们能不能找一个极简模型,用这个极简的模型对未来做预测,模型越简单,对未来做预测的时候做的假设就越少。怎么做这个极简模型?我们定义一个量叫劳动生产率。什么叫劳动生产率?我们知道全社会的国内生产总值是多少,也可以统计全社会有多少人参加就业,使用这么多劳动力生产出这么多国内生产总值,每一个劳动力平均贡献了多少国内生产总值可以算出来,这就是劳动生产率。劳动生产率是国内生产总值除以劳动力总量:劳动生产率 = 国内生产总值 ÷ 劳动力总量,那么国内生产总值就等于劳动生产率乘以劳动力总量。公式左边是一个变量,右边两个变量,这是非常简单的一个公式。对这个公式取对数再求导就可以得出:国内生产总值增长速度 = 劳动生产率增长速度 + 劳动力增长速度。

劳动生产率的增长速度未来会怎么变?或者说劳动生产率的增长有没有规律?刚才谈到劳动生产率就是劳均国内生产总值,这个数据变化有没有规律就要看历史数据,只看中国的历史数据还不够,还要看全球的历史数据。把全球每一个国家能找到数据的都找来,先算这个国家当年的劳动生产率,再算次年的劳动生产率,可以算出这两年的劳动生产率的增长速度,这是一个指标。只有一个变量,不会有规律,讲规律的时候一定要讲两个变量之间的关系,比如这个变量和时间之间的关系,或者这个变量跟其他变量之间的关系,才能看是不是有规律。这个规律不是像物理规律那样客观,而是基于我们的猜测。另一个变量可能是什么?就要用我们经济增长的理论,有后发优势的减退,还有另外一个名词叫作趋同。趋同就是后发国家有后发优势，可以增长得比较快，因而离发达国家的距离就越来越近。随着我离它越来越近，我追赶它的速度也就会减慢。继续追赶，追赶到最后我就跟它趋同了，趋同以后大家的增长速度就差不多了。我们看发达国家的增长速度很接近，虽有些差别，但差不了太多。发达国家跟发展中国家增长速度不同，发展中国家之间增长速度有很大的差别。

趋同就是与发达国家距离远的时候增长潜力大，离发达国家距离近的时候增长潜力小。那怎么衡量离发达国家的距离呢？比较简单的思路是，先算出本国劳动生产率，再算出同一年发达国家的劳动生产率，拿它俩来比。比如用中国的劳动生产率跟美国的劳动生产率做比较，可以分别算出中国的劳均国内生产总值和美国的劳均国内生产总值。

但这样的算法也存在一个问题。中国算出来的劳均国内生产总值是人民币，美国的劳均国内生产总值算出来是美元。比较的话要换成同一种货币，用什么汇率？市场汇率是一个选择，但市场汇率波动很大，比如今年美元很强，相对于几乎所有的货币它都增值了，是说美国经济就那么好吗？并不尽然，因为市场汇率受到很多因素影响，比如现在美元的利率比较高，吸引着全球货币到美国去，它的汇率会上升，但利率高不一定对它未来增长有好处。还有避险因素，世界动荡，资金会跑到美国去避险，也会使得美元增值。

如果用市场汇率不能反映两个国家之间真实的差异，我们选取购买力平价的汇率这一标准。什么叫购买力平价的汇率？可以想象中国是一个典型消费者，大概每年消费 30 000 元，我们一年买了多少东西，买了什么样的东西，每个东西买了多少量。然后把这些东西装在一个篮子里，把这个篮子拎到美国去，看同样的东西在美国购买要花多少钱。假如说中国是 30 000 元买的东西，到美国需要 6 000 美元来购买，说明 6 000 美元和 30 000 元人民币的购买力是一样的，即 1 美元和 5 元人民币的购买力是一样的，这就叫作购买力平价的汇率。按照购买力平价的汇率，中国目前的劳动生产率大概是美国的劳动生产率的1/4，2008年我们大概是美国的1/5。可以看到，我们离美国越来越近。中国的劳动生产率跟美国的劳动生产率相比，用购买力平价的汇率折算得出来的一个比例，我们把它叫作中国应对美国的距离。

除了劳动生产率增长，还要考虑劳动力增长，即劳动力人口以及总人口的预测值。这里就不再展开介绍了。

现在简单谈谈中国经济未来增长的潜力，以及未来的三个阶段中国同美国的一些比较。

对未来的三个阶段，一是"十四五"期间，二是2026年到2030年，三是2031年到2035年，我们分别做预测。有数据预测："十四五"期间，经济增长潜力在5.11%左右，2026—2030年"十五五"期间是4.53%左右，2031—2035年"十六五"期间是3.83%左右。如果是这样的话，累计的增长会是多少？从2020年到每个阶段期间的最末一年，比如2020年到2025年，累计的增长是28.5%，2020年到2030年累计增长是61%，2020年到2035年累计增长是97.4%，差不多是100%。这里必须跟大家再次强调，这里的前提是假定我们的劳动生产率的增长能实现潜力。这是一个大的假定。未来我们可以努力扩大开放，努力深化改革，让市场起到更好更大的作用，使效率不断提升。不大可控的是国际环境，未来中国经济能否实现这些增长潜力，一定程度上还受到国际环境影响，这也是现在面临的最大的挑战。

三、贯彻新发展理念，推动高质量发展

我们系列讲座的主题是中国式现代化，我主要讲经济，那我们实现高

质量发展、全体人民共同富裕、促进人与自然和谐共生、推动构建人类命运共同体等，这些都跟经济有密切的关系。

这里特别想强调高质量发展，实现中国式现代化有一个重要的要求就是高质量发展。党的二十届三中全会强调，构建高水平社会主义市场经济体制，健全推动经济高质量发展体制机制。所谓的高质量发展就是要"完整、准确、全面贯彻新发展理念，坚持社会主义市场经济改革方向，坚持高水平对外开放，加快构建以国内大循环为主体、国内国际双循环相互促进的新发展格局"。长期的可持续的增长最主要的源泉来自效率的改善，效率的改善就是高质量发展的最重要部分。效率改善从哪里来？要从创新、协调、绿色、开放、共享的新发展理念中获得，要从把握好政府与市场间的关系中来获得。还要重视可持续发展，"坚持绿水青山就是金山银山"的理念，走人与自然和谐共生的现代化道路。要坚持以人民为中心的发展思想，不断增加城乡居民收入，扩大中等收入群体规模，优化消费环境。在推进高质量发展过程中要统筹发展和安全，"坚持高质量发展和高水平安全良性互动，以高质量发展促进高水平安全，以高水平安全保障高质量发展"。

开创我国高质量发展新局面

我们本讲用经济增长核算的方法看我国改革开放以来经济增长不同阶段的特征，以及对未来经济增长做预测，同时也讲到推进中国式现代化、实现高质量发展对我们提出什么样的要求。希望同学们以高度的责任感、科学精神、创新精神积极投身到以中国式现代化全面推进中华民族伟大复兴的征程中。

本 讲 小 结

高质量发展是全面建设社会主义现代化国家的首要任务。新中国成立以来，中国共产党领导人民创造了经济快速发展和社会长期稳定的两大奇迹。当前，中国经济已由高速增长阶段转向高质量发展阶段，正处在转变发展方式、优化经济结构、转换增长动力的攻关期。在新形势下，必须以新发展理念引领改革，立足新发展阶段，深化供给侧结构性改革，完善推动高质量发展激励约束机制，塑造发展新动能新优势。

第二讲

中国式现代化是全体人民共同富裕的现代化

| 中国式现代化十二讲

彭凯平
清华大学社会科学学院、心理与认知科学系教授

1983年毕业于北京大学心理学系后留校任教，1997年获密西根大学心理学博士学位，曾任教于美国加州大学伯克利分校心理学系并获得终身教职，担任过社会及人格心理学专业主任。2008年回国受聘清华大学教授，帮助复建心理学系，并成为首任系主任。研究领域为积极心理学、社会心理学和文化心理学。至今已发表400多篇学术期刊论文、14部中英文著作。

第二讲　中国式现代化是全体人民共同富裕的现代化

非常高兴给大家分享我对中国式现代化是全体人民共同富裕的现代化的理解。

那么，在共同富裕的问题上，中国人民、中国共产党、中国政府都做了哪些工作呢？我认为这方面的努力可以被称作一种"大格局"。共同富裕是党和国家从新中国成立以来就一直坚持的一个非常宏大的理想，在不同的历史阶段，党和国家也从来没有停止过对这个"大格局"的现代化探索，也创造出了许多切实可行的行动方案。因此，我将这个有关共同富裕的课题称作"大格局：人类难题与中国探索"。

一、共同富裕的大格局：人类难题与中国探索

党的二十大报告中明确提出，中国式现代化是全体人民共同富裕的现代化。共同富裕是一个特别重要的话题，同时，共同富裕又是一个容易被误解的话题。

第一种误解，认为共同富裕就是"劫富济贫"。言外之意就是认为共同富裕就是要把富人拉下来，把穷人提上去，这是比较典型的一种错误认知。事实上，共同富裕是中华民族自古以来最饱含"以民为本"情怀的充满感情、充满憧憬的一个治世治国的优秀传统概念，既包含为政之道，也饱含文化之德。今天我们提出的"共同富裕"不过是这一概念的现代式表述。特别是我们现在推进的中国式现代化，不仅不会"劫富"，反而会鼓励人们更努力地致富，并鼓励先富的人通过积累起来的知识、经验与资源，带动经济上处于落后状态的人，这是改革开放以来党和国家一以贯之的政策。

第二种误解，认为共同富裕是对改革开放40多年的某种否定，理由是"共同富裕"的说法与"让一部分人先富起来"的说法不一样了。这是

一个特别大的理解错误。我国实行改革开放以来，几代党和国家的领导人都秉承着"实事求是"的态度来办国家的事，办人民的事。在不同的历史阶段，针对不同的社会现状制定相应的措施。改革开放的总设计师邓小平一直强调"让一部分人先富起来"的目标是"实现共同富裕"，这是一种实事求是的工作路径。随着中国特色社会主义进入新时代，在已经解决了绝对贫困问题的新形势下，我们更加强调"共同富裕"不仅不是对改革开放的否定，而恰恰是一种坚定的继承与延续。

第三种误解，认为共同富裕是极左思潮，即认为现在实行"共同富裕"言之过早，条件还不充分，有主观冒进的倾向。我认为这种误解是危害性最大的，本质上是缺乏民族自信与文化自信的表现，曲解了"共同富裕"的本质与历史事实。实际上，共同富裕不仅是中华民族的伟大理想，也是人类文明长久以来的共同追求。所以，共同富裕与政治上的"左"倾或者右倾并无直接关系，它是人类对美好生活最朴素、最真挚的渴望，也是人类社会为之不懈努力的高尚追求。

下面，我准备从高度、广度、深度和温度四个方面跟大家谈谈共同富裕这个大格局。高度是什么？高度就是指我们从古至今，从党中央到地方人民政府追求的共同心愿，这个心愿叫作大同理想。几千年以来，中国人民一直有对未来世界的美好憧憬，这个憧憬就是大同世界。而大同世界的一个重要的核心标志就是共同富裕。对共同富裕的憧憬不是别出心裁"天上掉下来的林妹妹"，也不是西方世界的舶来品，它是中华民族自古以来就具有的、期望的、为之不懈努力的、尚未实现的一个共同而美好的大同追求。

再来说广度。共同富裕不仅仅是中国的问题，也是全世界共同面临的一个大问题，即财富积累和收入分配的不平等、不均衡如何化解的问题。这个不平等和不均衡是所有国家与社会所必须要面对的现实问题。历史证明，一个美好的社会能够得以长期存在，是因为没有让极少数人来占据大量财富的情况成为主导。全球很多地方所呈现的巨大贫富差异，放在历史长河中，便成了人类历史的大课题。贫富差异是全球文明走向美好和谐的一个重要挑战，也是所有国家和社会都应该直面的一个问题。不过，从更长远的角度，人类社会有能力在一个更宽广的维度上从政治、经济、文化、科技、教育、法律等多方面来解决这个问题，我对此充满信心。

什么是共同富裕的深度？中国的共同富裕面临着巨大的区域差异、城乡差异和历史差异。要想实现中国式现代化下的共同富裕，一定要扎下根来，实事求是，具体问题具体分析。我主要的研究领域是心理学，并不是研究共同富裕的专家。我完全和大家一样，从一个独立的、中性的、客观的角度来讨论一下中国的共同富裕有哪些经验和教训。

最后我要讲共同富裕的温度。作为一个心理学家，我认为，共同富裕反映的是人类共同的人性。这个人性不是社会达尔文主义，不是你争我夺，不是杀戮陷害。共同富裕反映的是人类向善的本性。我想在这部分向大家介绍一下党的政策、当前的实践、对全球的影响以及我的心得体会。

习近平引领中国式现代化之——"实现全体人民共同富裕"

二、共同富裕的高度：大同理想的追求

（一）共同富裕是中华民族亘古以来的文化期待

共同富裕是中华民族大同理想的一种体现。大同是中华文明在两千多年前产生的一个伟大思想，这个思想就是一定要有一个理想的社会、理想的世界，而理想的世界就代表一种大同。这个概念出自《礼记·礼运》的"大同"章，简称《礼运大同篇》，这里记载了孔子与弟子言偃的对话。他

礼运大同篇

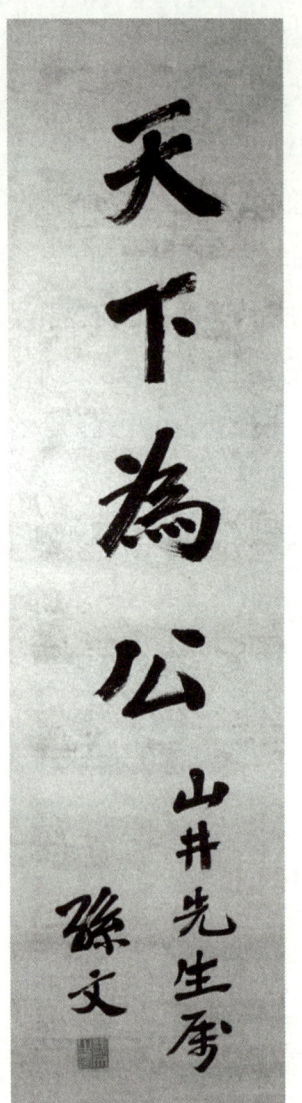

　　昔者仲尼与于蜡宾,事毕,出游于观之上,喟然而叹。仲尼之叹,盖叹鲁也。言偃在侧曰:"君子何叹?"孔子曰:"大道之行也,与三代之英,丘未之逮也,而有志焉。大道之行也,天下为公。选贤与能,讲信修睦,故人不独亲其亲,不独子其子,使老有所终,壮有所用,幼有所长,矜寡孤独废疾者,皆有所养。男有分,女有归。货恶其弃于地也,不必藏于己;力恶其不出于身也,不必为己。是故,谋闭而不兴,盗窃乱贼而不作,故外户而不闭,是谓大同。

们在谈话中提到，如果社会能够实践天下为公的大道，而不是个人营私敛财的小道，那么我们就能达到非常美好的社会状态。在这个社会里，大家追求和睦，讲究信任，奉行互惠互助互利，不追求个人财富，而竭力为社会作贡献，这就是中国古人对大同世界追求的生动描述。我们能看到，在这个大同世界的氛围里，阴谋诡计、盗窃战乱基本上不会发生。所以，今天，我们重拾《礼运大同篇》这篇文章的思想，代表了中华民族、中国人民对世界文明的伟大倡议，这个倡议就是大同理想。

在座的大学生们，你们是中华优秀传统文化最好的传承人。正如著名社会学家费孝通教授经常强调的那样，中国文化传承不是靠圣人，不是靠皇帝，而是靠士大夫。他们有文化、热爱文化，在这个文化中活出了自己的终极价值。士大夫是什么人呢？就是读书人。如果说，古代的读书人背负着写天下文章，立天下大事的使命，那么今天的读书人也同样肩负着传递人类文明薪火，建设美好国家、社会的历史责任。

如果有机会细读诸子百家各派的学说，大家可能会发现，无论哪一个流派，有一条共同的理想就是大同理想，只是称谓不同而已，本质上都是一个意思。其中所包含的观点和思想无一不蕴含着共同富裕的理念。所以，共同富裕一直是我们中国人的伟大理想。孔子说："不患寡而患不均，不患贫而患不安"，这里讲的就是共同富裕的思想。孟子讲："独乐乐，与人乐乐，孰乐？"这也是共同富裕思想的体现。无论是儒家、道家，还是墨家，他们都在提倡互爱互助。这就是中国人的价值观，这就是中国文化的价值观。

共同富裕也是中国先进分子的共同理想和追求。孙中山一直倡导"天下为公"，这一政治理念也体现了近代中国依然视大同为神皋。孙中山亲自手书了《礼运大同篇》，并将它作为自己终生奋斗的座右铭。他提出："我们要将来能够治国平天下，便先要恢复民族主义和民族地位。用固有的道德和平等做基础，去统一世界，成一个大同之治，这便是我们四万万人的大责任。"孙中山还认为，他的思想和两千多年以前的孔子、孟子主张的思想是一脉相承的，三民主义就有"共"的意义在里面。

（二）中国共产党提倡的共同富裕理念与中国化实践

中国共产党也一直在提倡大同思想和共同富裕的理念。根据现有的一些考证，毛泽东是"共同富裕"的最早倡导者和积极实践者。因此共同富裕并不是个新概念，而是中国共产党一直就有的概念。在成为共产主义者以后，毛泽东常借用"大同"来表述未来共产主义者要建立的理想社会。理想社会和大同社会是相通的，这就是毛泽东理想中的共产主义社会，其中包括孔子、孟子等中国古代先贤们的思想。1953年12月，在毛泽东主持、并参与起草的《关于发展农业生产合作社的决议》中首次提出"共同富裕"这一概念："党在农村中工作的最根本的任务，就是要善于用明白易懂而为农民所能够接受的道理和办法去教育和促进农民群众逐步联合组织起来，逐步实行农业的社会主义改造，使农业能够由落后的小规模生产的个体经济变为先进的大规模生产的合作经济，以便逐步克服工业和农业这两个经济部门发展不相适应的矛盾，并使农民能够逐步完全摆脱贫困的状况而取得共同富裕和普遍繁荣的生活。"

在"共同富裕"这一概念提出后，毛泽东又领导中国共产党进行了长期的实践。在实践过程中，毛泽东和中国共产党特别注意将马克思主义与中国实践相结合。毛泽东倡导的"共同富裕"概念和马克思原来的"共同富裕"概念并不完全一致，而是经过了中国化的"共同富裕"概念。

马克思在其著作《哥达纲领批判》中提出，在生产力高度发展后的共同富裕状态，人人应该各尽所能、各取所需。这是马克思对共同富裕的理解，就是你把你自己的能力用到极致，取得你自己需要得到的东西。这就是马克思当时一个很重要的观点。

在早期文献里，关于共同富裕中国共产党一直沿用的是马克思各尽所能、各取所需的观点。1958年后，党改变了这个说法，中国的社会主义实践证明"各取所需"可能在某种程度上是不准确的，甚至会引起误解和模糊的概念。后来，党把这个词改成了"按需分配"。"按需分配"和"各取所需"不同。各取所需是指我得到我想要得到的东西，而按需分配是根据你的需要由集体来决定你能得到什么东西。这体现出中国共产党很多的实践其实是中国化、本土化的，是建立在实践和历史教训基础上的中国化探索。

这个教训其实就是1958年前后，政府为了落实"各取所需"，鼓励大家共用财富财产，比如设立人民公社的食堂，大家放开肚子吃大锅饭，结果发现很快就不够吃了。因为我们的生产力还未发展到那个阶段，如果每个人都按照自己的需要去分配、抢夺、占有的话，共用的财富很快就被分光了，这样不仅没有实现共同富裕，反而变成了共同贫穷。

这也是心理学中一个特别重要的课题。我曾经在美国密西根大学攻读博士学位。当时，我的导师做了个很重要的心理学研究，他发现我们经常把人类的三个动机混为一谈：需要、欲望和喜欢。很多人把自己的需要、欲望和喜欢等同起来。但实际上，很多时候你要的不是你需要的，换句话说很多的基本需要其实就是我们的生存需要，而我们的欲望并不是真正的需要。比如，要那么大的房子干什么？不需要的，房子再大你也不需要，你有一张床就可以了。还有的时候，我们喜欢的也不一定是真正需要的。有人喜欢豪车、豪宅，但这些都不是你真正需要的。心理学家坎特·布雷奇提出，在我们讨论"按需分配""各取所需"的时候，一定要分清楚什么是人真正的需要，什么是人的欲望，什么是人的喜欢，这三者有很大的区别。由此可见，我们以前谈到的"各取所需"可能在某种程度上没有分清这三种需求的不同。

真正的"各取所需",应该是根据自己真正的需要来获取社会资源,而不是自己想要什么就要什么。有些东西不能随意得到,只有那些真正需要的人才应该得到,比如,一些紧急的医疗物资,健康的人就没有必要去占有它。这就是"各取所需"不如"按需分配"的理由,这就是中国共产党提出共同富裕并进行马克思主义中国化实践的一个范例。

(三)共同富裕是中国共产党矢志不渝的奋斗目标

改革开放之后,邓小平特别关注共同富裕的问题。1985年3月,邓小平在全国科技工作会议上指出:"社会主义的目的就是要全国人民共同富裕,不是两极分化。"这是最早提出在改革开放过程中,在强调经济发展的过程中,对两极分化趋势的警惕。1985年9月、1990年12月、1992年初,邓小平又多次提到"共同富裕"。他认为,共同富裕是社会主义和资本主义的本质区别:"如果走资本主义道路,可以使中国百分之几的人富裕起来,但是绝对解决不了百分之九十几的人生活富裕的问题。而坚持社会主义,实行按劳分配的原则,就不会产生贫富过大的差距。"这是一个非常重要的提醒,我们现在的政策其实是没有变的,也不是新的政策,而是中国共产党从新中国成立以来一直推动的政策。

事实上,要发展经济,就很难做到一步到位的共同富裕,更不要说实现有些人所说的更极端的"同时富裕"或"同步富裕"。后两种说法属于不切实际的"空想"与"胡思乱想",既不符合现实,也不符合逻辑,更不符合规律。所有人在同一个时间,同样地分配,同样地占有,同样地获得,这是做不到的,也不可能。

举例来说,在1998年之前,上海的财富拥有量是贵州的8倍以上,差距非常之大。这个时候如果要实现同步富裕,就只能把上海的资源全部倾斜到贵州，而这是没办法做到的。先不说资源该不该转移的问题，单就"粮草易动，文化难移"这件事就搞不定。车子、锅碗瓢盆等硬件可以动，但教育、思维、文化、风土人情等怎么移呢？需要多久？所以，同时富裕的说法是不正确的，是对共同富裕的歪曲，到任何时候也是站不住脚的。

当时，我们党如何解决这个问题呢？邓小平创造性地在共同富裕的大原则下提出一个阶段性战略思想，叫作"先富带后富"。邓小平是在南方谈话时提出这个设想的，他表示，"走社会主义道路，就是要逐步实现共同富裕。共同富裕的构想是这样提出的：一部分地区有条件先发展起来，一部分地区发展慢点，先发展起来的地区带动后发展的地区，最终达到共同富裕。"由此我们可以看到，邓小平不仅对共同富裕有重要的强调，而且还提供了一个因地制宜、实事求是的阶段性战略构想，这就是我们现在耳熟能详的"先富带后富"。

改革开放一个特别重要的战略决策就是不要简单地提"共同富裕"，而是一部分地区或一部分人先富起来，先富带动后富，最终达到共同富裕。同时邓小平还提出，共同富裕一定是物质和精神的高度统一。在这样的背景下，"共同富裕"在1992年10月举行的党的十四大被写入了党章。由此，追求共同富裕就成为历届中国共产党最高领导人都高度重视的问题。为大家举几个历史性事件，让大家认识到，共同富裕始终是中国共产党坚定不移的战略方针。

2017年10月18日，习近平在党的十九大报告中指出，中国特色社会主义进入新时代，这个新时代是"逐步实现全体人民共同富裕的时代"。在十九届中共中央政治局常委同中外记者见面时，习近平强调："全面建成小康社会，一个也不能少；共同富裕路上，一个也不能掉队。"这意味着，共同富裕已经成了重要的时代课题。

实现共同富裕一个很有效的策略就是帮助贫穷地区赶上相对富裕的地

区，实施精准扶贫。有能力、有条件发展经济的人能致富的同时，也要让发展成果更多更公平地惠及广大贫困群众，帮助没有能力和条件或者暂时没有能力和条件发展的人实现经济发展，实现共同富裕。所以我们花了很长的时间做精准扶贫、乡村振兴的工作，希望能更快地帮助贫穷的地区富裕起来。后来的实践证明，我国的精准扶贫已经缩小了我国的贫富差距，初步影响了世界贫富分配的版图，这说明中国人几十年的奋斗对世界文明产生了很大影响。

2020年10月，党的十九届五中全会对共同富裕作出重要部署，提出了一个很重要的战略目标，即到2035年全体人民共同富裕取得更为明显的实质性进展。

2021年8月17日，习近平在中央财经委员会第十次会议上的讲话中对共同富裕再一次进行了阐述，他指出："共同富裕是社会主义的本质要求，是中国式现代化的重要特征。我们说的共同富裕是全体人民共同富裕，是人民群众物质生活和精神生活都富裕，不是少数人的富裕，也不是整齐划一的平均主义。"这里包括四个特别重要的观点：全体人民的共同富裕，物质生活和精神生活的共同富裕，不是少数人的富裕，也不是简单的平均主义。

在党的二十大报告中，习近平提出中国式现代化的五个中国特色：中国式现代化是人口规模巨大的现代化，是全体人民共同富裕的现代化，是物质文明和精神文明相协调的现代化，是人与自然和谐共生的现代化，是走和平发展道路的现代化。

曾经在1992年党的十四大通过的党章提出的"社会主义……最终达到共同富裕"，这句话在党的二十大通过的党章里，已经改成了"逐步实现全体人民共同富裕"。新的表述强调共同富裕不是未来的事情，也不是几十年，甚至几百年后的事情，而是要在可见的范围之内、可见的时间框架里逐步实现全体人民的共同富裕。这是中国特色社会主义进入新时代非常紧迫的历史使命，而实现这个历史使命有非常清晰的时间表。

（四）中国特色社会主义新时代实现共同富裕时间表

中国特色社会主义新时代实现共同富裕时间表中有三个时间是非常重要的。其中第一个重要的时间是到"十四五"规划末期（2025年），全体人民共同富裕迈出坚实步伐，居民收入和实际消费水平差距逐步缩小。现在大家看到的中央的一些政策，比如对一些高薪行业人员的管理，对于国企高管工资的限定等都是逐步缩小贫富差距的手段。我也进行了一个统计调查，发现从2021年开始，中国的基尼系数已经在逐步下降。

第二个重要的时间是2035年。到2035年，全体人民共同富裕取得更为明显的实质性进展，基本公共服务实现均等化。这是我们在共同富裕实践中发现的一个特别重要的趋势，人民的生活条件基本上都在改善，为什么我们中国的底层群众觉得贫富差距越来越大？实际上扶贫之后我国的贫困人口在减少，底层50%的人的收入在增加，而且增加的倍数超过了中产阶级，也超过了极端富裕的人。但是这个差距还是特别大，这也是诺贝尔奖获得者阿克尔洛夫一个很重要的观点。他提出，以前穷人很穷，但没有觉得自己那么穷，而现在穷人的绝对收入即便已经提高了很多，但是却觉得自己越来越穷。其中一个关键的问题是，以前穷人可以免费享受的一些基本公共服务现在都要花钱，这时人们就觉得钱不够，钱不够就会产生挫折感、失落感，贫富差距感扩大。为了解决这个问题，到2035年，我们要实现基本的公共服务均等化。

第三个重要的时间是到本世纪中叶，全体人民共同富裕基本实现，居民收入和实际消费水平差距缩小到合理区间。这里为什么要强调我们的收入和消费水平的差距缩小到合理区间？为什么不强调财富的差距？因为收入一样的话，由于个人的生活习惯、家庭的大小，能够积累下来的财富也不一样。因此，简单地强调财富差距缩小比较难，但是收入差距的基本缩小是可以做到的。赚了同样的钱，但积累不一样，这是个人的事情，国家没有强调财富的差距，而是强调收入的差距。同时强调消费水平基本一样，并不是绝对的一样，而是允许有一定的差异存在。

这就是非常清晰的中国特色社会主义新时代实现共同富裕的时间表。这个问题是特别紧迫的问题，也是很有意义的问题。

（五）中国特色社会主义新时代实现共同富裕的原则与路径

习近平在很多地方的讲话中多次强调了实现共同富裕的原则、路径，以及整体的目标和实施方法。

促进共同富裕要把握的原则非常清楚：第一，鼓励勤劳创新致富，不是强调平均主义和机械地分配，而是鼓励勤劳产生富裕，以生产力的提升创造富裕。第二，坚持基本经济制度，就是社会主义的基本经济制度。第三，尽力而为、量力而行，没有强迫，没有粗暴。第四，坚持循序渐进，不要太匆忙，不要一窝蜂，不要搞大运动，这是我们过去几十年在实现共同富裕过程中的经验教训。

关于实现共同富裕的路径，习近平明确指出："总的思路是，坚持以人民为中心的发展思想，在高质量发展中促进共同富裕，正确处理效率和公平的关系，构建初次分配、再分配、三次分配协调配套的基础性制度安排，加大税收、社保、转移支付等调节力度并提高精准性，扩大中等收入群体比重，增加低收入群体收入，合理调节高收入，取缔非法收入，形成中间大、两头小的橄榄型分配结构，促进社会公平正义，促进人的全面发展，使全体人民朝着共同富裕目标扎实迈进。"

其中初次分配就是劳动之后的按劳分配，就是工资、收入、待遇等。

再分配就是各种各样的政策，是指政府的一系列行为，税收、社保、转移支付等，是典型的政府实现共同富裕的方法和工具。初次分配看市场，再次分配看政府，三次分配看道德，也就是慈善捐赠或者福利政策。通过这三次分配来逐步缩小贫富差距。扩大中等收入群体比重，增加低收入群体收入，合理调节高收入，把一些过高收入分配调节到合理的区间。非法收入也是造成贫富差距的重要的原因。取缔非法收入，就是对一些高薪行业或权力集中行业的非法收入要坚决制止，让这些人借助权力获得不应该获得财富的现象消失，形成中间大、两头小的橄榄型分配结构，促进社会公平正义，促进人的全面发展，使全体人民朝着共同富裕目标扎实迈进。

习近平反复强调，共同富裕是一个总体概念，不可能齐头并进，要持续推动，不断取得成效，不要一窝蜂都去做共同富裕的事业，要有先后，要有轻重缓急，这是关于共同富裕重要的内涵要求。

以上内容主要是从共同富裕的高度对党的政策的全面阐述。回顾几千年的中华文明史，我们看到，古人所谓"天下大同"的理想在新中国成立之前都没有真正实现过。孙中山奋斗多年，最后也没达到他的目标。而中国共产党带领中国人民打破了千年枷锁，通过艰苦卓绝的反帝反封建的革命斗争以及新中国成立后的社会主义建设与改革开放，使中华民族迎来了从站起来、富起来到强起来的历史飞跃，真正从民族解放走向民族复兴之路。从 20 世纪提出的"让一部分人先富起来"到现在明确提出逐步实现共同富裕，构建人类命运共同体，都见证了不断走向成熟、走向世界、走向未来的中国道路。

三、共同富裕的广度：全球文明的挑战

很多人都在讲什么是中国模式、中国道路、中国方案，重点在于人类

共同的话题上有没有我们中国人的想法和做法。共同富裕恰恰是我们中国人对全球"收入、财富的不平等、分配的不平等"这个共同话题提出的中国方案。这就是我要讲的第二点：全球文明的挑战，为什么不平等是大家都关注的一个问题？

（一）当代世界的收入和财富不平等极大

共同富裕有特别重要的历史意义，也有特别重要的全球意义，共同富裕这个话题不仅我们中国人关注，世界人民也关注。我一个好朋友现在在巴黎政治经济学院当社科学院的院长，他在巴黎主持成立了一个"世界不平等实验室"，研究各个地方的收入不平等、财富不平等、社会不平等问题。他不是共产党员，只是一个普通的知识分子。他关注不平等问题，并通过多年研究发现，中国人的共同富裕实践是对人类共同关注问题的独特贡献。他们发布了《2022年世界不平等报告》，指出当代的收入和财富不平等是非常紧迫的现实问题，是对人类道德、文明、智慧、理性特别大的冲击。

报告称，目前全世界最富有的10%的人口占据全球52%的收入，而底层50%的人口只占据了全球收入的

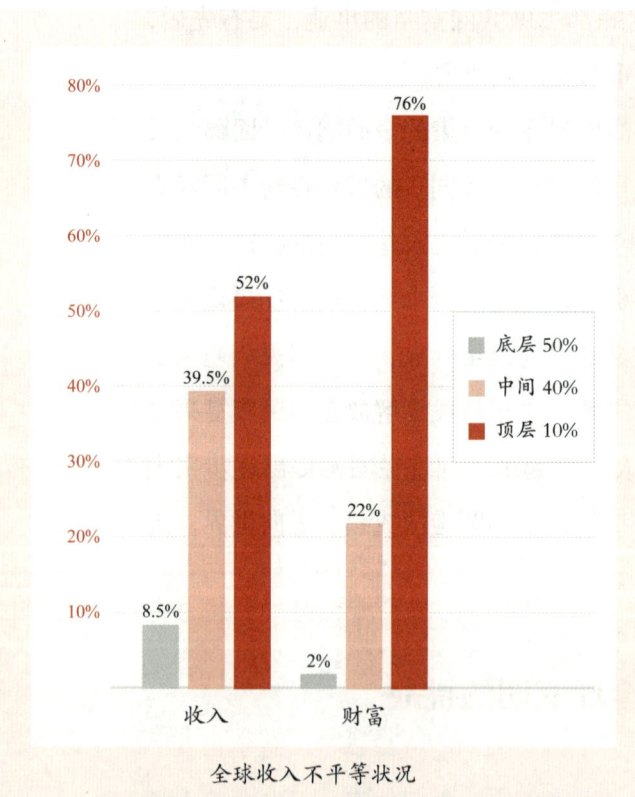

全球收入不平等状况

8.5%。处于全球收入前 10% 的人每年的平均收入为 122 100 美元，相当于中国的百万年薪；全球收入后 50% 的人每年的平均收入只有 3 920 美元，相当于中国年收入两万多元人民币。穷人在这个社会上得到了太少的应有财富。全球最贫穷的一半人口几乎不拥有任何财富，他们的总财富只占全球财富的 2%；相比之下，全球最富有的 10% 的人拥有 76% 的财富。平均而言（按购买力平价计算），最贫穷的一半人口每个成年人拥有 4 100 美元，最富有的 10% 的人口平均拥有 70 多万美元。

此外，国家内部的不平等比国家之间的不平等更明显，这是一个特别大的变化。第一次世界大战时，各国之间的财富差距非常大，因此发生了争夺殖民地、战争等现象。在这个问题上，人类有了一次伟大的革命。这个革命就是金砖国家、发展中国家在 20 世纪后半叶的突然崛起，从而彻底改变了人类的命运，改变了人类世界政治经济的版图。现在富裕程度前 10% 的国家和后 50% 的国家之间的平均收入之差从以前的 50 多倍下降到了 40 倍以下，国家之间收入、财富差距在减少。但国家内部的不平等反而在增加，从 8.5 倍上升到 15 倍，每个国家基本都是这样。特别明显的是从 20 世纪 80 年代开始，美国的里根、英国的撒切尔等推崇所谓的自由市场经济，造成这些国家的经济活力虽然在上升，贫富差距却在增大。中国在这个时候也有一些变化，但是中国的贫富差距增幅比这些国家低很多，所以中国和欧洲一些国家在财富普遍增长的同时，没有导致贫富差距过快增大。而美国、俄罗斯、印度等国家在财富增长的同时，也扩大了贫富差距。

（二）全球收入不平等状况

全球收入不平等状况显示，南非的不平等是最明显的，欧洲国家、中东地区的贫富差距也特别大。为什么巴勒斯坦和中东人民特别不开心呢？

因为他们有大量的穷人。在他们那里，富人过着奢侈的生活，穷人过着非常悲惨的生活，这也是巴以冲突发生的重要经济背景。相比之下，中国是中间偏上位置、相对平等的一个国家。不是最好也不是最差。北欧地区的民主社会主义已经进行了一百多年，因此，他们的贫富差距要比中国小一些。这个结果好像跟大家的直观印象不太一样，我们总是觉得我们的收入差距在增大。让大家觉得不平等在加大的一个主要原因是特别富裕的人的比例在增加。在新冠疫情期间，富人的财富增长更加突出。事实上，2020年是有史以来全球亿万富翁财富增幅最大的一年。有个统计学指标用来描述贫富差距，就是基尼系数。中国贫富差距变化最快的时候也是经济发展最快的时候。过去20多年，中国基尼系数最高的时候是2005—2010年之间的6年，一直维持在0.48以上。其中最高的时期在2008年和2009年，基尼系数甚至高达0.49及以上。近十多年来，中国的基尼系数总体在稳步下行。2010年降到0.481，2011年进一步降到0.477，2014年降到0.469，此后一直在0.46—0.47区间波动。

2019年，中国人民银行进行了中国城镇居民家庭资产负债情况调查。调查结果显示，从2011—2019年，收入排在后20%的群体财富增长是最快的。这证明了我们的精准扶贫工作对中国贫困人口的帮助是非常大的，也说明我们的共同富裕政策在过去的十多年中取得了显著成效。

（三）解决贫富差异问题的方法探索

为了解决贫富差异问题，经济学家想了很多方法。1991年，中国著名经济学家厉以宁在《论共同富裕的经济发展道路》一文中，第一次从经济学的角度分析实现共同富裕的机制。他提出了三种分配机制：第一次分配靠市场，按照劳动需要进行分配；第二次分配靠政府，以税收、社保、转移支付等形式，靠政府行为来调整财富分配；第三次分配靠道德力量和良心良知的力量，指慈善公益工作，有钱的人把自己的收入捐给穷人，通过募集资金、捐赠和资助等方式，对社会资源和社会财富进行第三次分配。

现在我们发现第三次分配的效果其实并没有我们想象的那么好。第一，富人不太愿意捐钱，这是我们觉得很意外的事情，以为富人有那么多钱，应该把钱捐出来。然而实际上，我们发现富人捐钱的比例还不如穷人。在美国，年收入在5万美元以下的纳税人，他们捐款占年收入的8.4%。而特别富的人捐款占比不高，只有年收入达到1 000万美元以上的人，他们的捐赠比例才赶上了年收入5万美元以下的纳税人，捐赠占年收入的9.4%。相对而言我们可以看到一个现象，靠良心良知做慈善、做公益捐赠的人是非常有限的。第二，我们要思考捐的钱给了谁，按照我们的理解应该是富人捐给穷人，现在发现并不是这样。实际上，从美国的实践经验来看，大部分捐赠给了教会。此外，还有很多和穷人关系不大的教育上的捐赠，比如清华大学的校友愿意捐钱给我们，有很多的钱被捐给艺术、健康等领域。其中，排在最末的才是和穷人相关的基本需求，其份额不到全部捐款的1/10。因此，大家要认识到，依靠自觉自愿的道德力量和善心善意来做慈善，进行财富的分配，效果并不那么好。

《21世纪资本论》的作者皮凯蒂在其2020年出版的《资本与意识形态》一书中，把对慈善的思想误区称为"慈善幻象"（Philanthropic Illusion）：受益于税收减免的慈善捐款本应是公共财政收入的一部分，为二次分配助力，但却被从公共财政收入中剥离出来，变成由私人决定其用途的"三次分配"。皮凯蒂尖锐地指出，现行慈善捐款减税制度，实际上是让中下层阶级通过税收补贴富人的慈善偏好，让富人控制了公共物品的分配权。皮凯蒂特别提醒读者，这种幻象对贫穷国家尤其危险，因为"富裕国家的历史上没有任何迹象表明它是最好的发展方式"。

四、共同富裕的深度：中国实践的案例

到底如何解决贫富差距问题呢？这里我们就要谈到中国实践。清华大学社会科学学院创建于2012年，学院也特别关注社会公平问题，近几年，社会科学学院的学生在老师们的指导下，在浙江台州进行了共同富裕的基础研究和调查。

（一）中国县域的类型和发展差距

我们之所以选择中国的县域作为研究对象，有如下几点考虑：第一，县域是我国政治、经济、社会目标的基本执行单元，实现共同富裕同样需要以县域为制度和组织基础来开展和执行。县域是中国最重要的执行单位。习近平在中央党校开设了县委书记研修班，就是因为他知道这是我们政府最重要的、基本的执行单位。第二，与大城市及其市辖区相比，中国的县域目前大部分还属于经济社会发展比较慢的地区，是共同富裕实现过程中的难点。实现共同富裕，县域的发展是核心、是关键。第三，县域处于城市和基层乡村的中间环节，在城乡融合发展中处于纽带位置。共同富裕的达成需要打破中国长期以来形成的城乡二元社会结构。我们发现，城乡接合部的人往往是中国最穷的，因为他在城里头又不在城里头，在乡下又没有宅基地，没有自己最基本的生存保障。因此清华大学社会科学学院进行共同富裕的研究，关注的是城乡接合部中最需要帮助的一批人。此外，中国古人也一直强调"郡县治，天下安"，自秦朝实行郡县制以来，县在幅员、数目与名称方面变化最小。中国的县基本上从秦朝开始，从汉唐到明清，县的数目一直维持在1 500个左右，民国之后上升到2 000个，县是中国最稳定的基层政府机构。

中国的县分好多种，包括市辖区、县级市、以"县"冠名的地域、少

数民族聚居的"自治县""旗""自治旗"特区和林区，这些县域的共同特点是农业占比和农村人口比重大，城市化水平不高。所以说中国共同富裕最艰难的瓶颈就在县域地区。

（二）浙江省台州市黄岩区的探索

浙江台州黄岩区是个县级区。2021年发布的《中华人民共和国国民经济和社会发展第十四个五年规划和2035年远景目标纲要》中，明确赋予浙江高质量发展建设共同富裕示范区的重大任务。浙江是中国第一个共同富裕示范区。因此，我们选择在这个示范区里挑选一个县级区，希望通过对这个区的研究来为国家进行共同富裕建设提供我们的方案。

几千年以来，黄岩区的特点都没变。以前这里叫作永宁，后来叫作黄岩，地势西高是山，东低靠海，西穷东富，和中国国情一样，同时黄岩区的经济实力比较强。于是我们基本上确定在这里可以开始讨论共同富裕的问题。

浙江省台州市黄岩区

怎么去帮助黄岩区实现共同富裕呢？我们认为靠慈善、靠税收等其他方法都不行，应该全方位地实现共同富裕的战略目标。这也是在回答著名的经济学家阿克尔洛夫的观点：为什么穷人在以前很穷的时候没有觉得那么穷，现在稍微富裕了反而觉得很穷。其中一个很重要的问题就是，我们以前把共同富裕简单理解为收入和财富层面。

为此，我们提出了一个全新的观点：共同富裕是一个全方位的社会发展的理想状态，这个理想状态不仅包括收入相对合理，还包括政策的普惠，社会的包容性治理，精神的愉悦幸福，以及生态的环境友好。我们提出了一个全新理论，叫做五维度的共同富裕理论，这个理论已经作为中国县域地区执行共同富裕政策的战略标准，并得到中央和浙江省委的高度评价和表彰。

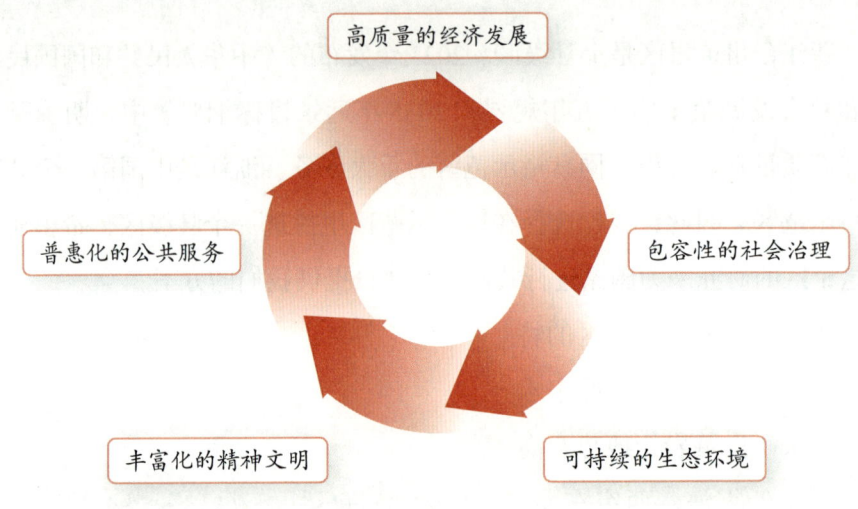

五维度的共同富裕理论

我简单和大家说一些具体方案。第一，高质量的经济发展特别重要，这是共同富裕的基础。第二，普惠化的公共服务，这也是2035年国家确定的共同富裕的具体标准，基本公共服务应该是基本上均等的。第三，社会治理的包容性，也就是说全民参与，人人都觉得自己属于这个地区，拥有这些资源，融入这个社会。我们认为这种主人翁意识是特别重要的共同富裕。如果我们觉得自己和社会没关系，和他人没联系，那么这种落差感就会造成相对贫穷感。第四，提倡生态环境的保护，青山绿水让我们觉得自己生活非常舒适。最后一个是精神文明，不仅要有物质财富，同时还有精神文明。习近平早就提出获得感、幸福感和安全感，这些恰恰和中华民族对富裕这个概念的定义非常接近。富是一个形声字，本像一个酒坛子形，后来又在上部加上了一个装饰性的笔画。这就说明中国人对富裕的理解，不仅是物质性的理解，也包括精神性的理解、文化性的理解，所以富裕不是简单的物质满足，也包括心理满足、生活满足，这就是中国人对富裕的理解，是充满了生活气息的理解，这就是共同富裕。这也是为什么习近平在讲话和报告中反复提倡一定要让人民有更多获得感、幸福感和安全感，这是共同富裕一个特别重要的精神内涵、心理内涵。富裕的人一定是幸福的人，这是一个基本的逻辑，也是个基本的推理。

（三）提升富裕感受的研究与实践

我们做了很多的研究和实践，尝试探索如何提高黄岩人民富裕的感受。我们用了一些方法和设计，也借用了我的老师克里斯托弗教授的观点。克里斯托弗教授做了个调查，他在全世界38个工业化国家，分别询问老百姓一个简单的问题：什么是好日子？通过调查结果，他发现好日子和我们说的收入关系不大，当然没钱肯定不好，但是有钱也不一定开心，而鉴定自己是否身心富足在于某些特别重要的心理感受，在这里主要展开三个方面。

第一是爱的感受，一个人觉得自己充满了爱，就容易感到心理富足。如果一个人老是在怨、恨、斗，那么他肯定不会觉得富足。爱的感受是个非常美好而丰富的积极的心理感受，并不只是简单的生理本能。心理学家提出，人的爱的丘脑和性的丘脑在不同的地方，人类没有爱也可以有性的本能，但只有本能的人是永远无法体验到真爱的感受的。美好的人生是一定要活出爱的感受的，这里的爱的感受是真真切切地对人世间美好事物、美好生活的拥抱，是由大脑神经递质分泌出的奖励激素，而不是有些人嘴里所说的"爱是虚幻的、缥缈的、抽象的"。努力培养大爱情怀，包括家国情怀、文化情怀、艺术情怀、知行合一等，这些都是真真切切的情绪价值。

第二是有用的感受。除了美好，富足还包括愉悦、快乐以及有用的感觉。比如我们能够成人之美，帮助别人从而获得有用的感觉，这种被需要感也是特别重要的美好体验。努力培养人们成全别人、帮助别人、服务别人的习惯，尽可能地成人之美，让别人开心，让别人有意义、有价值，让自己觉得有资源、有能力做任何自己擅长的事情，都能让我们产生有用的感觉，这种有用的感觉非常重要。

第三是有意义的感受。以前，我们往往容易谈论抽象的、政治的、宗教的、神学的意义。其实有意义就是人类的灵性、悟性、感性，这些都是特别重要的、美好的心理感受。努力培养那种能够感受到愉悦的、积极的能力，建立同理心，激发人们的兴趣、爱好、追求、梦想，并在制度、社会资源、社会舆论上进行引导，这些都能激发人们产生有意义的感受。

我们在黄岩进行五维度的共同富裕的探索，发现效果特别好。下面我们一起看几个实际的例子。

第一，共同富裕就是要大力发展乡村经济，帮助群众有工作、有收入，这是特别重要的。我们遇到了一位乡村书记，他带头发展自己村内的经济。我们也努力帮助当地政府进行共同富裕探索，尝试利用经济学知识来帮助地方经济发展。这里要重点提醒一下大家：中国式的共同富裕不是简单的财富重新分配，而是财富的不断积累。后来，这位乡村书记带领全村人民脱贫致富，保证村里每年都能有 2 600 万元的收入，被中央评为"最美乡村书记"。

第二，共同富裕的一个特别重要的心理感受是富裕感、幸福感。随着年收入从几十万上升到几千万，十几年内，乡村发生了很大的变化。创造出来的财富被用于改善公共服务，比如建设幼儿园、小学，由此使得当地得到更大的发展。在浙江省台州市黄岩区，大概有十多个村子参加了我们的共同富裕实践项目，我们也在时刻陪伴他们，并不断前去访问这些村子的情况。在黄岩区永宁公园城市中心有一座20年的烂尾楼，为了将成功乡村的经验推广到其他十几个村子里，我们借助清华大学建筑学院、美术学院的资源对其进行彻底改造，并发动社科学院的所有老师和学生共同打造它，使它成为全世界第一个幸福科学馆。幸福科

幸福科学馆

学馆为老百姓提供了一个免费的公共服务空间。所有的老百姓都可以免费来这个地方学习、探索、交流，孩子们可以在这儿玩耍，有心理需求的人可以来进行心理辅导和学习。除此之外，我们还设置了各种各样的令人开心愉悦的公共服务空间，现在每天都有许多老百姓前来。2022年，幸福科学馆的建设被黄岩老百姓评为政府做得最好的实事之一。

在世界上的大型城市里，一般都会有自然博物馆，这是由英国人最先发明的。而美国人发明了公共图书馆，法国人发明了公共美术馆，德国人发明了公共音乐馆，苏联人发明了少年宫。那么，在一个大都市里面，我们中国人能对世界文明作出怎样的贡献呢？我们提出，世界上的每个大都市都可以建一个幸福科学馆，让老百姓感受到开心和幸福。其实，这也是我们实现共同富裕的一个最切实可行的方法。

五、共同富裕的温度：人类共通的人性

我们以前谈人性，往往是把动物的兽性误解为人性。实际上，人有两大特性：人性和兽性。人是动物，因此也保留了动物的很多特征，但是人

之所以战胜动物，不是在于那些动物的本能，而是在于我们人类共通的人性。但我们不能把人所有的表现都归结于人性，人的表现中也有一部分是兽性的体现。很多人错误地把人的一些残忍、斗争、攻击当作人性，实际上那是人的动物本能。人什么时候用动物本能？在走投无路不能做人的时候，在别人逼我们、打我们的时候，我们就会把自己的动物本能表现出来。但是在和平的时候，在富裕的时候，在安全的时候，人类是要把向善的本性表现出来的。我的一个非常重要的感受就是，共同富裕其实是人性的体现。

在几千万年的进化历史中，人类之所以能够存活下来，并不是靠精致的利己主义。因为单打独斗我们斗不过老虎、狮子、豹子，而只有互惠互利、团结合作，我们才能战胜它们。我的一个同事提出第三种选择机制，即人类的发展不单是性选择，也不单是自然选择，还有一个特别重要的选择机制，就是合作选择、互惠互利选择。凡是能互惠互利的人，一般都会活得好、活得强，这就是人性的体现。

我们还发现，分享共享是特别能让人类开心的事情。大量的心理学研究发现，小朋友最开心的时候是和小伙伴一起玩玩具的时候，而不是一个人玩玩具的时候。分享是人的天性，自私是动物的本能。而有些人老是拿《自私的基因》说事，其实这本书讲的恰恰是人应该无私。基因是自私的，只有繁殖才能活下来。什么样的人容易繁殖自己的基因呢？不是那些自私的人，而是那些无私的人。你想想生活中那些讨人喜欢的人，一定是慷慨、大方的人，那些你不喜欢的人一定是自私自利的人，所以从进化的角度来讲，让自私的基因繁殖下来的恰恰是无私的人性，是互惠互利互助。

共同富裕不是平均主义，大锅饭会导致效率低下。某种程度上，共同富裕才是我们真正人性的体现。我们不愿意分享，那是在艰难困苦、走投无路、山穷水尽的情况下；我们愿意去分享，往往是因为幸福、安宁、获得。我个人认为中国人在讲共同富裕的时候，可以从人性的温度来谈共同富裕的价值。

我们做了研究，发现并不只是中国人能够获得分享的快乐，世界上所有的人，即使是那些特别强调个人主义的国家，他们也喜欢分享，也喜欢共乐，也喜欢互相成全、互相帮助。由此可见，共同富裕的思想可能就是人类命运共同体的一个共同的价值理念。只不过以前我们不说，或者说得太少、说得不够，或者不会好好说。因此，共同富裕才有价值、有意义。

我做过很多研究，我认为共同富裕和积极心理学提倡的信念是非常一致的。以前我们总说自然选择，实际上自然选择选择的不是最强大的生物，而是最能适应环境变化的生物。同样我们老讲性选择，性选择选择的也不是那些最凶狠的特征，而是最美的特征。

达尔文专门写了一本书《人类的由来及性选择》，就是讲 survival of the beautiful。这个观点我们基本上不教，因为我们谈性色变，我们不好意思说。实际上，性选择选择的是美。有大量的证据证明，在进化过程中，善良、同情、关怀、支持、合作、互惠、分享等恰恰是人的独一无二的竞争优势。人类比自私比不过动物，比凶狠残忍比不过野兽，比奔跑争斗比不过老虎、狮子、豹子，而我们最终战胜它们的恰恰是共同的互惠的人性。

哈佛大学教授史蒂芬·平克（Steven Pinker）提出，人类战胜野兽的秘密武器是人类的四种积极心理，分别是同理心、自控心、道德心、智慧心。同理心就是我们能知道别人的感觉、感情和感受；自控心就是我们自己不是那么随心所欲，我们能够有所戒律；道德心就是我们知道好坏，知道有恻隐之心；智慧心就是我们知道合作才是最重要的生存策略。人在这个世界上不是靠个人英雄主义把事情做成，而是靠互惠、同情、同理心。从人类的人性角度来讲，共同富裕提倡的恰恰就是这四种积极心理。共同富裕一定要理解别人的需求。知道别人的需求才能够成全别人、帮助别人，而不是一味地平均主义、一味地强加，一定要把自己的同理心用出来。同理心是什么概念？指的是人能够理解别人的感受、感觉、感情的能力。中国人讲的感同身受、设身处地、换位思考、心心相印、心有灵犀都是同理心的体现。共同富裕需要我们有同理心，知道别人的需求、欲望和行动倾向。共同富裕需要有自控力，就是不能一味放纵自己、各取所需，而去侵占自己不需要的东西，去抢占财富中不属于自己的东西。自控是人类实现共同富裕一个特别重要的心理能力。共同富裕还需要讲道德，就是中国人谈到的恻隐、关怀、支持，能感受到别人的痛苦，能知道轻重缓急。智慧之心是要创造财富，创造共同的美好未来，这就是我对共同富裕理念的一个心理学分析。

之前我们总是在从经济、分配、制度的角度谈共同富裕，但是我觉得我们要把共同富裕这一概念真正变成我们的行动，变成我们的习惯，变成我们中国人的本能，变成我们向世界讲好中国故事的一个抓手，这种理念情感能够增强我们的感召力、感染力。共同富裕是一种人类共性的体现，而培养人类共性有很多方法。

梁漱溟是中国一位非常了不起的学者，他曾经花了二十多年的时间写一本书，《人心与人生》。从1960年，梁先生开始写作，而直到1984年，这本书才真正出版。在这本书里，他讲过这么一段话，就和我们提倡的共同富裕的积极人性有很大的关系。他说，仿佛自己越是在给别人有所牺牲的时候，心里越觉得痛快、酣畅、舒展；反过来，自己力气不为人家用，似乎应该舒服，其实并非如此，反而内心觉得特别紧缩、闷苦。

因此，为社会牺牲是人类生命的自然要求。只有这样，我们生活才能更有动力，所以我们帮助别人、成全别人、鼓舞别人其实是人类一个特别重要的积极天性。你想想什么时候你最开心？是帮助别人的时候，还是不帮助别人的时候？你会发现，在你不帮助别人的时候，你是很难受的，很别扭的，很不好意思的。为什么？因为人类的天性是助人。

雷锋为什么喜欢做好事？做完好事为什么一定要写在日记本上？就是雷锋掌握了我们人性的道理，这个道理就是帮助别人其实是让我们开心的事情。仔细看雷锋写的日记，会发现都是特别平凡简单的小事，那他为什么要一丝不苟、一笔一画地把它们写下来，就是因为雷锋已经知道做这种事情、写这种事情、看这种事情都会让自己变得特别开心。所以说成人之美、利他行为，都是让我们觉得特别舒服的事情。

给大家一个小小的建议，以后做了好事千万别忘了写下来。人类大脑有一个特点，容易记得不好的事情，我们大脑加工负面信息的能力特别强，凡是别人说了你一句坏话，你就会记得清清楚楚。别人做的好事反而很容易被忘掉，自己做的好事也容易忘掉。所以做好事一定要写下来，心情不好的时候看看自己做的好事，幸福感就会油然而生。因此，提倡共同富裕，倡导助人为乐也是个特别重要的抓手和技巧。

最后我用费孝通先生的一句名言与大家共勉："各美其美，美人之美，美美与共，天下大同。"希望同学们在以中国式现代化全面推进强国建设、中华民族伟大复兴的道路上，作出自己的贡献并享受由你们所参与建设的这个伟大的时代！

本 讲 小 结

党的十八大以来，我们党对共同富裕道路作了新的探索，对共同富裕理论作了新的阐释，对共同富裕目标作了新的部署。党的二十届三中全会指出，要聚焦提高人民生活品质，完善收入分配和就业制度，健全社会保障体系，增强基本公共服务均衡性和可及性，推动人的全面发展、全体人民共同富裕取得更为明显的实质性进展。共同富裕本身就是社会主义现代化的一个重要目标。我们不能等实现了现代化再来解决共同富裕问题，而是要始终把满足人民对美好生活的新期待作为发展的出发点和落脚点，在实现现代化过程中不断地、逐步地解决好这个问题。

第三讲

数字中国与科技创新

戴琼海
清华大学信息科学技术学院院长
中国工程院院士

  国务院参事,北京信息科学与技术国家研究中心主任,中国人工智能学会理事长。长期致力于人工智能、脑与认知科学领域的基础理论与关键技术创新,主持承担了科技部重大基础研究973项目、国家基金委重大仪器项目和基础科学中心项目,成功研制了人工智能与脑科学系列仪器与装备。目前开展的研究包括认知智能、智能光电计算和元宇宙等。获国家技术发明一等奖、国家科技进步二等奖等荣誉,带领团队获评全国高校黄大年式教师团队。

第三讲　数字中国与科技创新

同学们好,今天这堂课主要从国家的发展战略,从国际、国内两个角度介绍数字技术的发展现状,重点介绍数字中国的发展道路和未来目标。同时与同学们分享以下三句话,我们用这三句话凝练了"清华人"的科技创新精神与使命。

理学思维融合工科实践,交叉领域践行原始创新。

基础研究领跑科学前沿,科技报国培养一流人才。

原创仪器引领国际合作,自主芯片支撑寓军于民。

一、数字中国的历史与未来

向着科技强国不断前进——以习近平同志为核心的党中央引领科技创新发展纪实

2001年习近平成立"数字福建"建设领导小组,2017年党的十九大报告正式将"数字中国"写入党和国家纲领性文件,党的二十大再次强调"数字中国"的重要战略地位。可以看到,中国正以远超世界历史上科技发展的速度实现现代化和数字化的飞跃,在过去70多年间快速实现了从落后到并跑甚至领跑。

(一)科技创新引领社会进步

人类社会历经几千年的发展历史,根据科技水平,可以划分为原始社会、农耕社会、工业时代、电气时代、信息时代等几个非常重要的阶段。原始社会中,人们开始制作、使用简陋的工具,比如利用尖利的石头、石斧打猎;农耕社会中,利用驯服了的牲畜、制造出的铁器进行农业耕作;工业时代,利用机器代替了手工劳动;电气时代,利用电力进一步提高了机器工具的工作效率;而在信息时代,计算机和互联网的蓬勃发展,让人类进入了地球村时代。科学技术是人类文明进步的不竭动力与基石。所以说,社会进步的根源是科技创新,科技创新引领社会进步。

（二）世界正处于数字时代

目前，人类社会正处于数字时代，人工智能、芯片、大数据、大模型、大算力等，都是这个时代的重要组成部分。数字时代非常重要，1995年麻省理工学院媒体实验室联合创始人尼古拉斯·尼葛洛庞蒂提出，数字时代是继信息时代之后的一个新时代。

数字时代以人工智能、芯片、大数据、物联网等数字技术群为影响最广泛的推动力量，并且将人类行为最大限度地向虚拟空间转移，同时重塑生活方式。我们能感觉到数字时代的日常生活的状态跟工业时代相比有了根本变化。

数字时代包括数字技术、数字经济、数字文化、数字社会等内容，并具有即时性、高效性、动态性、可复制性等重要特征。

（三）国际数字化竞争日趋激烈

世界很多国家都很重视数字技术发展，对我国冲击最大的是美国和欧洲国家。例如，美国目前已经把数字技术上升至国家战略层面。美国国防部在2018年发布的《国防战略》中提出，先进计算、大数据分析、机器人等数字技术的发展是影响国家安全的因素，必须予以重视。白宫也重点关注人工智能和量子科学领域，并且加大这两部分科研预算投入。而在大家较为熟知的芯片领域，2022年8月，拜登政府签署了《芯片和科学法案》，宣布接受过政府资金支持的美国科技公司将被禁止在中国建设拥有先进技术的工厂，企图进一步遏制中国芯片行业的发展。2023年9月，美国公布了《芯片和科学法案》的最后执行细则，规范了对美国半导体和电子制造业提供补助的条件和程序，确保不会让中国以及其他被美国视为安全关切国家的半导体行业从中受益。

另一个科技巨头，欧洲也在不断提升数字技术的战略地位。2019 年发布的"数字欧洲计划"计划用 92 亿欧元塑造和支持欧洲社会和经济的数字化转型，加大对人工智能的投入。《欧洲新产业战略》把机器人技术、微电子技术、区块链、量子技术、纳米技术等数字时代关键技术视为对欧洲工业未来具有重要战略意义的关键技术。而且欧洲也在积极转型，《2030 年数字指南针》就布局了未来十年欧洲的数字化转型目标，其中包括攻克 2 纳米先进制程、制造首台量子计算机、实现 5G 全覆盖，并希望发展下一代数字技术产业。

我们的邻国日本也不甘落后，他们在加快追赶欧美的脚步，希望在数字科技前沿分一杯羹。早在 2016 年，日本就提出要通过网络空间与物理空间高度融合，超越工业 4.0，迈入他们的超智能社会 5.0。2022 年 2 月，日本成立数字厅，并发布报告，重点将人工智能、物联网、区块链、量子计算机视为当前数字社会进程中的关键技术，旨在抢占科技前沿高地。

澳大利亚在 2018 年末发布了《澳大利亚技术未来》战略报告，希望产业界利用自动化系统、机器人、人工智能、区块链、物联网和量子计算等一系列新兴数字技术产业，令企业能够抓住数字经济的机遇。2021 年，澳大利亚公布了《人工智能行动计划》，战略目标是使澳大利亚在可信的、安全的人工智能方面成为全球领先国家。

人类科技进步和中国式现代化发展的浪潮滚滚而来，在当今这个信息化、数字化交汇的时代，中国、美国、日本、欧洲等国家和地区，谁能领跑当前以人工智能、通信技术等为代表的数字化国际竞争，我国是否能在科技上超越其他国家，现在正处在一个非常关键的时间节点。

（四）我国数字时代的战略布局与规划

在这样的国际数字化竞争态势下，党和国家早已开始数字化战略布局。

党的十八大以来,以习近平同志为核心的党中央高瞻远瞩,抓住全球数字化发展与数字化转型的重大历史机遇,系统谋划、统筹推进数字中国建设。习近平强调,加快数字中国建设,就是要适应我国发展新的历史方位,全面贯彻新发展理念,以信息化培育新动能,用新动能推动新发展,以新发展创造新辉煌。

2017年,党的十九大报告明确提出建设"网络强国、数字中国、智慧社会"战略目标,数字中国首次写入党和国家纲领性文件。

2021年颁布的《中华人民共和国国民经济和社会发展第十四个五年规划和2035年远景目标纲要》(以下简称《纲要》)进一步专篇部署了"加快数字化发展,建设数字中国"的详细建设目标与执行方针。

2023年2月27日,中共中央、国务院印发了《数字中国建设整体布局规划》,从党和国家事业发展全局的战略高度,提出了新时代数字中国建设的整体战略,明确了数字中国建设的指导思想、主要目标、重点任务和保障措施。

在国家政策的布局和引导下,"数字中国"的概念在过去10年不断深化。2015年,习近平在第二届世界互联网大会开幕式上指出,中国正在实施"互联网+"行动计划,推进"数字中国"建设,发展分享经济,支持基于互联网的各类创新,提高发展质量和效益。2016年3月,"十三五"规划指出实施网络强国战略,加快建设"数字中国",推动信息技术与经济社会发展深度融合。2017年10月,党的十九大报告指出为建设科技强国、质量强国、航天强国、网络强国、交通强国、数字中国、智慧社会提供有力支撑。2017年12月,中央政治局第二次集体学习指出加快建设"数字中国",更好服务中国经济社会发展和人民生活改善。2018年4月,举办了首届数字中国建设峰会。2020年,十九届五中全会明确发展数字经济的目标，要推进数字产业化和产业数字化，打造具有国际竞争力的数字产业集群。2021年的政府工作报告也指出加快数字化发展，打造数字经济新优势，协同推进数字产业化和产业数字化，加快建设"数字中国"。2022年10月，党的二十大报告再次强调："加快发展数字经济，促进数字经济和实体经济深度融合，打造具有国际竞争力的数字产业集群"。2023年2月，《数字中国建设整体布局规划》提出数字中国建设的整体框架，标志着数字中国被放到更重要的位置。

前面我们讲了这么多"数字中国"这个词语，那么其内涵究竟是什么呢？这里要区分一个概念，数字中国不是简单的"数据中国"，而是中国的国家信息化战略；"数字中国"不是简单地强调数据的重要性，而是涵盖了经济、政治、文化、社会、生态等各领域信息化建设，包括"宽带中国""互联网+"、大数据、云计算、人工智能、数字经济、电子政务、新型智慧城市、数字乡村等内容，是新时代国家信息化发展的新战略，是满足人民日益增长的美好生活需要的新举措，是驱动引领经济高质量发展的新动力，推动信息化发展可以更好地造福国家和人民，为决胜全面建成小康社会、开启全面建设社会主义现代化国家新征程提供强大动力。可以说，"数字中国"涵盖了国家治理和人民生活的方方面面，是一个宏大的概念。

（五）数字中国的建设目标

具体而言，《纲要》中明确了数字中国的建设目标。

首先，要打造数字经济新优势。加强关键数字技术创新应用，聚焦高端芯片、操作系统、人工智能关键算法、传感器等关键领域，加快推进基础理论、基础算法、装备材料等研发突破与迭代应用。加快推动数字产业化，培育壮大人工智能、大数据、区块链、云计算、网络安全等新兴数字产业，提升通信设备、核心电子元器件、关键软件等产业水平。推进产业数字化转型，实施"上云用数赋智"行动，推动数据赋能全产业链协同转型。

其次，要加快数字社会建设步伐。提供智慧便捷的公共服务：聚焦教育、医疗、养老、抚幼、就业、文体、助残等重点领域；推进学校、医院、养老院等公共服务机构资源数字化；鼓励社会力量参与"互联网＋公共服务"。建设智慧城市和数字乡村：以数字化助推城乡发展和治理模式创新，全面提高运行效率和宜居度。完善城市信息模型平台和运行管理服务平台，推进城市数据大脑建设。构筑美好数字生活新图景：推动购物消费、居家生活、旅游休闲、交通出行等各类场景数字化，打造智慧共享、和睦共治的新型数字生活。

最后，还要营造良好的数字生态。建立健全数据要素市场规则：统筹数据开发利用、隐私保护和公共安全，加快建立数据资源产权、交易流通、跨境传输和安全保护等基础制度。营造规范有序的政策环境：构建与数字经济发展相适应的政策法规体系。健全共享经济、平台经济和新个体经济管理规范，支持平台企业创新发展、增强国际竞争力。加强网络安全保护：健全国家网络安全法律法规和制度标准，加强重要领域数据资源、重要网络和信息系统安全保障。推动构建网络空间命运共同体：推动以联合国为主渠道、以联合国宪章为基本原则制定数字和网络空间国际规则。积极参与数据安全、数字货币等国际规则和数字技术标准制定。

（六）数字中国建设整体布局规划

2023年2月27日，中共中央、国务院印发的《数字中国建设整体布局规划》，助力了党的二十大提出的加快建设"网络强国、数字中国"继续推进，明确给出了建设数字中国的意义：建设数字中国是数字时代推进中国式现代化的重要引擎，是构筑国家竞争新优势的有力支撑。

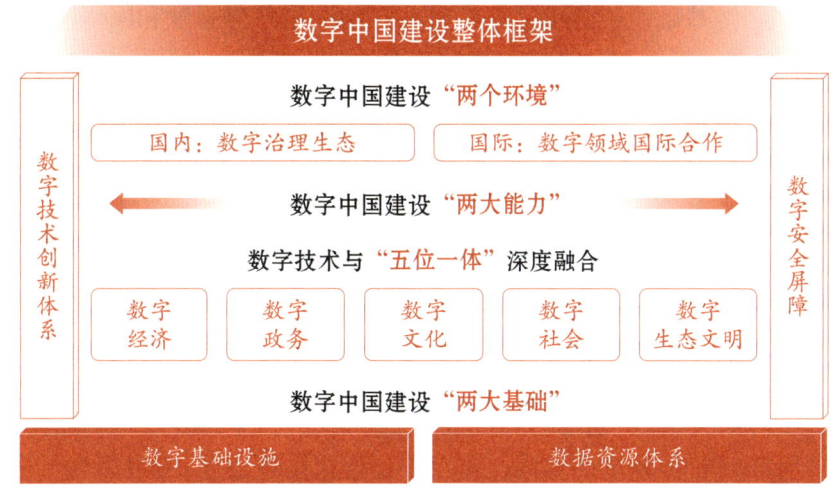

数字中国建设整体框架

数字中国建设按照"2522"的整体框架进行布局，如上图所示：

第一个"2"说的是"数字基础设施＋数据资源体系"两大基础；第二个"5"说的是数字技术与"五位一体"的深度融合；第三个"2"说的是"数字技术创新体系＋数字安全屏障"两大能力；第四个"2"说的是"国内数字化＋国际数字化"两个环境。

《数字中国建设整体布局规划》为数字中国建设明确了目标："到2025年，基本形成横向打通、纵向贯通、协调有力的一体化推进格局，数字中国建设取得重要进展"；"到2035年，数字化发展水平进入世界前列，数字中国建设取得重大成就"。

（七）数字中国建设成果

党的十九大报告明确提出数字中国以来，在不断丰富和完善的战略布局以及政策支持下，数字中国建设取得了显著成就，成果丰硕。

第一，我国数字基础设施规模能级大幅提升。网络信息技术是现代社会当中非常重要的一个环节，例如网络购物对网络基础设施建设就有很高的要求。网络基础设施的覆盖率将直接影响网络信号强度和网络速度。截至2022年底，我国累计建成开通5G基站231.2万个，5G用户达5.61亿户，全球占比均超过60%。全国110个城市达到千兆城市建设标准，千兆光网具备覆盖超过5亿户家庭能力。移动物联网终端用户数达到18.45亿户，成为全球主要经济体中首个实现"物超人"的国家。IPv6规模部署应用深入推进，活跃用户数超7亿，移动网络IPv6流量占比近50%。我国数据中心机架总规模超过650万标准机架，近5年年均增速超过30%，在用数据中心算力总规模位居世界第二。工业互联网已覆盖工业大类的85%以上，标识解析体系全面建成，重点平台连接设备超过8 000万台（套）。

第二，数据资源体系加快建设。数字中国建设期间，数据资源价值加快释放。2018年到2022年，我国数据产量从3ZB（ZB为泽字节，代表十万亿亿字节）增长至8.1ZB，全球占比从9.1%增至10.5%，位居世界第二。大数据产业规模快速增长，从2017年的4 700亿元增长至2022年的1.57万亿元。公共数据开放取得积极进展，2017年到2022年，全国省级公共数据开放平台由5个增至208个。北京、上海、广东、浙江等地推进数据管理机制创新，探索数据流通交易和开发利用模式，促进数据要素价值释放。

第三，数字技术创新能力持续快速提升。数字中国建设期间，5G实现技术、产业、应用全面领先，高性能计算保持优势，北斗导航卫星全球覆盖并规模应用。芯片自主研发能力稳步提升，国产操作系统性能大幅提升。人工智能、云计算、大数据、区块链、量子信息等新兴技术跻身全球第一梯队。2022年，我国信息领域国际专利申请数量近3.2万件，比2018年提升45%以上，全球占比超过1/3。我国市值排名前100名的互联网企业总研发投入达 3 384 亿元，同比增长 9.1%。

我国 5G 已经实现了技术、产业、网络、应用的全面领先，6G 加快研发布局。我国在集成电路、人工智能、高性能计算、EDA、数据库、操作系统等方面取得重要进展。数字技术协同创新生态不断优化，各地积极推进数字技术创新联合体建设，数字开源社区蓬勃发展，开源项目已覆盖全栈技术领域。

第四，我国数字经济发展规模实现全球领先，成为稳增长促转型的重要引擎。什么是数字经济呢？2021 年 6 月，国家统计局发布《数字经济及其核心产业统计分类（2021）》，明确数字经济产业范围，分为"01 数字产品制造业""02 数字产品服务业""03 数字技术应用业""04 数字要素驱动业""05 数字化效率提升业"5 个大类，其中前 4 类基本对应"数字产业化"，第 5 类对应"产业数字化"。

2018 年到 2021 年，我国数字经济规模从 31.3 万亿元增至 50.2 万亿元，总量稳居世界第二，年均复合增长率达 13.6%，占国内生产总值比重从 34.8% 提升至 41.5%，成为推动经济增长的主要引擎之一。数字产业规模稳步增长，电子信息制造业实现营业收入 15.4 万亿元，同比增长 5.5%；软件业务收入达 10.81 万亿元，同比增长 11.2%；工业互联网核心产业规模超 1.2 万亿元，同比增长 15.5%。数字技术和实体经济融合深入推进。农业数字化加快向全产业链延伸，农业生产信息化率超过 25%。全国工业企业关键工序数控化率、数字化研发设计工具普及率分别增长 58.6% 和 77.0%。全国网上零售额达 13.79 万亿元，其中实物商品网上零售额占社会消费品零售总额的比重达 27.2%，创历史新高。

第五，数字政务协同服务效能大幅提升。加强数字政府建设是建设网络强国、数字中国的基础性和先导性工程，是推进国家治理体系和治理能力现代化的重要举措。其核心内容主要包括以数字化治理提升宏观调控科学性、以数字化监管推进监管现代化、以数字化服务优化发展环境、以数字化协同提升政府运行效率、以数字化转型深化行政体制改革。从2012年到2022年，我国电子政务发展指数国际排名从第78位上升到第43位。

国家电子政务外网实现地市、县级全覆盖，乡镇覆盖率达96.1%。全国一体化政务服务平台实名注册用户超过10亿人，实现1万多项高频应用的标准化服务，大批高频政务服务事项实现"一网通办""跨省通办"，有效解决市场主体和群众办事难、办事慢、办事繁等问题。

全国人大代表工作信息化平台正式开通，数字政协、智慧法院、数字检察等广泛应用，为提升履职效能提供有力支撑。党的二十大报告起草过程中，中央有关部门专门开展了网络征求意见活动，收到854.2万多条留言。

第六，数字社会建设推动优质服务资源共享。数字社会服务包含数字科教建设、数字文化建设、数字社会保障建设、数字社区建设、数字商务、数字金融等多个领域。举例来讲，数字科教建设是以信息化技术赋能教育教学。国家智慧教育平台2022年3月28日正式上线运行，设有基础教育、职业教育、高等教育三个资源平台，我国所有中小学（含教学点）全部实现联网，也为毕业生提供"一站式"不断线就业服务。在数字文化建设方面，文化和旅游部、财政部共同组织实施了全国文化信息资源共享工程、数字图书馆推广工程和

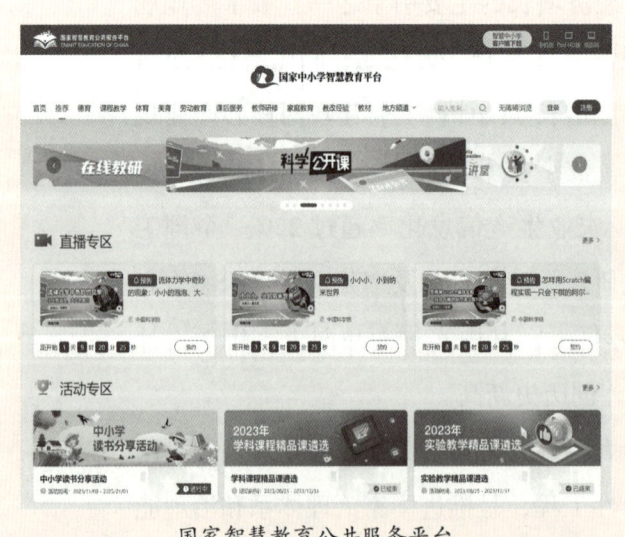

国家智慧教育公共服务平台

公共电子阅览室建设计划，取得了积极进展。在数字社会保障建设方面，全国统一的医保信息平台建成，实现跨省异地就医自助备案和住院直接结算。

数字健康服务资源加速扩容下沉，地市级、县级远程医疗服务实现全覆盖；社保就业数字化服务持续拓展，线上服务渠道持续完善；数字乡村建设加快提升乡村振兴内生动力，推进城乡共享数字化发展成果；适老化、无障碍改造行动加速推进，全民数字素养与技能持续提升。

第七，数字治理营造良好发展环境，数字安全保障体系不断完善。我国深入开展网络空间治理，制定了网络信息内容生态治理规定等条例。同时关注对个人信息保护水平的提升，出台了个人信息保护法。"清朗"系列专项行动深入实施，营造了良好的网络生态。

有一个较为引人注目的案例是，2022年7月，国家互联网信息办公室依据网络安全法和个人信息保护法等法律法规的规定，对"滴滴"公司处以80.26亿元的罚款。处罚的原因正是因为"滴滴"公司非法收集了客户信息，包括用户手机相册中的截图信息、应用列表信息、乘客人脸、年龄、职业信息等。

同时，网络安全审查办法修订出台，推动发布信息安全技术，关键信息基础设施安全保护要求等30项网络安全国家标准。网络安全防护能力大幅提升，网络安全教育、技术、产业等加快发展。全国超500所本科和职业院校开设网络与信息安全相关专业。

第八，数字领域国际合作凝聚广泛共识。我国积极参与联合国、世界贸易组织（WTO）、二十国集团（G20）、亚太经合组织（APEC）、金砖国家（BRICS）、上海合作组织（SCO）等机制下数字议题磋商研讨，推动达成《金砖国家数字经济伙伴关系框架》《"中国＋中亚五国"数据安全合作倡议》等。

2022年，世界互联网大会国际组织正式成立，会员已覆盖6大洲20

余个国家,包括100余家机构、组织、企业及个人。数字贸易开放合作持续深化,我国已与28个国家签署电子商务合作备忘录并建立双边电子商务合作机制。

(八)国内外数字化发展对比

党的十九大以来,我国在数字化、信息化建设中已经取得了显著成绩,但与美德日英法等数字化起步较早的国家相比,依然存在诸多发展中的困难和挑战。

在数字经济规模方面,对比国内外数字化发展,中国主要有两方面的特点:

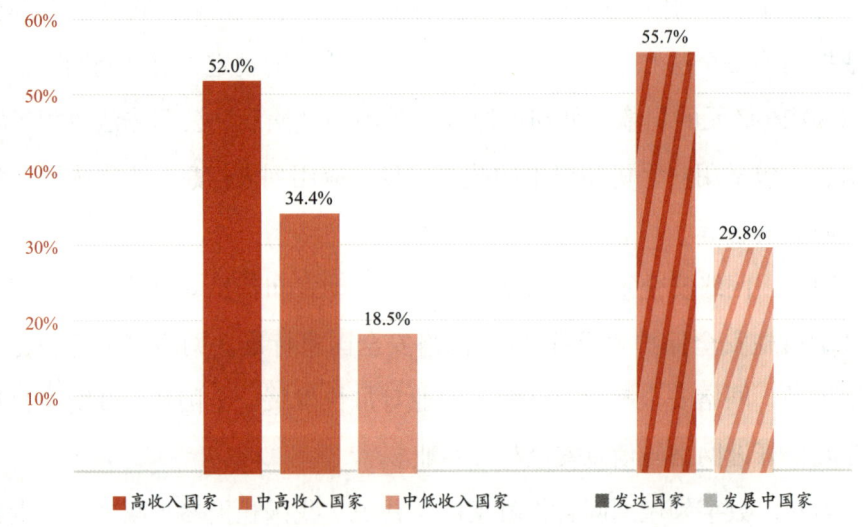

不同收入、不同经济发展水平国家数字经济占国内生产总值比重对比

第一,数字经济总规模较大。2021年,美国数字经济蝉联世界第一,规模达到15.3万亿美元,中国位居第二,规模为7.1万亿美元,相当于美国的46%;德国位居第三,规模为2.9万亿美元。此外,日本、英国、法国数字经济规模也都超过1万亿美元。

第二，数字经济在国民经济中占比不足。数字化已成为一国经济现代化发展的重要标识。德国、英国、美国数字经济占国内生产总值比重超过65%。我国数字经济占国内生产总值比重由2017年的32.9%增长至2022年的41.5%，与发达国家相比还有一定差距。

在数字企业方面，我们对全球顶级前沿数字企业进行了整理统计。从统计结果可以看出，在人工智能、物联网、大数据、区块链、5G、3D打印、机器人技术、无人机技术、基因编辑、纳米科技、太阳能科技等方面，国内成长出一批顶尖的前沿数字企业，比如华为、中兴、阿里巴巴、大疆等，但总体规模与美国相比仍有不小的差距。

在数字技术方面，我国的前沿数字技术创新仍存在不足。数字技术是数字企业、数字经济发展的根基之一。根据联合国贸易和发展会议的数据，前沿技术准备度指数，中国排名为世界第25位。同时我们也应该看到，我们在科技前沿方面也取得了许多进展，逐渐与美国形成竞争的态势。

在数字理念方面，美国科技界有个观点，也是美国打压我们的一个论点，即所有的原创技术都是美国的，中国都只是跟随。比如人工智能是美国1956年提出来的，共享经济是美国1978年提出来的，电子政务是美国1996年提出来的，物联网、大数据等全是美国提出来的，学术界新的口袋都是美国打开的，美国仍然引领着全球数字技术领域未来研究方向。因此，中国必须要突破原始创新的壁垒，这是中国应该发展的方向。我们应该对人类、对世界的科技作出贡献，这也是你们这代人应该努力的方向。

（九）数字化发展的核心科技挑战

虽然我们在许多数字前沿领域取得了一定进展，但必须清醒地认识到，我们数字化发展还面临许多核心挑战，其中第一个核心科技挑战，也是近年来新闻媒体经常提及的，就是自主芯片。

芯片是科技时代重要的生产力。从20世纪集成电路发展到今天，芯片产业一直遵循着摩尔定律：芯片上可容纳的晶体管密度，每18至24个月便会增加一倍。换言之，处理器的性能大约每两年翻一倍，同时价格下降为之前的一半。伴随着这条定律，电子以及互联网行业迎来了过去几十年持续突飞猛进的发展。然而，随着芯片工艺逐渐逼近极限，摩尔定律也面临失效。芯片制造商台湾积体电路制造股份有限公司提到，2纳米芯片制造有很大的不确定性，量产很难。有预测认为，摩尔定律最快将在2025年失效。

美国颁布《2022年芯片和科学法案》后，我们国内芯片制造面临"卡脖子"问题。面对这一严峻问题，国家出台多个相关政策，鼓励通过学科交叉、融合创新来实现弯道超车。习近平2020年在科学家座谈会上的讲话提到，我国面临的很多"卡脖子"技术问题，根子是基础理论研究跟不上，源头和底层的东西没有搞清楚。针对这一问题，国务院学位委员会、教育部正式发布关于设置"集成电路科学与工程"一级学科的通知，设于第14个学科门类——交叉学科门类之下。清华大学、华中科技大学、北京大学相继成立集成电路学院。

现在我们又开始智能科学与技术——第二个一级交叉学科建设，智能科学与技术和脑科学、生命科学、认知科学、人工智能等有关。目前全国正在布局，清华大学也在规划参与。希望同学们要学习各领域的知识，成为交叉学科的人才，才有可能做好这方面的研究和创新。

数字化发展的第二个核心科技挑战是人工智能。人工智能是当前世界各国努力突破的重点方向。我们国家也出台新一代人工智能发展规划，其中提到我国人工智能整体发展水平与发达国家相比仍存在差距：缺少重大原创成果，基础理论、核心算法等方面差距较大；科研机构和企业尚未形成具有国际影响力的生态圈和产业链，缺乏系统的超前研发布局；人工智能尖端人才远远不能满足需求；适应人工智能发展的基础设施、政策法规、标准体系亟待完善。

习近平在中共中央政治局就人工智能发展现状和趋势举行集体学习时强调，我们必须加强研判，统筹谋划，协同创新，稳步推进，把增强原创能力作为重点，以关键核心技术为主攻方向，夯实新一代人工智能发展的基础。

政府通过重大科技项目支持、推进交叉融合创新以及创新组织模式，来推进人工智能更快更好地发展，比如，以新一代人工智能重大科技项目为核心、以现有研发布局为支撑的"1+N"人工智能项目群。加快脑科学与类脑计算、量子信息与量子计算、智能制造与机器人、大数据等研究，为人工智能重大技术突破提供支撑。充分发挥市场机制作用，调动部门、地方、企业和社会各方面力量共同推进实施。

目前，中国有上千家企业在做人工智能大模型，但是所有的根技术都来自美国，因此我们还要做一些努力，既要跟上去，又要寻找另外一条路来做原始创新。我们正在做脑智能、认知智能，这就是我们要和美国竞争的另一个赛道。要打破、突破美国的封锁，一方面是我们的企业要跟得上、跟得紧。另一方面，同学们和高校老师要创新寻找另外一条路，另辟蹊径才有可能突破美国的封锁。人工智能的发展一定要走延长线，但要和原始创新并举。清华大学有智谱大模型，复旦大学、同济大学也有，大家都在做大模型，这是做延长线的工作。另外，还要有一批做原创的人才，能把原始创新的东西做出来。

我国数字化发展的第三个核心科技挑战是高端仪器的研制。高端科研仪器是前沿技术的重中之重，元素周期表的主要发现者门捷列夫曾说过，科学是从测量开始的。据不完全统计，诺贝尔自然科学类奖项中，68.4%的物理学奖、74.6%的化学奖和90%的生理学或医学奖成果是借助各种先进的科学仪器完成，或直接与新仪器方法或功能的发展相关。然而我国高端科研仪器却有很多被"卡脖子"。

2021年我国研发投入约2.79万亿元，基础研究经费比2020年增长15.6%，其中1/4的投入是仪器设备采购费用，占科研固定资产投资近6成。国家发改委统计2016—2019年200万元以上科学仪器采购数据显示，在光学、微电子等领域，国产仪器占比极低，甚至国产显微镜占比为0，严重阻碍了我国原创、基础前沿研究。研发原创、领先的高端科学仪器，是基础科学领跑的重中之重。

（十）如何突破重大科技原始创新壁垒

为什么大家说基础要加强，学好"数理化"。我读书的时候我父亲就跟我说，学好"数理化"，走遍天下都不怕。数理化学好了，才能知道物理的原理是什么，化学的测试是什么，数学的模型是什么，才能构建仪器的特征和发展。

交叉学科研究对突破这些重大原始创新壁垒，有着积极的作用。1926年罗伯特提出了交叉学科概念，指出交叉学科与多学科和跨学科具有明显的组织和研究模式差异。清华大学2008年前后就倡导交叉学科的研究。

1963年卡尔·波普尔提出：我们不是某些学科的学生，我们是问题的学生。我希望同学们不管学什么课，都要学会提问题。问题可能跨越任何主题或学科的边界，或没有学科的边界。举个例子，麻省理工学院媒体实验室我去过多次，他们都没有学科的概念，各个学科的都有，就在同一个实验室里面做研究，各个学科的学者都可以交流。

埃隆·马斯克以多元思维在跨领域、跨学科间多有建树。大家都知道他的"星链"，用于做卫星和脑机接口，两件事完全风马牛不相及，但他做得很好。他对人工智能还有很多新的见解，这就是交叉学科的思维。创新不是在一点突破，而是在多点突破。

习近平也强调要高效配置科技力量和创新资源，强化跨领域跨学科协同攻关。另外，高水平研究型大学要发挥基础研究深厚、学科交叉融合的优势。

近25年来，交叉合作研究获诺贝尔奖的比例接近50%。原始创新、学科交叉、由点到线、由线到面，才能在科技创新上实现追赶与超越。

二、"清华人"在科技创新中的使命与担当

刚才宏观地讲了数字中国，数字中国是我们国家的大目标，大目标下有很多难点，其中与清华大学相关的技术问题还有待我们的创新。

清华大学成像与智能技术实验室成立于2001年，经过20多年努力，给同学们提供了一个能够创新的环境，同学们也做出了一流的成果。2021年，习近平考察清华大学时，也来到了我们实验室，察看了实验室开展计算光学、脑科学与人工智能交叉科学实验研究和开发新科技应用场景情况，听取了实验室理论研究、技术攻关、成果转化应用等情况介绍。

实验室成立20多年来，在基础研究和学科交叉方面取得了许多原始创新成果。在做研究之前，最重要的是好好调研。第一，看清形势，到底做什么。当今世界风云变幻，同学们要把形势判断清楚。要明确方向，到底要做哪个东西，学科交叉无所谓在哪个院系，但定位、方向要清楚，定的是50米，100米，还是1 000米，计划要明确，接下来同学们要开始做接力赛。第二，问题驱使、原创引领。你做什么问题很重要，这个问题搞不好要调研一年，再做三四年，才能出一个好成果，并不是拿出一个问题就做，我特别担心同学们拿一个问题就做，而这个问题是跟随别人的问题，不具备高水平创新。第三，独树一帜，要建立一个学派。这点非常重

要，这就是我们要做的工作。

我们要做颠覆式创新。颠覆式创新有三个原则：第一是改变科学研究路径，大家原来都这么做，而你的工作能让大家跟过来，这叫路线颠覆。第二是改变产业的发展方向。第三是你的工作成果可以被写入教科书供大家参考学习。

下面给同学们一些建议：

第一，要敢于质疑大人物的研究和说法，听了大人物说的不要全信，听的时候你要想问题。

第二，做科学要学会做假设，还要学会推翻"牛人"的假设。

第三，刻苦对优秀的你们很重要，但更要关注物理原理的理解和应用。我最担心战术上的勤奋掩盖战略上的懒惰，不去想，天天都在实验室做研究，做什么也不知道，大家做我也做。大家不要光想着去做，要思考做什么，这很重要。

德鲁克说战略不是研究我们未来做什么，而是研究今天做什么才有未来。这两句话送给大家：不能简明地解释一件事，说明你对它懂得不够多。要一句话说明白，有时间大家看看诺贝尔颁奖词，总结出自己的贡献。

我提出的，理学思维、工科实践、哲学表达。做的东西、讲的内容要大家能懂，不能光按自己的方式去理解、表述，大家都看不懂，那就麻烦了。做人要胸怀宽、境界高、眼光远。

本 讲 小 结

教育、科技、人才是中国式现代化的基础性、战略性支撑。党的十九大以来，党中央全面分析国际科技创新竞争态势，全面部署科技创新体制改革，出台一系列重大改革举措，提升国家创新体系整体效能，主动融入全球科技创新网络，积极参与解决人类面临的重大挑战。科技创新是人类社会发展的重要引擎，是应对许多全球性挑战的有力武器，也是中国构建新发展格局、实现高质量发展的必由之路。

第四讲

土木工程的创新与实践

聂建国
清华大学学术委员会主任
中国工程院院士

  清华大学土木工程系教授、未来城镇与基础设施研究院院长。中国工程院土木、水利与建筑工程学部主任、中国建筑学会《建筑结构学报》主编、中国土木工程学会副理事长、国务院学位委员会土木工程学科评议组召集人、中国钢结构协会名誉会长、中国钢结构协会专家委员会主任。以第一完成人获国家科技进步二等奖、国家技术发明一等奖、国家科技进步奖（创新团队）各1项，获中国钢结构协会首届杰出人才奖、光华工程科技奖、何梁何利基金科学与技术进步奖、全国创新争先奖，被授予全国先进工作者、全国模范教师、日本工程院外籍院士、清华大学突出贡献奖、茅以升桥梁大奖等荣誉称号。

第四讲　土木工程的创新与实践

本讲我要和大家分享五个方面的内容。第一个方面是土木工程及其对经济社会的影响，让你们了解土木工程的重要意义和价值。第二个方面是我国土木工程发展概况，让大家了解我们国家自新中国成立以来土木工程和基础设施发展概况。因为土木工程的发展概况，是反映我们国家经济社会发展最具代表性的标志之一。第三个方面是介绍土木工程发展前景与科技前沿，大家可能都以为土木工程就是修房子、修路、建桥，我要向你们展示一下土木工程的高科技。这一行业同样需要高科技，同样需要多学科的交叉融合，同样可以让每一位想在这个领域里有所发展的人才都有施展才华的空间。前三个方面是一些概述，第四个方面内容最多，是我的经历与体会，希望能给你们留下比较深的印象。我想我的经历与体会并不能复制，也没有复制的价值，但是可能会对你们今后的人生、你们的未来选择有借鉴意义。最后是结束语。

一、土木工程及其对经济社会的影响

我们先来了解一下土木工程。比如说我国第一颗原子弹爆炸试验，需要一座103米高的铁塔来放置原子弹，这个铁塔的设计就出自我们土木工程师之手。土木工程是城市与基础设施的重要基础，是人类赖以生存的基础，它对城镇的意义如同水和空气对于生命的意义。今天我们上课的这间教室，就是土木工程的成果。世界文化遗产多数与土木工程有关，如金字塔、长城、故宫等，我们生活的方方面面，包括衣、食、住、行，都与土木工程息息相关。

中国长城　　　　　　　　　　　　　埃及金字塔

古代和现代土木工程的范例很多，我想大家在中学时都了解过一些代表性的工程。比如长城，所有的外国游客来我们中国都会去看长城，而你们在上中学时候如果来北京旅游，很可能一是想看清华，二是要看长城；又如布达拉宫，作为镶嵌在青藏高原的一颗璀璨的明珠，已经拥有1 300多年的历史，仍然那么宏伟壮观；又如山西省应县木塔，建于1056年，是我们国家土木工程最杰出的古代工程代表之一；再如京张铁路，是我们中国人自己设计建造的第一条铁路，由詹天佑先生主持设计，我们国家土木工程重要的奖项就有詹天佑奖、茅以升奖等。英国1825年建成世界第一条铁路，我国最早开始铁路建设是1876—1911年。大家知道钱塘江大桥是茅以升先生设计的，非常不容易，后来为了阻击日军，又是由他亲自指导炸毁的，因为他知道炸药放在什么地方效果最好。

土木工程为人类文明和社会进步作出了重要贡献，但另一方面，也可能带来灾难。为什么这样讲呢？比如说，如果我们这个楼设计不安全，地震发生以后，就会倒塌从而造成人员伤亡，汶川地震、建筑桥梁垮塌事故等都造成了不同程度的损失和伤害，所以我们的责任重大。土木工程与公共安全密切相关，因此我们土木工程师是人类文明的创造者，也可能是灾害载体的制造者。桥梁、道路等是生命线工程，一旦地震来临，如果救援的路线不通畅，就无法赢得救援的时间。

桥梁结构设计不合理，就有可能发生垮塌。此外，如果发现某一座桥安全性存在隐患，就需要提前维修，这样就会影响交通。桥梁拆除重建带来的问题也很大。重新修一座桥，需要先在旁边搭一座便桥保障通行，最后还要拆除这座便桥。父母送你们上学时遇到桥梁维修就需要绕行，如果是遇到高考那几天会特别着急。实际上，我们完全可以通过科技创新，让桥梁维修不影响交通。

此外，我们如果能够把桥梁寿命延长一半，将会大大减少碳排放量。现在我们都在提"双碳"目标。我国目前碳排放总量排全球第一，建筑全过程碳排放总量占全国碳排放总量50%左右。其中，建筑材料碳排放量占到全国碳排放总量约28%。我们来看一看：1立方米混凝土产生约220公斤碳排放，1吨钢材产生约1.9吨碳排放，如果我们节省1立方米混凝土，就可以减碳220公斤，节省1吨钢材用量，就可以减碳1.9吨。由此可见，土木工程"健康长寿"，对实现"双碳"目标至关重要。为什么我要强调"健康长寿"？对新建结构，我提出要"优生优育"；对既有结构，则要精管精养、救死扶伤、延年益寿。像清华校园内这些早期建筑是不能拆的，并且还要去焕发它的青春，提升它的性能，延长它的寿命。这些需求我们都是有办法、有技术应对的。

最后我们再来看一看，2022年我国的国内生产总值超过121万亿元，而建筑业总产值占约31.2万亿。如果我们通过科技创新，节省1%，是一个什么概念？可以每年节省3120亿投资，节省的3120亿投资是零投入、零消耗、零排放，这又是什么概念呢？三峡大坝到目前为止已经投入约2500多亿，1%的概念相当于一个多三峡大坝。所以，土木工程直接关乎城镇和基础设施的建造品质、运行效率、环境保护、资源消耗、能源消耗、可持续发展等问题。

二、我国土木工程发展概况

我国土木工程发展有几个重要的时间段,分别是 1949 年、1949—1978 年、1978—2021 年。

(一) 1949 年(新中国成立)

1949 年我国钢材产量只有 16 万吨,16 万吨是什么概念呢?近年成都有一个工程项目用钢量正好达到 16 万吨,可见当年我国的钢产量只能满足现在的一个大型工程。

(二) 1949—1978 年

1949—1978 年,我国人口数量增长快,而经济相对落后,钢材和水泥等基建物资匮乏,所以城镇化率几乎不增长,绝大多数都是农村户口,农转非是难上加难。那个时候能考上大学很幸福,考上之后就是干部身份。我当时考上大学,老家的人开玩笑说,你已经是"国家干部"了。

1949 年,我国城镇居民人均住房建筑面积约 8 平方米,1978 年约 6.7 平方米,为什么 1978 年还下降了?就是因为那段时间人口增长特别多,我们的建设速度没跟上来,缺少资金、钢材和水泥等,那个时候真的很困难。

在超高层建筑方面,美国 1931 年就建成了 381 米的帝国大厦,我国到了 1976 年才有第一座高度超过 100 米的高层建筑广州白云宾馆。广州白云宾馆现在还在运营,这也是了不起的成就。当时没有计算机,我们的院士容柏生先生以简化的方法进行计算,却与若干年后计算机得出的结果差不多。

20 世纪 50 年代,我国一方面发展经济,勒紧裤带搞建设;另一方面还要发展国防,抗美援朝。这期间在北京修建了十大建筑,这十大建筑很了不起，到现在还是经典之作。清华大学在1966年建成了现在的主楼，我当时来清华的时候土木系在8层，这个楼原设计是11层，后来因故减了2层。为了迎接90周年校庆加上当时经济条件好了，2000年又加了2层，于是你们现在看到的主楼就是新加了2层的。

清华大学主楼

城市轨道交通方面，1978年，我国只有北京有地铁，总里程23.6公里，那个时候的地铁票都是象征性的，相当于一个旅游纪念。公路方面，1949年，我国勉强能通行的公路只有约8万公里，到了1978年，公路里程增加了10倍多，桥梁总数增加了约2.5倍，但相对来说数量还是少。铁路方面，1978年铁路总里程比1949年增长了1.35倍。

由于钢材和水泥等建筑材料的短缺，当年我们的抗震设防标准偏低，结果唐山地震造成了重大伤亡。地震前的一片楼，地震以后化为一片废墟。我们现在的建筑都是按新的更高的抗震设防标准修建的，如果再出现唐山地震那样的强震，情况应该会好很多。

（三）1978—2021年

1978年，改革开放的春风吹遍了神州大地，具有历史意义的全国科学大会召开。我们那个时候真是感觉到科学的春天来了。你们现在每天都在度过美好的科学的春天，一定要珍惜这大好时光。

邓小平提出"科学技术是第一生产力"，发展是硬道理，当然发展要靠人才，靠你们。

经济快速增长，促进了土木工程基础设施的快速发展。我们看人均国内生产总值的对比，1978年我国只有美国的不足2%；到2021年，人均国内生产总值已经达到美国的18.04%。这个数字非常了不起，因为我们在发展，他们也在发展。改革开放给我们带来巨大成效，最大的成效之一就是你们今天能够坐在六教这么好条件的教室里面，享受最好的教育资源。当年我在湖南大学读本科的时候，吃饭没有饭桌，都是打完饭回到宿舍吃，清华当时也是一样的。

记得1978年，我国钢产量突破3 000万吨，全国人民欢欣鼓舞，报纸铺天盖地报道；1996年突破了1亿吨，之后一直排在全球第一位；到2020年，达到了10.65亿吨，10.65亿吨与1949年的16万吨相比是什么概念？新中国的成就真是了不起，史无前例，世无先例。当然我们在这种情况下还是要注意节约用钢，毕竟生产1吨钢会导致1.9吨碳排放。

水泥更不得了，2021年比1978年增加了35倍，现在我国水泥产量相当于每人1.51吨。全世界最大的建筑市场就在中国。

城镇化率开始快速增长，2021年已经到65%，1978年才18%。我们的目标在75%左右，还是有较大的发展空间。2021年，我国城镇人均住宅面积37.8平方米，1978年是6.7平方米，增加了4.6倍。以前老百姓家里面都没有专门放饭桌的地方，饭桌都是折叠桌，吃完饭收起来。1992年我刚到清华的时候，住上了50平方米的单元房，在当时算很好的条件了。那时候比我年纪大的很多老师还住筒子楼，因为我是博士后，享受了特殊的政策待遇，那时候有两居室已经很满足了。

此外高层建筑发展特别快，2020年我国高度250米以上的建筑累计236座，占全世界的45%，这个数字是相当可观的，世界前10幢高楼中国大陆占了5幢。

建筑科技水平方面，汶川地震发生以后，凡是按照新规范设计的建筑，基本没有人员伤亡，只是有些破损。现在我国的抗震设防标准大幅提高了，因为我们的经济实力在增强。对付地震我们是有办法的，当然前提是要有科技和经济作支撑。

城市轨道交通领域，我们在国际上遥遥领先。2021年通车里程数是1978年的数百倍，2021年世界通车里程最长的10个城市我们占了9个。高速公路2021年是16.9万公里，2011年开始一直位居世界第一。我觉得今后国内旅游的人数会大大增多，因为我们祖国有很多很多美丽的景点，随着交通越来越方便，那些地方很值得一看。铁路方面，高铁里程4.1万公里，这还是2021年的数据，已经是世界第一，在1978年的基础上2021年铁路里程增长了1.9倍。

蓄势待发的高铁

桥梁方面，全世界跨度最大的10座梁式桥中国有5座，这都是我们改革开放取得成就的体现。尤其是城市高架桥，中国绝对是最多的，除了北京、上海、广州、深圳等特大城市，就是在三线城市高架桥也越来越多。

另外在水利工程领域我们也是非常自豪的，在国际上我们的科技水平处于前列。

三、土木工程发展前景与科技前沿

下面和大家分享一下土木工程发展前景与科技前沿。可能同学们认为我们搞土木工程的没什么科技，更谈不上高科技。比如有些土木工程专业的学生拿到入学通知书的时候，父母哭笑不得，说我当了一辈子农民你还要去砌砖头。其实土木工程不是简单地砌房子，也不是简单修一座桥、修一条路。各行各业都需要我们，没有我们不行，只是我们土木工程师很低调，踏踏实实做事。

（一）土木工程发展前景和面临的挑战

发展前景方面，城市更新需求很大。今后我们不能大拆大建，我们要保留大量寿命超过 50 年、60 年的基础设施、楼房。要保持它们的功能良好运行、具备抵御各种灾害的能力，比如一栋楼要加盖 2 层的情况下基础该怎么处理等问题，都需要科技。

来看一看城市建设更新的一个工程案例。北京苇沟大桥的性能提升是我做的设计。1999 年北京市城市管理委员会找到我，说这座桥因为机场高速开通以后，重型车经常在上面通行，但这座桥原来设计时只能走小车，于是几乎年年都需要维修。他们说："聂教授你认为该拆就拆，能加固就加固。"如果这座桥拆除重建需要花费 5 000 万元左右，我到现场看了看，结合计算分析，认为完全可以进行改造加固，结果只花了约 350 万元。到现在这座桥的状态还很好，为什么？靠的是土木工程科技。

世界总体跨度最长，也是公路建设史上最复杂、施工难度最高的港珠澳大桥大家印象都很深，已经开工的狮子洋通道也非常了不起。我们最近正在参与的江苏张靖皋长江大桥，是目前在建的世界最大跨径桥梁工程，大桥建成后对落实长三角区域一体化发展和长江经济带发展战略等方面具有重要意义。日本明石海峡大桥跨度 1 991 米，而张靖皋长江大桥要建成 2 300 米跨度。又比如烟台到大连的烟大通道，这个通道如果修通，是个什么概念？106 公里可以取代 1 500 多公里的公路和铁路。当然，这些现在还在论证，难度是很大的。此外从世界的角度来看，打通白令海峡，连通亚洲美洲，都是可能的。过江通道也是一样，土木工程可以大有作为。

高速铁路也将向更快的速度发展，我们能更多地享受高速铁路给我们带来的方便。比如我到长沙去，如果碰到雷雨天气就坐高铁，五个多小时就到了。现在到武汉也特别方便，武广线从北京到武汉时速已经提到350公里，我们正在呼吁尽快恢复武汉到广州350公里时速，包括郑州到西安等，那出行的感觉就更不一样了。现在武汉、南京、长沙、西安等城市坐高铁出行都特别方便，将来我们的速度还要加快。这些都离不开土木工程的贡献。

当前土木工程领域存在的挑战包括严酷复杂环境下的建造理论、方法与技术等，我们还有上天、下地、入海等一系列事情需要做。如果你们在座的有土木工程专业的，将来大有施展才华的空间，当然也欢迎其他专业的同学到我们土木工程专业领域来贡献你们的智慧。

（二）土木工程科技前沿

土木工程可以与人工智能交叉融合，实现智能建造，形成智能运维理论、方法与技术，比如基于人工智能的建筑与基础设施全寿命周期的仿真，让我们今后可以通过虚拟现实等方式实现对建筑和基础设施全寿命性能的预测。又如基于无人机与机器视觉结合的桥梁检测。现在一座跨江桥梁、跨海桥梁，对它的性能演变情况进行检测还是有难度的，因此我们就需要多学科交叉融合，包括利用无人机、卫

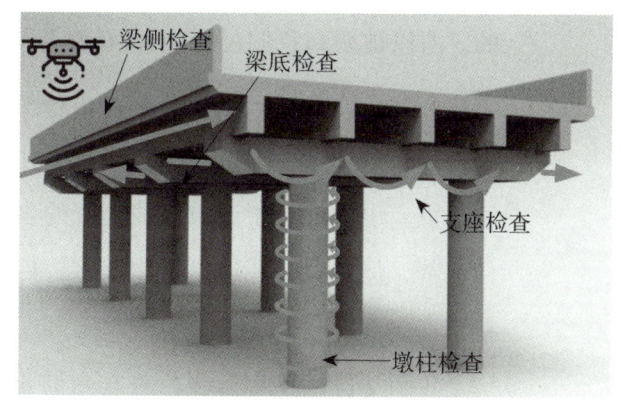

基于无人机+机器视觉的桥梁检测

星技术等。

上天，我们要到月面上去建造楼房，怎么做，这就很值得去探索；下地，地下空间的开发、深部采矿设施、深地科学装置等；入海，隧道、超大跨桥梁、人工岛、浮岛等，比如将来我们的国防需要在南海广阔的海域上建设人工浮岛，这些都需要复杂的技术。

四、我的经历与体会

（一）1978 年以前

1964—1970 年，我读了五年半小学；1970 年开始读了两年初中，初中毕业之后就没书读了。我在家里干了一年半农活，后来在我母亲争取下读了高中。高中实际上是三天读书，三天劳动。我们那时候读高中很宽松，个别调皮同学在教室后面踱步，老师都不管，反正都能毕业，毕业都是一样的。我还是读了一点书，1976 年毕业后就回乡务农了。当然，我很幸运，后来又当了小商店的营业员。我当营业员服务热情，受到了乡亲们的高度好评。因为我表现特别好加上文化基础在当时那个年代还算很优秀的，所以被调到我们公社（约 8 000 人）当话务员（相当于公社秘书助理），工作了一年两个月。

我出生于三年困难时期，成长于"文化大革命"时期，那时候干的农活很重，也不长个子。虽然我们家的生活条件比较好，生活上我也没有吃什么苦，但是农活我还是干得很多。后来上大学，我还长高了 1 厘米，我特别高兴。

我的父母总是告诉我，只有读书才会有出息，我铭记于心。尽管我父母没有文化，但是他们知道文化的重要性。1977 年 10 月 12 日，中央决定恢复高考，我就准备去参加。我一共复习了多长时间呢？不到两个月。我们湖南高考是1977年12月17日、18日，次年1月25日我收到体检通知书，当时志愿填报就在收到体检通知书之后。很幸运，2月20日春节后我收到湖南大学录取通知书。

个人的命运与国家的命运息息相关，我觉得我当年能够考到湖南大学是我最大的幸运，赶上了这样一个时代给我带来的机会。

（二）1978年至今

1. 读大学

1978年3月，我走进了湖南大学土木工程系，当年有一个领导说湖南大学土木系还是很不错的。2023年10月2日，我回母校参加土木学科成立120周年庆典活动，湖南大学土木系已经120岁了，很有文化历史底蕴。那时候录取率比较低，并不是因为我最聪明，我只是赶上了机遇。我们那个考点一千多个考生，只有我一个考上重点大学，当年全国共有78所重点大学，我很幸运。

母校湖南大学起源于公元976年创建的岳麓书院，被称为"千年学府"。岳麓书院讲堂檐前悬挂"实事求是"的匾额。2020年9月17日，习近平走进岳麓书院时提到，毛主席当年就是在这里熏陶出来的，"实事求是"就来源于这里。当年毛主席在湖南写《湖南农民运动考察报告》的时候，这个地方就挂着"实事求是"的匾额。

湖湘文化对我的讲话特点和做事风格影响比较深。"经世致用、实事求是、兼容并蓄、心忧天下、敢为人先、百折不挠"，我们湖南大学的校训是"实事求是、敢为人先"，我们湖南的俚语叫"恰得苦、霸得蛮、耐得烦"。还有"不怕死"，历史上一个"不怕死"的代表就是左宗棠，他带着棺材去新疆，收复了不少的国土，真是了不起。

我当年上大学的时候基础比较差，英文是从 26 个字母开始学起的，我小学没学过拼音，所以我的拼音很差。20 世纪 90 年代我第一次学打字的时候，我把《新华字典》放在边上，现在我还在用模糊拼音。当时我们周一到周日，除了学习还是学习。那个时候根本没有说哪一个同学过生日出去撮一顿的概念，学校外面没有餐馆，这反倒给我们创造了一个非常好的学习条件。当然你们现在不要像我们一样，你们赶上了好的时代，我刚刚讲我的经历，是不可复制的，你们也没有必要去复制。家不在长沙市的同学绝大多数只有寒暑假才能回家，我记得我们班河北的、东北的同学还有两年回家一次的，有时候碰到晚点，坐车要坐几十个小时，还要转车，真不容易。湖南大学校训和湖湘文化深深地影响着我，"实事求是"的精神植根于我的心灵深处。

2. 读研究生

1981 年，全国开始统考研究生。我们那一届之前是各个高校自己招自己的研究生，自己出考题，而我们那一届是统一命题，我非常幸运地考上了硕士研究生，相当于应届读研究生，不参加分配。我考到了郑州工学院，读孙国良先生的组合结构方向。要不是师从他学习组合结构方向，可能就没有我今天的事业。孙先生是从天津大学过去的，他曾留学英国，是我国组合结构专业领域的开拓者之一，我跟他学习的时候，他已经 71 岁了。我能够读研究生是很幸运的，读组合结构方向则是幸运中的幸运。

什么是组合结构呢？比如结构分类中有木结构、砌体结构，咱们大礼堂就是典型的砌体结构，咱们的六教是典型混凝土结构，我们也有钢结构，就是万人食堂东边的平房。我做的是组合结构，钢和混凝土组合，这是结构工程的一个重要发展方向。孙先生把我领入组合结构领域，成就了我现在的事业。

当年我们国家基础设施是很落后的，孙先生认为组合结构大有发展空间。他的英文特别好，把英文资料翻译出来让我刻蜡纸，又为了推广这些技术，寄送给各大设计院。

硕士导师重视工程实践的精神深深地影响着我。看着我的实验做得很好，导师说你的答辩要请清华大学土木系主任来，才能证明你的水平。而后来，的确是清华大学土木系老系主任担任了我的答辩委员会主任委员。

3. 硕士研究生毕业后

我们是第一批硕士毕业生，全部要留校。我1984年12月报到，1987年就碰到一个机会，太原第一热电厂修建，国家投资35亿元，在当时真是国家重大工程。针对这里面一个项目，我提出了新的构造方案，当时还没有申请专利的意识。这项新技术是我的第一个关于结构的创新技术，那时我还不到30岁。

抓住机遇并利用好机遇很重要，科技创新经过实践检验很重要。当年我做出这样一个成果，还遇到了这么一个重大工程，并且最后经过了工程实践的检验，当时在国际上没有类似的成果可以参考。

4. 出国进修

到了1988年，我考取了出国进修生，被派到南斯拉夫。为什么呢？我们专业领域当时属于化学工业部，负责出国事项的同志感觉南斯拉夫建筑很不错，就推荐我去那里。那时候去美国是1年，去欧洲也是1年，去南斯拉夫是20个月，因为需要8个月学当地的语言——塞尔维亚语。当时我们的补助是180美元/月，而去美国是400美元/月，为什么这么算呢？因为要保证你一年回来还有点结余，而南斯拉夫给我们有额外补贴，所以结余下来外汇基本上是一样多。那时候生活还是比较困难，我出国时月工资才70元人民币，前面科研项目给了我35 000元经费，相当于当年我500个月的工资。我到南斯拉夫是作为进修生去的，不能随意改变身份。但是我的导师有一天突然高兴地说给我出几道题目让我试试，以了解我们中国当年的教育水平和质量。他说我可以第二天去找他，结果他把题目交给我约1小时后我就打电话去他办公室找他，把我做出来的结果跟他讨论，加上我在他们实验室跟他的博士生一起做实验研究的表现，导师认为我功底非常扎实并且动手能力强，于是提出让我改变进修身份，读他的博士学位。在当时改读博士学位非常难，毕竟我的护照有效期不够，后来给国家教委打报告审批，来回快一年才得到审批许可。读博期间我总计两年零三个月没回家，那个时候我的家人也不能出国来南斯拉夫。最后我坚持了下来，如果我当时不坚持的话，回国恐怕还得去读博士，那走的就会是另外一条路。

你们今后碰到一些困难的时候，我告诉你们，办法总比困难多，坚持总能挺过来，没有克服不了的困难。我的博士导师跟我的硕士导师很相似，不干涉我具体做什么题目，而是经常给我讲他解决了哪些工程难题，这对我的影响很大。

5. 清华大学土木工程系博士后

我于1992年回国，总计不到三年拿到了博士学位，其中两年零八个月写论文，从出国到回国一共三年。回来以后我到清华大学看望当年参加我答辩的王国周先生，他说："聂建国你不要回郑州，来我们清华土木系工作"。但当时我出国前签了协议必须要回去，他说不用回去，就来清华，清华土木很需要你这样的人才。过了两天清华土木系就通知我来面试，面试其实是面谈约40分钟，说我可以不用试讲了，回去办来清华的手续吧。于是我回到离开三年的郑州，到学校人事处办手续，结果学校不同意我调动离开。原因很简单，我是改革开放后第一个留学归来的博士，无论如何也不能放我离开。那时候调动很难，于是我只好打消这个念头。正好过了约半个月，太原第一热电厂项目要鉴定，负责人知道我回国了，一定让我去汇报，清华大学土木工程系沈聚敏先生是专家组组长。沈先生听到我的成果汇报以后,找到我说:"你怎么不到我们清华来?"我解释了前不久的进展和来不了清华的问题所在,于是他主动提出让我先来清华跟他做博士后。当时有政策,如果通过博士后流动离开原单位是许可的,通过沈先生的不懈努力,我很顺利地来到清华土木系做博士后。那个时候学校一个一级学科才有一个博士后名额,清华在站博士后约50人,我一来清华就住上了套房,我非常感恩清华为我创造的条件。

沈先生让我来到清华,并告诉我继续做我的方向,因为清华土木系缺少这一块。沈先生做结构抗震非常有名,很遗憾他在1998年就离开了我们,不然先生后面肯定还会有更好的发展。我的博士后合作导师沈聚敏先生宽阔的胸怀、渊博的学识以及洞察学科和工程发展趋势的战略眼光一直深深影响着我,他当时就认定组合结构会有很大的发展潜力。

我在博士后期间,就把1987年完成的成果应用于北京的桥梁。原本桥梁需要满堂红脚手架,后来用我出国前取得的科研成果,不需要脚手架,不影响下部交通,1993年在北京国贸桥得到成功应用,迄今已有30多年。

6. 清华大学土木工程系任教

沈聚敏先生引荐我到清华大学土木工程系做博士后,随后沈先生、陈肇元院士、龙驭球院士等一批前辈又鼓励支持我留校任教。那时候我们选择机会很多,如果选择到南方去,也许现在赚了很多钱,但是我觉得留校这个选择是最好的,我一直很感谢他们。

留校以后,我一直坚持研究钢—混凝土组合结构,其实当时的应用并不多,主要是在作储备。1997年,深圳彩虹桥,当时叫深圳北站大桥,完全采用了我的设计建议。这一设计在当时没有规范、没有标准,国际上也没有,完全是我提出的一种新型结构体系和创新的技术。现在深圳市民都还在夸赞这座桥是一个经典的作品。该桥长150米虽然跨度规模不是很大,但跨铁路,整个施工期间没有支架,香港进出的火车都要经过这里,

深圳彩虹桥

是第一座采用钢—混凝土叠合板组合梁悬吊桥面系的拱桥。后来这一技术的应用越来越广泛。

2000年,我参加国家杰青申请答辩的时候,专家指出我的论文被引用较少,我当时回答说因为我们做的工作是比较前沿的,再过5年肯定可以看到论文引用数大幅增长。结果没过几年,根据《土木工程学报》的统计数据,自1954年创刊以来引用最高的10篇论文中,我有3篇。事实证明科研需要10年、20年,甚至更长时间的坚持和积累,看准的方向不要轻易放弃,坚持终会有收获。

我带我的研究生做实验,当年我自己没有团队,只有我一位老师。到了2003年,我的团队才新增一位骨干成员,樊健生教授,他很有水平,到了2014年我们团队又多了一个成员。我们这个团队的成果,主要还是靠我们的研究生。后来我们是非组合结构的课题不做,可见我们一直在践行"做好一项研究,追求一个梦想"。

到了2012年,我们获得国家工程建设领域第一个国家技术发明一等奖。到目前为止,国家技术发明一等奖的总数估计还不到70项。当年我们拿这个奖以前,有专家说秦砖汉瓦三千年,土木怎么还能有发明一等奖。后来不仅我们拿到了发明一等奖，而且水利系张建民院士在第二年又拿了一个发明一等奖。清华大学总共获得过6个国家技术发明一等奖，我们土木水利学院占了2个。

2013年1月18日，从习近平总书记手中接过奖状，我脑海中浮现的是：感恩父母的养育和胸怀，要不是当年我母亲执着地争取到让我读高中的机会，也许我现在只是个包工头，估计也不会太穷，因为我很勤奋；感恩我的博士后合作导师沈聚敏先生，把我引领到清华大学土木学科。

现在我们团队的组合结构技术在国际上有很高的声誉，部分成果处于领先水平。2021年4月19日，习近平总书记考察清华大学，我非常荣幸地作为教师代表发言。我专门讲道，瞄准学科前沿、结合中国国情、突出中国特色、解决中国问题，坚持源于需求、服务需求、高于需求、引领发展，坚持不赶时髦、不随大流、不凑热闹、不凑数量。这些话可以送给你们，一定要不凑热闹、不凑数量。

在这里我还要强调，做学问还需坚持"不唯书、不唯上、不唯洋、不唯他、只唯实"，要有质疑精神和批判意识。

（三）我的体会

1. 创新

创新，党和国家领导人对创新都有很多论述。我觉得创新在战略上需要眼光，要抓住机遇，要做好自己的选择。比如说热点研究很重要，但创造热点或做即将成为热点的研究更有意义。某一领域研究的引领者，在研究热度处于初期水平段的时候，没有人关注，一旦到上升段的时候，一批学者进来了，但是你还是跑在前面，这就叫引领。难点是成为引领者，当年我们在做组合结构的时候，国内没有几家单位做这个，现在你们可以去看看我们国内的土木学科，几乎没有不做组合结构的。我就沾了这个光，进去得早，而你们只要提早准备，将来肯定有这种机遇。

比如说我在2008年就开始研究双钢板—混凝土组合结构，什么叫双钢板组合？这边也是钢板，另一边也是钢板，中间灌混凝土，连接成一个整体。这种结构性能优越，我们做了很多的储备，没过几年成果就用上了，深中通道沉管隧道采用了我们的成果已经顺利建成通车。并且我们在国际上既有成果的基础上，进行了有效的简化，取得了进一步的发展。到目前为止我参与的绝大部分工程，在当时都没有规范和标准，但最后我们创造了标准和规范。清华培养的学生不能做抄规范、套规范的事情，那不是造成国家资源浪费吗？你们将来一定要做创造规范的事情。

2003年开始，我提出要发展组合结构桥塔，因为混凝土桥塔很重，钢桥塔用钢量太大。终于在2015年实现了第一个组合结构桥塔，并且后面几个建成的大桥桥塔都改成了钢板—混凝土组合桥塔。

在战术上我们还是要传承，学习没有弯道超车，学习也是不可能弯道超车的，别去走这个捷径。但在传承的过程当中一定要质疑、要积累，才会有突破。2014年，我突发奇想，提出了衡量一个科技人才的标准，看他的高度、宽度、厚度，谁的"体积"最大，谁的可持续发展潜力就应该是最大的。

创新也不能乱创新，更不能为创新而创新。现在我们科技界也存在为了创新而创新的现象，不解决问题。我们搞工程科技的一定要解决问题，解决真问题，不能为发论文而创新，要为解决问题而创新。

传承才能创新，积累才能突破。我们在2016年又获得了一个重要突破，运用到了很多工程上。比如说长沙市某快速路改造工程的桥梁总长一公里，上盖结构只用两个月完成，还节省成本6 000余万元，充分显示了科技的力量和创新的效果。一个规模很小的天桥，也可以节省100万元至200万元，性能还更好。比如咱们学校东北门外面那个天桥是不太合理的，用钢量大,还把周边的视线给挡住了。2001年深圳的一座桥,我把中间的墩子去掉了,天桥就是要越简单越好。

另外,我们一定要坚持"不唯书、不唯上、不唯洋、不唯他、只唯实"。1982年底,导师跟我讲组合结构,当时讲到负弯矩区抗裂问题,他说国际上有这个技术。但我认为是有问题的,于是我给他讲了我的观点,他最后是完全认可我的。虽然我们两个人当时都没有想出来解决这个问题的办法,当时的学术界也都解决不了这个难题,但是我一直没有放弃思考。我思考了26年,这26年期间想出了两个专利,尽管没有彻底解决,但是在2008年取得了突破。我提出了"抗拔不抗剪"的理念并实现了简单的构造,这绝对是中国人对世界土木工程的一个重要贡献,用在负弯矩区抗裂问题上又简单又好。我前面讲一定要将复杂问题简单化,有效的技术应该是简单的,为什么"一"是第一名,就是简单,简单的就是最好的。

2003年,我国从国外引进一种桥型的时候,我是唯一质疑的专家,当时大家还不能接受,现在都接受了。这个过程当中我又取得了几个专利,现在我们的波形钢腹板桥实现了创新发展。你们今后看书的时候也要注意多提问题。我们原来的航天发射塔,要么是混凝土结构,要么是钢结构。太原卫星发射基地用了第一个组合结构航天发射塔,文昌卫星发射塔也用了组合结构,设计单位和业主反映效果特别好。

创新无处不在,创新无时不有。2016年,某隧道的业主提出下层综合管廊需要1.9米的净高,因为工人要进去。设计单位说满足不了,做不出来。我采用组合结构新技术解决了1.9米净高需求问题,设计单位非常满意。

2. 实践

创新很重要,实践也很重要。我一直坚持源于工程、服务工程、高于工程、引领工程,什么叫源于工程?我们的问题都是从工程中来,我们一定要把工程问题解决好,仅解决好还不够,一定要做引领工程的事情。

这里有很多案例,例如发明蒸汽机的瓦特,又比如经济学家陈岱孙先生1926年的博士论文题目就是《马萨诸塞州地方政府开支和人口密度的关系》,按现在的流行说法也许不算前沿课题,但当时很有必要且意义重大。几年前我在广州参加广州市属大学学科评估论证的时候,我建议广州市的大学首先要把广州市的问题解决好,解决好了就是学科建设的成就,不能每一个大学的学科都要设定国际标准,还是需要能解决地方经济快速发展中遇到的学科问题。梁思成和林徽因先生用15年时间走遍190多个县,对2 738处古建筑进行考察,写成了一本《中国建筑史》,影响巨大,所以做科研需要十年磨一剑。

源于工程、服务工程、高于工程、引领工程。我在2000年左右提出发展大跨双向组合楼盖,清华大学六教停自行车区域上面的井字楼盖就是双向楼盖。我发展了双向钢—混凝土组合结构,跨度越来越大,武昌站候车楼盖30米跨度用上了,在广州南站、地铁枢纽最大跨度的深圳岗厦北站也都得到了成功应用,实现了轻型大跨、预制装配、快速施工。

我非常喜欢去施工工地现场,有一次从深圳回来,赶飞机特别紧,但我还是坚持去一个桥梁工地。到工地以后,我发现并指出了值得进一步改进的几个问题,当时我觉得收获很大,又可以给博士生出两个新的课题,涉及将来城区跨两个山之间的连廊桥梁。那天回来途中特别开心,虽然累一点,我认为航班赶不上也没关系,调整到最晚一个航班也要去现场,去现场收获是很大的。我有一次去重庆出差途中乘车时,让司机调头回来,专门要拍一座桥,是因为这座传统桥梁有很大的改进空间,一个是美观,一个是结构选型大有优化空间。

实践要注重原理与方法，跟做饭是一个道理。我小时候一边帮母亲烧柴火做饭，一边观察她做菜的工序，因为她做的菜味道特别好。等我成家有条件自己做饭后，就回忆模仿她做菜的基本原理和方法，加上现在调料比那个年代更丰富，所以我现在做菜的水平还很不错。当然前提是湖南菜，没有辣椒、没有姜、没有蒜不成。

3. 为学

我小时候什么农活都干过，在我母亲的要求下，我插过秧，割过稻子，1978年前我曾经劳动过的"岗位"对我的锻炼十分重要。现在我到任何一个地方，比如有一天我在武汉一个工地考察，气温高达40多度，陪同人员提醒说"聂教授你可能受不了"，我说这比我当年插秧时的感觉舒服多了。那时农田里面的水温很高，水中有蚂蟥、空中有蚊子，头发上全是驱蚊抓痒时留下的泥巴。没有比较就没有享受，如果你们现在幸福感少了可能就是这个原因。

为学一定要勤奋，时间对于每个人是相同的，但每个人对时间的利用却不同。时间是平凡的，但可以让平凡的时间过得不平凡。爱因斯坦说得特别好，人的差异产生于业余时间，业余时间能成就一个人，也能毁灭一个人。

工作效率很重要，但"效率＋时间"更重要，我的体会是"汗水不会白流，付出会有收获"。现在回想起当年硕士导师让我去邮局寄资料，那时候邮局排队得一个小时，我觉得很有收获，磨炼了我的意志和耐力，我完全没有怨言。小时候我们大队分到每家的柴必须砍回来，不然没得烧，那么陡的坡我都砍下来了，培养了我的毅力。清华大学校训有一句是"自强不息"，持续不断地努力也是一种能力，像我这样笨鸟先飞，成功是付出的收获，失败也是正常的历练。

又比如我在1993年，为了推导一个公式，大概想了三个月，最后终于突破了。不要觉得前面两个月没有收获，成果和时间绝对不全是线性关系。假如某一位同学在想我今天比他多玩一半时间，我至少能达到他一半的收获，实际上可能你连1/3，甚至1/5都达不到，因为有些研究是要连续做下去的。

"毅力很重要，只有登上山顶，才能看到那边风光"。2015年，我们一行登玉龙雪山，坐缆车可以达到海拔4 506米高度，从4 506米高度到4 680米高度的最好观赏平台需要步行174米的栈道。我注意观察了一下，由于氧气随着高度的增加越来越稀薄，约1/3游客爬到山顶1/3高度处就往下撤了，又是约1/3的游客在到山顶2/3高度开始放弃攀爬，最后只有约1/3的游客坚持走到了最好观景平台的高度，从最好观赏平台能看到的冰川完全不一样，一望无际。等我下来以后，同行的人问我上面怎么样，我说，只有登上山顶，才能看到那边风光，一到上面看到冰川真是完全不一样，巍巍壮观。我们做学问也是这样，读书也是这样，只有登上山顶，才能看到那边风光。可能同学们会觉得像我这样读书都读呆了一样，什么乐趣都没有了，但其实读书的乐趣是一般人理解不到的、体会不到的。我们一定要坚持，你看我当年提出的理念都是受到质疑的，但是最后证明是正确的。

为学一定要追求卓越，我在我们课题组这个团队中一直强调要写好论文，所以我们的文章发表在国内外顶级期刊的比例都是很高的。同时，实验工作需要精益求精，我当年一直都是带学生一起做实验，这样自己能够发现一些规律。

此外，品德也很重要。清华校训有一句话"厚德载物"，爱因斯坦曾说过，大多数人说是才智造就了伟大的科学家，他们错了，是人格。为学重要，为人更重要，为学先为人，人品决定学品。关于人才选拔标准，我是这样想的，既要有学术基础和成果水平的考虑，也要考虑人品和素质、社会责任、担当精神、合作精神、发展潜力等方面。

诚信、感恩、责任都很重要，胸怀也很重要。我们一定要有胸怀，尊重同行，包容异己。我虽然做组合结构，该结构目前也是用得很好的，但是我一直强调没有最好的结构，只有适合的结构，适合的才是最好的。同时还要谦虚，爱因斯坦这句话太伟大了——"站在山顶你并不高大，反而更加渺小。"为什么？因为大家都在看你。拿破仑曾说过，"最容易打败仗的人是已经打过胜仗的人"。这几句话也送给你们，你们是高考进来的佼佼者，"忘掉昨天，记住今天，创造明天"，成绩只能代表过去。

最后为学也要肩负专业责任和社会责任，我一直在呼吁传统的结构已经不适合我们快速发展的需求，今后要发展新的结构。比如长沙一条轨道交通线路，用了我们的技术，解决了双向六车道的问题，同原来的四车道完全不一样。这个方案施工期间不影响交通，不仅省钱，而且性能提升、效率提高。还有一年我在施工现场，看到进行环梁节点施工的农民工太辛苦了，我就想一定要提出新的技术，于是后来我们就研究出了几个新的专利，如钢套筒节点等用以解决这一问题。

五、结束语

需要说明的是，我今天讲的这些数据不一定准确，如果与你们查到的或实际情况存在偏差是完全可能的，因为统计渠道不同，恳请谅解。

最后送给你们结束语：创新无处不在，创新无时不有，创新取决于责任和担当。家国情怀、专业良知、社会责任、担当精神，这些对成就我们的人生都很重要。

爱因斯坦说过，提出一个问题往往比解决一个问题更重要。你们对课程理解的深度和广度比考试得高分更重要，批判和质疑是科学精神的精髓，是创新的根基，做学问一定要坚持"不唯书、不唯上、不唯洋、不唯他、只唯实"。

北京大学王瑶先生说，不要急于发文章，要学会拒绝诱惑，牢牢把握自己所要的东西。

梦想不一定都能实现，但一个人不能没有梦想，你们知道我当年上湖南大学的梦想是什么吗？想当个一级教授，现在实现了。当然，我在做研究的过程当中绝对不是为了享受到某个待遇，我的目标是要达到一级教授的水平。同时，我也一直强调，还有很多没有进入院士队伍的前辈和同行，他们的水平都非常高，只是因为名额太少。

外面的世界绚丽多彩，我们要有自己的判断，现实还存在很多诱惑。我在湖南大学的时候，偶尔也有老乡聚会的活动。我是这样做的，请他们周日上午11点来，然后请他们到食堂吃饭，吃完饭送他们上公交车回去。这样大家都还可以午休一下，不影响下午的学习时间。你们现在跟老乡同学聚会活动还是要有的，但是要把控好时间、处理好时间，你今天接待这个老乡，明天接待那个老乡，时间消耗太多就会影响学习。

人生有许多选择，但成功仅取决于几次重要的选择，有所不为才能有所为，"只有登上山顶，才能看到那边风光"。

世界正在经历百年未有之大变局，实现中华民族伟大复兴的步伐在进一步加快，实现国家富强、民族复兴、人民幸福，靠人才、靠科技、靠自立自强、靠原始创新，未来靠你们。你们正处在一个前所未有的伟大时代，一定要肩负起时代赋予的重任，上大舞台、干大事业、出大成果、写大论文。我的母校湖南大学的校训是8个字：实事求是、敢为人先。清华大学的校训是8个字：自强不息、厚德载物。我把这16个字送给你们。

今天清华与你们互以为荣，明天清华与你们互为骄傲。让我们教学相长，共创美好未来。

本 讲 小 结

新中国成立以来，经过了几代人的不懈努力，中国的基础设施得到明显改善，交通运输、邮电通信形成了纵横交错覆盖全国的网络体系，三峡工程、西气东输、南水北调、青藏铁路、京沪高铁等一大批重大项目建设顺利完成或向前推进。安全、便捷、高效、绿色、可持续的现代化基础设施建设将进一步为国民经济的发展和人民生活水平的提高、为中国式现代化目标的实现提供重要条件和坚实保障，这也是广大土木工程科技工作者的共同奋斗目标。

第五讲

万物互联与智能交通

| 中国式现代化十二讲

李克强
清华大学车辆与运载学院教授
中国工程院院士

　　智能绿色车辆与交通全国重点实验室主任。国家智能网联汽车创新中心首席科学家，工信部智能网联汽车推进专家组组长、车联网产业发展专项专家组组长，中国智能网联汽车产业创新联盟专家委员会主任，Journal of Intelligent & Connected Vehicles 和《汽车安全与节能学报》期刊主编。获国家技术发明二等奖 2 项、国家科技进步二等奖 1 项、中国汽车工业科学技术进步特等奖 1 项，曾获首届全国创新争先奖等荣誉。

第五讲　万物互联与智能交通

本讲有两个关键词。第一个关键词是"万物互联",以新一代移动互联技术为基础的高新技术(包括5G/6G、大数据、云计算、人工智能等)发展的目标就是万物互联。第二个关键词是"智能交通",交通是一个国家现代化发展的重要基础,在万物互联的高新技术赋能下,交通系统也在发生着整体性变革从而形成智能交通。本讲的重点在于了解交通领域的高新技术,把握国际国内交通领域发展的形势,思考我国如何实现新一代智能交通系统的技术突破和产业化,加快实施交通强国战略。

一、交通强国建设发展概要

交通与国民经济和国家发展紧密相关,它不仅关系到人们的日常生活,更是国家经济建设的命脉。当前,中国正在向现代化迈进,这一目标的实现离不开工业现代化,同时必须把实现人民对美好生活的向往作为现代化建设的出发点和落脚点。其中,交通发挥着基础性作用,是国家现代化建设的基础之一。

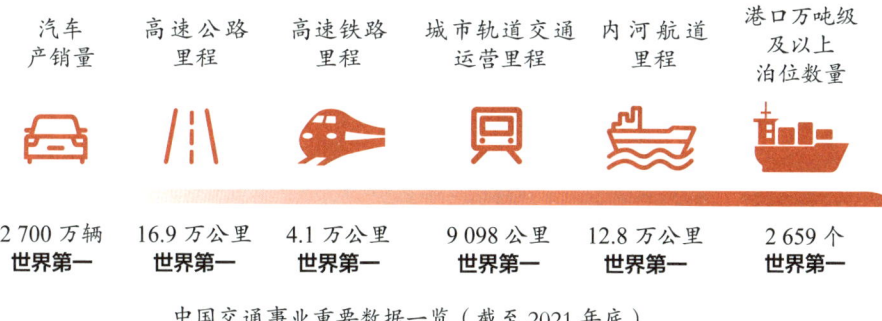

中国交通事业重要数据一览(截至2021年底)

改革开放以来,在几代人的不懈努力下,中国已经发展成为世界交通大国,以下几组数据便是力证。首先,我国汽车的年产销量已经连续十几年居全球首位,2023年我国汽车年产销量已超过3 000万辆,这表明汽车产业是我国的战略性产业和重要的经济支柱。另外，令人引以为豪的是，我国高速公路和高速铁路的里程也位居世界第一，城市轨道、内河航道的运营里程以及港口万吨级及以上泊位数量等都是世界第一。这些数据清晰地显示了我国把交通领域放在国民经济发展的重要地位，并且已经处于世界领先水平。

不过，交通为我们带来便利的同时，也带来了严峻的社会问题。从系统的角度来看，交通是一个由基础设施、运载工具和人员共同组成的复杂系统，包括公路、铁路及各种交通工具等，人员的介入与运行使得这个系统变得更加复杂。因此，尽管我国交通行业取得了显著的进步，但仍然面临着严峻的挑战，存在着许多由交通带来的复杂社会问题，这一点相信大家都有切身的感受。例如，城市人口密度的增加导致了交通需求的急剧增加，最直接的体现就是交通拥堵。再如交通安全问题，根据世界卫生组织数据统计，道路交通事故每年造成全球近130万人死亡、约5 000万人受伤，这一庞大的数字远远超过了当前世界上因局部冲突和战争所导致的伤亡人数。因此，在谈到交通问题时，我们需要关注交通安全、道路拥堵等问题，以及由于大量的运载工具出现，伴随的车辆质量参差不齐、能源消耗以及尾气排放等一系列问题，从国家、社会和学术界的角度来看，我们都肩负着应对这些问题的责任。

针对交通领域，我国政府提出了交通强国建设的重大发展战略。具体来看，党的十九大已提出要建设交通强国，到了党的二十大进一步强调要加快建设交通强国，这表明交通领域的发展至关重要。我国在交通领域已经取得了重大成就，但与世界其他国家一样，我们也面临着交通所带来的重大社会问题，因此需要采取高质量发展策略进行解决。实现高质量发展需要科技创新，交通领域高新技术的着力点就是智能交通。发展智能交通不仅是高水平科技自立自强的重要体现，也是实现我国交通强国重大战略目标的必由之路。

习近平高度重视我国智慧交通的发展，强调"要大力发展智慧交通和智慧物流，推动大数据、互联网、人工智能、区块链等新技术与交通行业深度融合，使人享其行、物畅其流。"

在加快建设交通强国的同时，我国也在实施网络强国和数字中国发展战略。网络强国和数字中国发展战略的技术支撑正是实现万物互联的新一代信息通信技术，即ICT技术。例如，5G技术在交通领域的应用形成了一个技术体系，我们称之为"V2X"技术，即车辆到车辆（V2V）、车辆到基础设施（V2I）、车辆到行人（V2P）、车辆到网络（V2N）、车辆到云端（V2C）。这些技术将交通系统的各个要素，包括车辆、交通基础设施和通信基础设施融为一体。通过万物互联，我们可以获取各种重要的交通大数据，包括交通状态、交通分布、交通运载工具特性、人员操作特性等。这些技术支持数据的获取、分析和计算，对于数字交通、数据驱动和新兴的高新技术至关重要，对于交通状态的监测、产品研发以及汽车的高效、安全行驶也都具有重要意义，为智能交通的实现提供了强大支持。

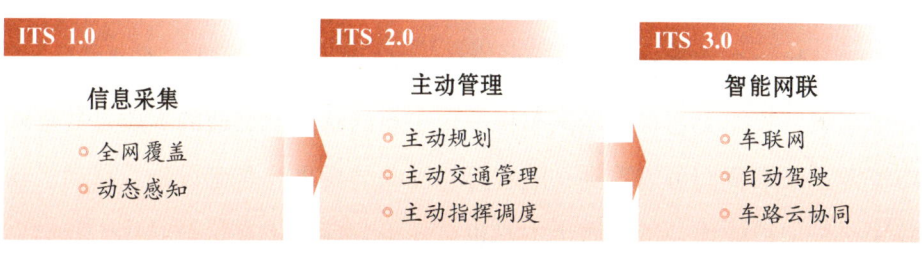

智能交通发展的三个阶段

交通强国、网络强国和数字中国等一系列国家发展战略的实施将在重要支柱产业的改革中产生深远的影响和促进作用，在这个过程中，高新技术的应用将成为重要特征之一，其中就包括智能交通。智能交通实际上是跨学科领域，自动化、土木工程、车辆工程等多个学科以及信息科学、电子工程、电子通信等多个领域都与此相关。具体来看，智能交通系统，通常被称为 ITS（Intelligent Transportation Systems），这项技术已经从 1.0 阶段发展到了今天的 3.0 阶段。1.0 阶段发生在 20 世纪，特别是 20 世纪 80 年代，当时出现了第三次工业革命和信息化浪潮。在这一时期，我们开始思考如何将传统交通领域的三个要素，即人、车、路通过电子技术、控制技术、当时的人工智能技术以及传感器技术，融合成一个全新的复杂系统。过去，交通领域中的各个要素通常是被分开看待的，但如今借助信息技术、电子技术和控制技术等，我们创造了一个非常强大的新型交通系统，这个系统正是为了更好地解决交通领域的核心问题。在智能交通系统发展的 1.0 阶段，主要是信息采集和数据获取，包括全网络的覆盖和动态感知，而在获取了足够的数据之后，我们就需要对交通进行优化调节，实现主动的交通管理。今天，这项技术已经发展到了 3.0 阶段，其主要特征是智能网联。正如我们在前面的主题中提到的，它建立在新一代移动通信技术、大数据和人工智能之上，将车辆、道路和云融为一体，步入了万物互联的智能交通系统阶段。这一发展自 21 世纪以来，尤其是过去的十年中尤为迅速。

由于新一代高新技术的出现，交通领域正在迅速形成一个新的体系。新体系下，智能交通和智能汽车将呈现出新的状态。交通的本质是共享城市资源，未来我们可以看到，随着万物互联的发展，基础设施、移动工具将变得更加智能化，甚至城市本身也会变得智能化。在这个时代，我们更能够满足人民的各种生活需求，包括更便捷的交通、货物的即时提取以及交通领域的自动化布局。此外，我们将看到各种类型的智能交通设施，包括实时移动的医院、智能移动空间和移动图书馆等。未来，各个城市的交通系统将变得非常便捷、高效和安全。城市将逐渐实现"一键万物互联"

的愿景，形成一个整体化的城市系统，包括城市安全的治理与综合便捷的交通系统。未来，由于新一代万物互联的高新技术的推动和赋能，交通的产品形态和使用方式将发生巨大的变化，甚至会对整个社会运行方式产生深刻的改变。依靠科技革命，真正实现我们的产业变革，对社会的发展将产生重大影响，这一点在智能交通方面尤为明显。

二、智能汽车技术的发展概要

在万物互联的支持下，智能交通系统已经发展到了 3.0 阶段，不仅我们的物理系统及交通基础设施方面发生了重要变革，同样重要的运载工具也出现了重大改变和重构。因此，作为交通运载工具，车辆变得至关重要，它是促进智能出行的关键元素，是整个系统的重要组成部分。今天，结合个人专业背景，我选取智能交通系统中关键的一部分——运载工具的智能化发展，向大家作重点介绍和交流。

（一）智能汽车百年演变

大家最常接触的运载工具是民用运载工具，也就是汽车，而民用运载工具的智能化发展有着漫长的历史。在智能汽车出现之前，汽车本身已经有了悠久的发展历史，而智能汽车的梦想则贯穿了汽车发展的始终。

自 19 世纪 80 年代奔驰公司制造了第一辆汽车以来，汽车一直在不断发展演进，它一直都代表着各个时代的高新技术水平。例如，20 世纪初，福特公司生产的 T 型车引领了工业流水线生产的潮流，成为先进工业生产方式的代表；20 世纪 30 年代，大众甲壳虫汽车成为家庭常见的乘用车；1958 年，长春第一汽车制造厂研发生产了我国第一辆红旗牌轿车。总的来看，汽车发展是"双轮驱动"，即包括两个重要方面：一个方面是汽车技术不断发展，例如流水线生产、新型发动机技术、电子技术以及本讲讲解的高新技术，如新一代移动通信技术等；另一个方面是社会需求不断发展，社会对汽车的要求在不断演变。汽车具有四个基本属性，即安全、节能、环保和舒适，而在此基础上形成交通系统，还需要额外考虑一个属性——高效。围绕这些基本要求，汽车技术不断发展和演进，在这个过程中，人们一直在探索新的可能性。今天，我们聚焦新一代高新技术和"万物互联"概念，形成了智能交通自动驾驶的发展目标。自动驾驶的目标是以人工智能装置替代人类的操作，模拟人的决策过程。因此，智能汽车的概念从汽车问世之初就存在，人们一直梦想着如何部分或完全替代人类驾驶，并以此推动汽车技术的发展。

实际上，大约在1925年，美国就提出了使用无线电控制汽车的概念，试图实现部分或完全替代人类驾驶的想法。因此，当我们谈论智能汽车时，我们可以为其下一个定义：智能汽车是在车上安装了一套装置，能够部分或完全替代人类的操作的汽车。简而言之，智能汽车的装置可以模拟人类的功能，主要是为了替代人类的驾驶操作。汽车行业就一直在探索实现智能汽车的可能性。例如早在1939年，通用汽车公司赞助支持了一款自动驾驶概念车的开发；20世纪60年代，英国基于雪铁龙车开发的一款无人驾驶汽车能够以超过100公里/小时的速度行驶；到1974年，也就是50年前，人们开始畅想智能汽车的未来，人们可以坐在车内聊天和休息，无须亲自驾驶，因为车辆可以自动行驶。令人惊奇的是，这种愿景与今天的智能汽车功能非常相似。总之，在汽车行业的发展过程中，由于技术不断发展、社会需求和法规制约，人们一直在寻求一种技术来实现部分或完全替代人类驾驶，因此智能汽车技术一直在持续探索中。

进入21世纪后，出现了一轮新的无人驾驶技术探索热潮，其中最具代表性的是2004年美国国防高级研究计划局（DARPA）资助的一场智能车挑战赛。DARPA挑战赛由美国国防部主办，参与的高校包括加州大学伯克利分校、卡内基梅隆大学、斯坦福大学等，这场竞赛中的智能车与过去的车辆有了显著不同。从时间上看，最先获得资助的是美国的大学，由此可见大学是技术探索和实践的先锋。因此，这一轮发展的最大特点之一是智能汽车上配备了许多新一代信息通信技术，包括定位系统、雷达、通信技术以及基于新一代人工智能的技术。无人驾驶技术从初步探索到逐渐被社会接受，也吸引了高科技公司的加入。谷歌的Waymo无人驾驶汽车技术最初就源自这些竞赛，相关创始人就曾就读于卡内基梅隆大学。这一轮热潮最具影响力的时期可以追溯到2009年，当时，谷歌的Waymo宣布将一辆丰田普锐斯改装为自动驾驶汽车，并在2014年公布了一辆可以替代人类操作的车型。当然，中国在这一轮高新技术发展中，也取得了显著进展。可以说，在智能汽车发展方面，中国有中国的道路，中国有中国的探索，中国在自动驾驶技术的发展上取得了很多成就，使汽车技术进入了新的发展阶段。

智能汽车发展过程中其实存在不同的技术路线。智能汽车的核心目标是部分或完全替代人的操作，目前智能汽车主要有两种技术路线：一种是单车自动化，依赖车辆上的传感器，类似于"眼睛"来感知周围环境；另一种则是网联化，利用通信技术，类似于"耳朵"来接收信息。当前这两种技术路线在各自独立地发展，然而，真正的发展趋势是希望同时将"看"和"听"融为一体，实现综合性的感知和决策。所以国际上已经开始探索将智能和网联合并为一体的技术路线，这被称为"智能网联"。令人自豪的是，"智能网联"这一概念正是由中国提出，由清华大学课题组命名。可以说，两者结合为一体的发展路线将成为未来智能汽车的主要发展方向。

（二）智能汽车工作原理

汽车智能化之所以会对社会发展产生重大影响，是因为汽车自身是一种高科技载体，它承载着各种先进技术并改变了汽车的社会属性。因此，我们可以从以下内容来理解汽车是如何工作的以及它所具备的技术特征。首先，类似于人类具备的感知能力，智能汽车需要具备感知层，这个感知层就如同人类的眼睛，配备了各种传感器，用于采集环境信息并对这些信息进行接收、处理和融合。其次，在感知层收集到一定数据后，需要对其进行判断，这就要求智能汽车具备认知层，对数据信息进行融合和预测，判断当前场景的态势和情境的结果，随后进行决策和路径规划，包括车辆行为决策、最佳路径规划以及运动策略制定，再下一步是控制，即控制汽车前后运动和横向运动协调一致。最后，在控制信号发出以后，车辆还需要具有执行机构，即执行层。在这个过程中，我们可以看到，智能汽车系统的框架结构类似于人的大脑，需要执行多种任务。就像人的眼睛和耳朵用于数据采集，之后大脑对这些数据进行分析和判断，其中涉及多个层面，包括感知、认知、决策、规划以及最终的判断。一旦判断完成，我们便需要制定执行指令，这个任务则由执行层完成，就像人的肢体执行大脑的指令一样。这种方法目前正在不断发展，新的趋势是强调连接性，即跳出单一车辆的局限，借助云计算和信息物理融合系统的支持来进行工作。以上就是智能汽车模仿和替代人的操作所遵循的发展思路。

如前所述，智能汽车是高科技的载体，而智能化高新技术载体像人一样需要感知环境，所以必须为其制作环境地图。需要注意的是，这个地图必须是高精度的，精度要达到厘米级，而且要有动态更新。当前的导航地图通常不具备这样的精度，因为它们主要是为人类导航而设计的，而人类可以凭借自身能力简单轻松地判断出位置和方向。但是，未来需要替代人类操作的自动驾驶车辆，必须依赖高精度、动态更新的地图，这些地图需要包括几何信息以及移动数据等多种信息。

当我们讨论智能汽车时，需要考虑各种关键要素，包括硬件装置、底层芯片技术以及操作系统等，它们一起构成了一个软硬一体的系统，通常被称为智能计算平台。在这个平台上，我们需要分析数据的准确性并做出正确的决策，这不仅依赖大数据和云计算等新一代技术，移动通信技术也至关重要，因为需要实现单一车辆与其他车辆的互联，实现万物互联。除此之外，智能汽车还需要智能座舱技术、智能线控底盘技术以及信息安全措施，同时也包括了人工智能等方面的发展。总的来说，智能汽车的研发和实现需要整合多个领域的专业知识，不仅包括工程技术，还包括心理学、法律等领域，因为这是一个涵盖了新一代高新技术、信息通信技术以及物理系统、交通基础设施等的综合技术体系。

这些技术中，人工智能技术是热点，因此我将单独阐述人工智能在汽车和交通领域的应用情况，包括其当前的发展状况以及面临的问题和挑战。众所周知，人工智能经历了多次波浪式发展，目前发展到了第三代。新一代的人工智能与传统的人工智能有所不同，它充分利用了丰富的数据、强大的计算能力和新的高级算法，如深度学习等。在目前的人工智能技术中，涌现出了多种新概念，如混合增强智能、群体智能以及大数据多媒体协同智能等。

人工智能应用的领域包括人与机器之间的智能交互，如图像与语音识别，还包括工业、医疗等多个领域，其中工业领域的典型代表便是自动驾驶技术和智能网联汽车（Intelligent and Connected Vehicles，简称"ICV"）。我们对自动驾驶和智能交通等新一代人工智能充满期待，并在不断进行研究和实践，然而将人工智能真正应用到实际中还需要进行一系列工作。我们可以将这些工作归纳为一个任务矩阵，纵坐标表示智能系统的不同任务阶段，包括融合感知、行为理解、驾驶决策和协同控制。横坐标展示了从单车到多车再到交通的递进，即从点到线再到面的递进，其中单车的驾驶系统包括多源传感器融合感知、场景理解与周车预测、拟人型自进化决策以及人机共享型协同控制等任务，如下图所示。而图的顶端就是新一代的人工智能技术，包括自主智能、混合智能、群体智能、数据智能及云端智能。以上这些任务结合起来，才能构成基于新一代 AI 技术的自动驾驶应用，换言之，如果要将 AI 应用于自动驾驶，需要完成整个任务矩阵。

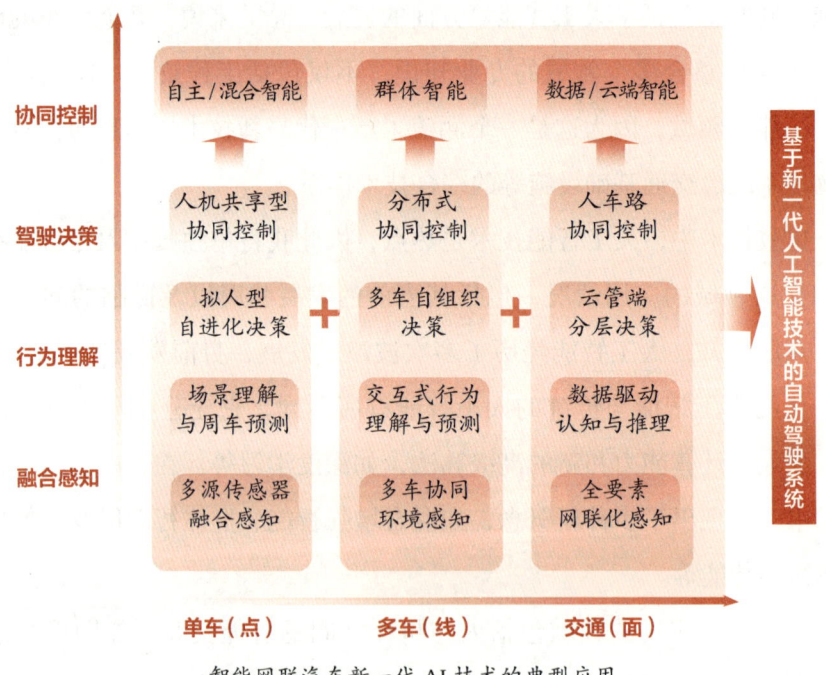

智能网联汽车新一代 AI 技术的典型应用

那么，智能汽车发展的现状如何？实际开展的工作有哪些？其实有许多 AI 公司正在从事这项工作，他们的工作主要集中在单车感知领域，也就是图像识别，而决策控制方面很少涉及，更不用说多车和交通方面的内容，因此人工智能仍然存在巨大的发展空间。可以说，人工智能并不局限于 IT 领域，如果仅仅了解基本算法而不了解物理对象就难以成功，发展人工智能需要计算机、信息通信等专业与汽车、交通等领域融合发展。从目前的情况来看，我们完成的进度不及整个任务的 1/3，还有很多领域等待探索，所以人工智能在智能交通领域的应用充满着挑战，同时也有着巨大的机遇。

三、世界智能汽车产业发展态势

前面讲述了智能交通系统与运载工具技术的发展状况，现在进一步探讨智能汽车的产业发展态势。

（一）智能网联汽车成为全球汽车产业发展的战略方向

在此需要思考一个问题，即电子产品的第一大用户是谁？答案是工业领域。最主要的电子产品是汽车电子产品，包括智能汽车的电子控制技术、移动通信终端、芯片、算法以及操作系统等。那么从全球范围来看，智能网联汽车已经成为汽车产业发展的战略方向，这一点可以从以下几个方面理解。

第一，从技术层面来看，新一代移动互联技术、万物互联技术、人工智能、信息通信、大数据、云计算等技术在汽车和智能交通领域的应用具有战略性意义。当前的娱乐、语音等人机互动界面不够友好，但这些界面属于终端应用，更本质的问题在于如何将复杂的工业流程和系统，通过这些技术实现运营任务，这极具价值，同时也极具挑战。因此，智能汽车是发展高新技术的战略制高点，存在着许多机遇，也伴随着许多挑战，只有站在这个高度才能意识到当前还有很多工作要做，才能意识到发展智能汽车责任重大。

第二，从产业层面来看，智能汽车技术的发展引发了巨大的产业变革。以往在讨论车辆和交通时，关注的是机械制造和基础设施，如土木工程、机械工程、汽车制造等，甚至包括经营管理。但是在今天，谈到智能网联汽车时，光有这些领域已经不够了，因为汽车产业扩展，信息通信、人工智能等领域被融入其中，智能汽车的产业链将被重构，价值链不断延伸。

第三，从应用层面来看，智能车辆不再仅仅是一种简单的交通工具，它具有智能移动空间的概念。坐在车上，人们不再局限于驾驶和运输，而是扩展到休息和办公等多个领域。但这还不够，未来社会发展的方向是智能社会，而智能社会需要战略性的数据资源，因此移动载体将提供未来构建智能社会所需的数据。这并不仅仅是数据的增值，更是社会运行和治理所需的关键数据。所以未来的智能车辆不再只是简单的交通工具，而是一个智能的移动空间，能够提供娱乐享受，更重要的是为未来的数据驱动和数据治理提供基础支持。

第四，从竞争层面来看，全球范围内已经形成了竞争态势。从欧美、日本、韩国等工业发达国家到中国，都十分重视智能汽车的发展。汽车产业是一个国家的战略性、支柱性先导产业。基于此定位，智能汽车产业的发展不再仅仅局限于技术竞争层面，而是已经上升到国家发展战略的竞争层面。

（二）全球智能汽车发展情况

当前，智能汽车的发展路线是努力实现智能和网络融合为一体，而不仅仅是单一车辆的智能化。在这一领域，中国是最早的探索者。针对这个发展方向国际上也逐渐在形成共识，美国、欧盟和日本也开始探索网联融合发展技术路线。例如日本提出了"Society 5.0"的概念，认为未来社会将从 3.0 的工业社会与 4.0 的信息社会迈向 5.0 超智能社会，其典型的特征是 CPS（Cyber-Physical Systems，信息物理系统）的概念。在这一背景下，日本正在进行顶层架构的研究，包括国家战略创新领域的重大项目，以推动自动驾驶技术的产业化发展。

在这种情况下，各个国家与国际组织不断制定相关政策和法规，推动智能汽车产业的发展。例如联合国及其他与汽车相关的国际组织发布了相关法规，对自动驾驶评估和车辆信息化等多个方面作出规定。此外，美国与欧洲也在积极探索相关技术与产业领域。目前企业产品在不断发展，例如应对交通拥堵的自动驾驶技术大部分已达到 L3 级。具体来看，自动驾驶的分级中，L1 级是单向的控制，L2 级是纵向、横向同时控制，L3 级通常被称为 CA（Conditional Automation），即有条件的自动驾驶，具有自动驾驶的判断能力，能够替代人类操作。目前，L1 级和 L2 级已经成为产业化竞争的一部分，L3 级正在逐渐量产化，这项技术非常重要，能够对产业带来重大影响。

四、我国智能汽车创新发展之路

在考察世界智能汽车产业发展态势之后，接下来我们将聚焦讨论中国的智能汽车发展情况。

（一）发展我国智能汽车技术的重要性

我们国家已经明确认识到，在万物互联与智能技术的基础上，汽车和交通的智能化极其重要，它是大国科技竞争的战略制高点。当前，世界大国科技竞争越发激烈，战略博弈全面加剧，新一轮科技革命和产业变革正在改变着我们的世界。同时，我国制造强国建设和交通强国建设正在不断升级。在汽车和交通产业已经进入新时代的情况下，新机遇与新挑战并存，我国面对国际竞争的任务艰巨，必须抓紧机遇，应对挑战。在全球围绕汽车产业进行竞争的背景下，为了更好地应对国际竞争，中国必须掌握关键技术。出于以下几方面的需要，新时代大国国力竞争需要智能汽车技术的自立自强。

首先是突破"卡脖子"技术的战略需要。尽管我们积极参与全球化，但国际形势在发生变化，尤其是一些国家对我国采取了严格的技术封锁措施，而我国许多高新技术产业仍然处于发展的初期阶段，许多关键技术及所谓的"卡脖子"技术尚未突破。同样地，自动驾驶和汽车智能化等领域也存在一系列亟待突破的关键技术。只有突破技术瓶颈，实现战略性产品的自主可控，才能真正有效地支撑我国相关的发展战略。

其次是推动车辆全产业链创新与国民经济动能转化的需要。技术发展的巨大变化会引发社会发展变革，只有促进汽车智能化高新技术的发展与变革，才能真正推动全产业链创新和国民经济动能转化。这种变革是强有力的，目前车辆产业和出行体系正在被重构，车辆和交通产业的变革能够进一步扩展到生产和生活方式的改变。所以必须实现技术突破，积极应对竞争。

最后是全面升级国防安全建设的需要。重要的运载工具不仅包括民用的汽车，还包括国防车辆。未来的军用车辆需要应对各种作战需求，对机动性、智能性、生存力和对抗力均有较高要求。鉴于这一情况，需要探索和建立先进的作战机动平台，这要求机械、电力电子、控制与流动等多学科、多技术的交叉与突破，必须着眼于技术自主创新。

（二）我国智能汽车发展情况

当前，车辆行业科技变革的趋势是低碳化、电动化、智能化与网联化，智能车辆的内涵逐步拓展到机械学科之外，向机械、电子、信息学科强交叉的方向发展。其中存在一系列亟待突破的问题，包括前沿科学问题与前瞻技术问题等，都已经在中国工程院和中国科学院等的研究中被提出。解决这些难题需要实现技术突破，走自主创新之路，包括：掌握无人驾驶的视觉传感和识别等高新技术、开发基于5G技术的无人驾驶系统、推动数字交通基础设施建设、推动自动驾驶与车路协同发展等。

前沿科学问题：
- 基于可再生能源/燃料电池的混合动力系统
- 电动汽车与智能电网耦合关键技术
- 氢燃料电池动力系统
- 高能量密度动力电池材料电化学

前瞻技术问题：
- 面向无人驾驶的视觉传感与识别
- 基于5G技术的无人驾驶系统开发
- 数字交通基础设施如何推动自动驾驶与车路协同发展
- 无人车如何实现在卫星不可用条件下的高精度智能导航

来源：中国工程院《全球工程前沿 2019/2020》十大工程研究/开发前沿
中国科协《2019/2020年20个重大科学技术难题和工程技术难题》

2020年，习近平在长春考察中国第一汽车集团有限公司研发总院时指出，"我们要成为制造业强国，就要做汽车强国"，并进一步强调"一定要把关键核心技术掌握在自己手里，要立这个志向，把民族汽车品牌搞上去。"

我国对产业技术发展和变革作出战略判断，加速政策法规制定和修订的步伐，以完成顶层设计规划。2020年初，国家11个部委联合发布的《智能汽车创新发展战略》构建了我国智能网联汽车的顶层设计规划，体现出中央高度重视智能汽车创新发展。在该战略编制过程中，清华大学作为专家组组长单位牵头多家行业机构和企业圆满完成相关任务。我国还关注汽车的安全管理和安全保障，包括交通安全、产品安全以及信息安全与网络安全。此外，我国发挥自身体制优势，充分激发政府整合公共资源的关键作用，要求政府部门和相关行业组织进行准入管理和测试示范，加速技术迭代与产业化发展，实现智能网联汽车与新能源、交通以及智慧城市融合发展。近年来，住房和城乡建设部、工业和信息化部联合组织开展了智慧城市基础设施与智能网联汽车协同发展的试点工作，正是促进融合发展的重要举措。

全国政协经济委员会副主任、工业和信息化部原部长苗圩表示，中国汽车市场总量和结构都在发生深刻变化，智能网联汽车产业发展将成为转型成功的标志。虽然上半场中国新能源汽车打得很好，但是决定胜负的还在于以智能汽车发展为代表的下半场竞争。总而言之，推动智能汽车发展在国家与社会层面均达成了共识。

从发展背景上看，我国智能汽车市场总体持续扩大，L2级辅助驾驶功能得到认可。2023年L2级乘用车新车渗透率超过了40%，如果保持此速度，未来我国国内智能汽车将得到快速的产业化推进。从对比的视角来看，与常规汽车相比，智能网联汽车具备两大重要特征，第一个特征是多技术交叉、跨产业融合，即常规汽车是机电一体化产品，而智能网联汽车不仅是机电一体化产品，而且还与信息相融合，是机电信息一体化产品。谈起智能网联汽车，不仅仅是在谈汽车或者交通基础设施，而且还要谈信息基础设施，需要多个产业跨界融合。第二个特征是区域属性与社会属性增加，在行驶过程中需要具有高度本地属性的通信、地图、数据平台等的支撑与相应的安全管理，每个国家都有数据主权，尤其针对一些基础数据与敏感数据，也有自己的使用标准规范，所以智能网联汽车开发和使用具有区域属性和社会属性。

此外，国家在制定智能汽车技术路线图和发展战略时达成了共识，即迄今为止智能汽车没有成功的经验和既定的道路可以借鉴，发展智能汽车应该根据技术变革趋势、我国国情以及智能汽车的两大属性实现路线创新。例如，无论是沿着单车智能化驾驶水平逐步提升的渐进式发展方式，还是以单车高度智能化驾驶为核心的阶跃式发展方式，都不适合我国。前者会使得我国在汽车电子、车辆控制执行方面的差距被持续放大，导致未来我国智能网联汽车产业核心技术的"空心化"；后者是因为我国不具备先发优势，特别是在高精度传感器、高性能中央处理芯片、计算平台、开发测试工具链等方面存在诸多"卡脖子"技术。发展智能汽车必须探索中国方案，第一个原因是汽车在行驶过程中所需的通信、地图和数据等具有极强的本地属性，需要国家统一的安全监管，因此难以直接复制引用国外技术；第二个原因是智能网联汽车融合了新一代信息通信技术、汽车系统技术、集成交叉技术，需要跨界协同、融合创新，但国际上没有成功方案可供借鉴。

《智能汽车创新发展战略》提出了智能网联汽车发展的远期愿景与近期目标。远期愿景是指2035年至2050年，全面建成中国标准智能汽车体系，逐步实现安全、高效、绿色、文明的智能汽车强国愿景，智能汽车充分满足人民日益增长的美好生活需要，这些都是中国式现代化进程中交通领域的着力点。近期目标是指到2025年，基本形成中国标准智能汽车技术创新、产业生态、基础设施、法规标准、产品监管和网络安全体系，实现有条件自动驾驶智能汽车达到规模化生产以及高度自动驾驶的智能汽车在特定环境下市场化应用，并且智能交通系统和智慧城市相关设施建设取得积极进展，实现车用无线通信网络区域覆盖以及高精度时空基准服务网络全覆盖，逐步开展新一代车用无线通信网络在部分城市、高速公路的应用。

同时，在发展过程当中，我国坚持智能化与网联化深度融合发展。在国际上，我国率先提出智能网联融为一体的技术路线图，我们将智能化分为五级，网联化分为三级。其中网联化三级由我国在2016年提出，同2019年欧盟提出的五级分类是相通的。具体来看，网联化三级的第一级是指网联辅助信息交互，第二级是指网联协同感知，第三级是指网联协同决策与控制；智能化五级则分别指辅助驾驶、部分自动驾驶、有条件自动驾驶、高度自动驾驶与完全自动驾驶。网联化与智能化的关系在于，一方水平的提升可以适当降低对另一方的要求，而一方程度的降低则相应需要提高对另一方的要求。需要强调的是，网联与智能不是简单叠加，而是相互融合，进而形成新的产品，新的产品平台又将带来新的研发模式与制造模式，形成新的使用生态。最后，由于交通与社会紧密相关，所以交通的发展会对社会发展产生重大影响。

可以说，智能网联汽车是智能汽车发展的新阶段。当前，中国对于智能网联汽车发展提出了自己的方案。智能网联汽车中国方案的内涵与外延是指具有车路云一体化的系统架构，以及分层解耦、跨域共用的两大技术特征，且满足三个条件，分别是要符合中国基础设施标准、符合中国联网运营标准以及符合中国新体系架构汽车产品标准。根据技术发展状况和前沿性、中国的技术产业基础以及国家治理特点，中国一定可以走出自己的发展方向。

智能汽车依赖智能的基础设施。试想，如果上万辆无人驾驶汽车不联网调控而四处无序行驶，岂不是十分危险？所以需要建立联网运行的数字化轨道，并且构建信息安全系统，这可谓是世界性的安全问题。这会带来汽车结构的改变，带来电子信息架构的改变，所以未来将采用新的发展思路，即构建车路云一体化的智能网联汽车信息物理系统。这是一套复杂的大系统，从图中可以看出这不再是局限于一辆单车，而是将车辆、基础设施和信息融为一体,形成一个新的产品,这项新产品的驾驶控制装置不一定全部安装在车上,而是呈现一部分在车上、一部分在路上、一部分在云端的形态,这就表明未来的发展必须考虑总架构与总布置。车路云一体化融合系统中,车辆与基础设施等信息通过高速移动通信映射到虚拟信息空间中,再在信息空间进行运算、编排和调度管理,从而形成一个闭环。可以看出,这个系统具有信息物理系统的典型特征,是大规模网联应用、实时协同计算环境的新一代交通系统,以数据融合与服务融合,共同实现物理与虚拟的双向交互与协同。

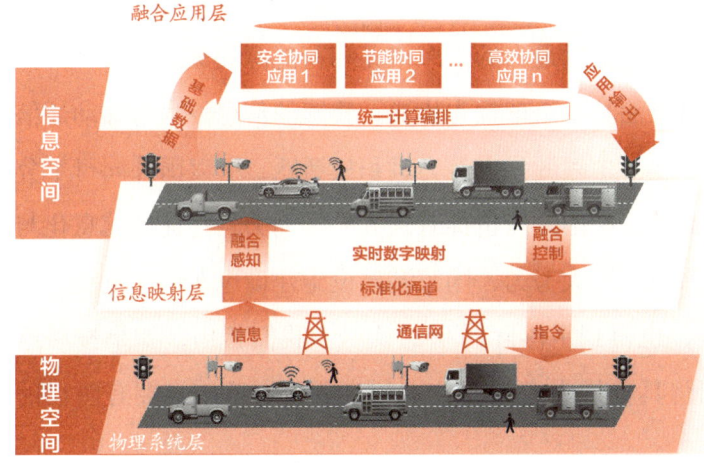

车路云一体化融合系统,具有信息物理系统(CPS)的典型特征,是大规模网联应用实时协同计算环境的新一代交通系统,以数据融合与服务融合,共同实现物理—虚拟双向交互与协同,也是数字孪生系统的典型应用案例。

车路云一体化的智能网联汽车信息物理系统

此外,发展智能网联汽车需要新搭建五大基础平台,从而实现一体化的控制。当前的汽车产品主要集中于电池、驱动、转向控制等方面,而未来智能网联汽车除了这些基本平台以外,还会产生新的零部件,出现新的产品。例如华为新增量部件,就是将信息和通信技术与汽车融为一体以后形成的新产品。所以,未来的智能网联汽车的开发除了轮胎、电机、发动机和转向等传统元素外,还要开发云控基础平台、高精度动态地图基础平台、车载终端基础平台、计算基础平台与信息安全基础平台这五个新的平台产品。

随之而来的，是整个产业链发生改变。一般来说，供应链通常包括一级和二级供应商，其中一级供应商提供芯片和底层操作硬件，然后交由主机厂进行组装。然而，未来将出现新的产品，形成一个全新的产业链，供应商从 1 级过渡到 1.5 级。这个概念最初由清华大学提出，现在已经成为整个行业的共识。1.5 级供应商的特点是硬件和软件、技术层和应用层之间的解耦，同时可以统一上下游，打通数据标准，上面提到的五个技术平台和新产品定义就是按照这种方式推进的。

对于智能网联汽车新的技术路线与新的产品形态，中国拥有发展优势。一方面在于我国拥有全球最大的汽车市场和新能源汽车市场，另一方面在于我国在网联化方面具备全球领先优势。我国的信息技术与移动通信技术走在国际前列，在 ICT 领域强大有力且积极活跃，所以国外同行十分愿意与我们合作。此外，中国政府也拥有强大的推动力，在促进信息化与工业化的融合方面作出了巨大努力，国家基础设施建设也在迅速发展。我们提出的中国方案，也得到了国际同行的认可。我们相信，如果按照这个方案推进，中国将具备最为有力的技术和产业发展基础，拥有明显的优势。

五、清华大学的成果与贡献

前面讲解了中国智能汽车产业发展的特点，我国在汽车产业和交通产业方面具有开放性，信息通信企业也非常活跃，此外，我国政府积极推动数字中国、两化融合和制造业强国的发展。可以说，我国从国家层面到产业层面已经形成共识，正在创新道路上大步前进。同时，清华大学在这一进程中也作出了积极贡献。

（一）车路云一体化融合系统

让我们考察一下智能汽车的"最强大脑"——中国方案中的车路云一体化融合系统。这一系统如何实现？它的架构、基础和关系是什么样的？清华大学的团队已经在这个领域研究了多年，对于这些问题，我们提出以下架构。具体来看，未来的汽车在行驶过程中不断传递信息，将信息传送到边缘云端和路侧设备，在路侧边缘云这一阶段，迅速进行信息的收集、融合、分析和判断，然后将决策信息快速传送回汽车，以支持其行驶。因此，在车辆行驶时，它不仅依靠车辆上的感知、决策和控制系统，还依赖基础设施单元提供的信息支持。我们所提到的云控系统并不是指通过云端来直接控制汽车，而是指云端为汽车提供额外信息和支持。此外，我们对于实时性的决策控制，构建了边缘云，对于区域性的调度管理，构建了区域云，对于全国范围内的整体管理和调度设立了中心云。以上就是车路云一体化融合系统的架构，我们将其称为"最强大脑"，即车脑和云脑的融合。

在完成对车路云一体化融合系统架构的构型与性能分析基础上，还要实现相关具体功能。包括超视距感知、路段协同控制以及路口协同控制等。首先，与常规架构相比，这个架构的独特之处在于其超视距感知能力，过去车辆上的传感器看到的距离不超过 200 米，而现在的架构被称为"上帝视角"。通过路侧设备形成一种协同感知，可以实现前后数百米甚至数千米的超视距感知，同时还需要实现车辆行驶的协同调度。其次，在道路上行驶时，车辆通常只能了解到有限距离内的路况，所以需要辅以路车云支撑单元，从而了解更多路况，提前进行主动变道等操作。此外，交叉路口等区域往往情况复杂，易发生交通事故，有了这套系统之后，能够将感知、决策和控制整合为一个系统，使车辆、道路和云端形成协同，实现更安全地行驶。最后，要注意，我们并不是单纯依靠路侧和云端来控制车，而是在它们作出决策后，依靠车辆来最终实现，使云脑和车脑融合，共同形成真正具有判断和决策能力的最强大脑。理论方法研究完毕后要做工程化的应用，所以在构建完以上架构后，我们实际上也在开展具体的技术研究，支撑企业开发技术产品。例如清华大学研发的实时的数字孪生项目，将现实信息进行映射，通过云控制进行调度管理，其间还考虑到了应用节能。

（二）清华未来交通 T^3-S^3 行动计划

清华大学建立了未来交通 T^3-S^3 行动计划。其中，T^3 是指 Tsinghua Transportation Technologies，即清华、交通及技术；S^3 是指 Smart new-energy vehicles，Smart infrastructure，Smart mobility，即智能新能源汽车、智能基础设施以及智能出行系统，三者之间相辅相成、层层递进，构成一个面向未来的智能交通系统。该计划以建立"未来智能交通系统"为总体目标，以清华园区为创新实践与示范基地，进行十院系联合，充分发挥多学科交叉优势，创建未来智能车辆、智能道路、智慧出行一体化的技术体系和发展范式，引领交通出行模式变革，聚焦解决我国城市道路交通面临的安全、拥堵、便捷、能源等问题，实现未来智慧出行。同时，由于智能化需要与交通产业实现强耦合，清华大学正在努力把工业界与学术界联合起来，并大力支持学生在高科技领域创业。

清华未来交通 T^3-S^3 行动计划具有广阔的应用前景。例如使用车路云一体化协同控制技术开发能够"预见未来"的智能卡车；2016 年长安汽车公司实现亚洲最长里程——2 000 千米的智能驾驶，其支撑技术正是出自清华大学；清华大学正在研发可以自动绕行、停车、判断行人的无人驾驶公交车等。

在进行理论探索和技术突破的同时,清华大学也在积极与工业界结合,在此过程中不断发现新问题,应对新需求,思考自动驾驶的应用新场景。目前,人工智能往往应用在感知领域,由于人工智能具有深度学习和强化学习的功能,那么是否可以利用这种学习判断能力进一步发展智能汽车的综合能力?是否可以借此模仿人脑,把决策和控制融为一体?是否可以把数据映射到云端,并联合决策来使智能汽车行驶通过复杂场景?这也是我们目前正在努力攻克的难题,清华大学正在开发能够通过复杂交叉路口的智能车辆算法。除此之外,清华大学与企业合作研发自动超长组队行驶的智能汽车,能够实现超过50辆智能汽车连续自动驾驶,这也创造了一项吉尼斯世界纪录。研发自动超长组队行驶的智能汽车需要突破多项关键核心技术,具体来看,单车在建立联系后形成复杂系统,而这一系中包括车、空间尤其是通信等多个模型,通信模式与控制器存在不同,进而要分析车辆队列的构型与动态特征,然后再进行决策控制达到最后的实现,其中还涉及万物互联的通信技术以及实体技术的整合。总之,这是一种理论、技术、应用三位一体的创新科研模式。

六、未来的挑战与对策

万物互联的智能交通技术受到国内外的高度重视,我国拥有自己的发展路线,清华大学也在积极探索并取得了重要的阶段性成果。但在大范围、多场景下真正实现万物相聚与万物互联的智能交通,还存在着一系列的挑战,需要我们积极应对。

(一)智能汽车发展面临的挑战

智能汽车发展面临重重挑战,其中第一个挑战是面对"模糊世界"。

准确判断外部情况是自动驾驶的重要任务，目前智能汽车已能区分典型环境目标，但仅仅依靠车上的传感器或者云端传感器不能达到百分之百准确，其中还存在许多等待完成的工作。同时，机器感知性能受雨、雪、雾、霾、强光和沙尘等影响显著，目标重叠、雨雪、强光、车道线模糊和能见度低都会影响判断和行驶。

智能汽车发展面临的第二个挑战是"不够聪明"。智能汽车不外乎是替代人操作，那么就引出了机器对人的能力模拟程度的问题。从昆虫到鸟类再到一些哺乳动物，大脑中的神经元数目不断增加，其中人类的神经元数量远远超过其他动物，而现有自动驾驶的智能性还处于一个较低阶段，与人类的智能相差很远。所以，虽然人工智能充满魅力也充满着希望，但要将人工智能发展到人类的智能水平依然任重道远。在此过程中，要抱有信心，同时探索和采用正确的方法，了解物理对象，着力于人工智能三要素——数据、算力、算法，不断研发先进算法，增加算力数据，最终实现高质量发展。

智能汽车发展面临的第三个挑战是互联不足。未来是万物互联的，只有完成连接才能实现数据增值。目前，尽管有 4G/5G、Wi-Fi、DSRC 以及卫星和定位导航等各种通信技术，但连接程度依然不够，所以对于通信设施，一方面需要大力发展技术，另一方面需要提升通信设施的产品质量。在有了较好的连接装置基础上，还需要发展理论与算法来解决一系列问题，例如在通信不足的情况下提高控制可靠性的问题，就需要装备性能与分析计算能力同时提升。

智能汽车发展面临的第四个挑战是信息安全。科幻电影中常常出现这样的情节，人工智能完全负责信息的处理与运行，而在这种情况下如果黑客入侵系统并掌控了数据，那么就极大损害了信息安全。现实中，我们也需要思考如何保护信息系统不受侵犯，如何防止数据被盗取等一系列信息安全的问题。信息安全不仅涉及产品性能，而且涉及公共安全与社会发展，所以我们要积极投入研发，突破困难，保障信息安全。

（二）积极应对智能汽车发展挑战

如何应对智能汽车发展所面临的一系列挑战？目前我们面临的竞争是产品的竞争，而产品背后是技术，技术背后是人才。因此，应对挑战最重要的是培养人才，同学们未来要承担起实现交通与汽车强国这一重任。具体来看，积极应对挑战需要做到以下三点。

第一是要掌握丰富的科技知识。智能汽车是一个需要高科技支撑、需要跨界交叉发展的产业，所以掌握丰富的科技知识是首要条件。发展智能汽车不仅涉及信号处理、人工智能、控制结构等理工领域的知识，还涉及科技伦理、法律法规等人文社科领域的知识。只有掌握了丰富的知识，才能把这项技术与社会紧密地结合起来。

第二是要发扬勇敢的探索精神。智能汽车产业依然面临着众多挑战，面对这些困难，同学们要发扬勇敢无畏的精神，积极努力探索，这样才能突破技术难题，实现智能汽车的创新与发展。

第三是要培养高尚的家国情怀。要认识到国外在技术方面"卡脖子"会对我国产业及社会安全造成严重影响，必须从国家安全的角度认识到发展智能汽车的重要性。所以同学们要努力学习与实践，积极完善与提升自己，一起来迎接挑战，投身于我国发展万物互联与智能交通的事业当中。

新一代高新技术正引发汽车交通产业颠覆性变革，为我国汽车交通产业带来重要的发展机遇。青年同学要"立大志、担大任"，为实现建设交通强国、汽车强国这一国家使命而努力奋斗！

本 讲 小 结

交通现代化是中国式现代化的重要标志之一,是构建新发展格局的重要支撑和服务人民美好生活的坚实保障。车辆作为人类"衣、食、住、行"四大基本需求中"行"的重要载体,影响着国计民生,是国民经济的主战场,是国防现代化的国之重器,也是世界大国竞争的重要领域。当前新技术发展正引发汽车交通产业颠覆性变革,低碳化、电动化、智能化、网联化成为车辆行业的未来发展趋势,为我国交通现代化带来重要的发展机遇。

第六讲

全面依法治国与法治中国建设

| 中国式现代化十二讲

张明楷
清华大学法学院教授

　　清华大学文科资深教授，清华大学学术委员会委员，法学院学术委员会主席。中国刑法学研究会顾问，中国检察理论研究会副会长，中国警察法学研究会副会长，全国政协参政议政人才库特聘专家，国家"五五""六五""七五""八五"普法讲师团成员。科研成果多次获教育部高等学校人文社会科学研究成果奖等奖项；曾获司法部部级优秀教师、司法部先进老师、全国优秀留学回国人员、全国杰出中青年法学家、北京市高等学校教学名师等称号。

中华人民共和国
宪　　法

法学被公认为世界上最古老的学科之一。可以说，法律包围着我们，无所不在，所以对法律我们应当熟悉而不是陌生；同时，法律也保护着我们，无所不能，所以对法律我们应当亲近而不是冷淡。其中，法律往往对青少年和儿童的保护最无微不至，我国法律更加重视这个方面。例如，我国宪法第46条指出，"国家培养青年、少年、儿童在品德、智力、体质等方面全面发展"。这是其他国家宪法所完全没有的。此外，我国还制订有未成年人保护法、教育法等。在座的各位同学作为青年，作为法治的最大受益者，一定要成为法治的倡导者和建设者，投身到全面依法治国这场国家治理的深刻革命中去。

一、全面依法治国与法治中国建设基本概念辨析

了解全面依法治国与法治中国建设，首先要辨析相关的基本概念。

（一）法治与人治

法治与人治是一对相互联系、相互对立的概念。理解法治的含义要先理解统治这一概念，统治是指运用权力治理国家；权力，是处于社会关系中的行动者即使在遇到反对时也能实现自己意志的可能性。权力具有强制性，这就给予了统治者为所欲为的可能，从而会使得被统治的人民缺乏安全感。

法治即法的统治，其主体是法律，虽然法律同样具有强制力，但是法律的强制是事前明文规定的，完全可以避免一方出于个人意愿对另一方行使强制力，因此能够保障自由与平等。法治是人类社会的一种价值追求，它的实体状态是法治国家、法治政府、法治社会。

人治就是人的统治。人治不一定没有法律，但人治最大的特点在于统

治的目的与权能都没有受限制，即不管形式上有没有法律，都不能确保统治是依法进行的。在通俗意义上可以理解为统治阶级进行统治只是为了实现自己的利益，而非为了实现人民的权益，所以在此情况下法律可以随意规定。人治的形态大体包括无法而治、以法而治与中间形态三种。具体来说，无法而治形态是指没有法律与规章，由个人按照一己的意志与反复无常的性情领导一切；以法而治形态下，虽然国家的整个活动采取了法律的形式，但国家的统治目的和统治权能没有受到任何限制。纳粹德国就是一个典型的例子，虽然在部门法意义上纳粹时期的德国具有健全的法律，但这些法律都是为了维护当时统治者的统治，所以这类国家充其量只能叫作"法律国家"，而不是法治国家；人治的中间形态就是指既存在部分法律，同时统治目的和统治权能没有受到限制，甚至已有的那部分法律也未必能够被严格执行。

1978年12月13日，邓小平曾对法治作出重要讲话，必须使民主制度化、法律化，使这种制度和法律不因领导人的改变而改变，不因领导人的看法和注意力的改变而改变。现在很多法律还没有制定出来，往往把领导人的话当作"法"，不赞成领导人的话就叫作"违法"，领导人的话改变了，"法"也就跟着改变。这种状况必须改变。邓小平提出的必须改变的"这种状况"就是人治状况，人治的基本表现是权力不受限制，这里的权力特指公权力，是说国家机关及其工作人员以及事业单位等行使公权力的组织或人员可以恣意行使权力。"文化大革命"时期定罪量刑的案件就是具体的例子。例如，当时"未婚妻"的概念较为流行，虽然军人与未婚妻尚未结婚，但如果跟军人的未婚妻谈恋爱并且结婚，就往往会被定罪处罚。由于当时没有相关法律规定，对一些行为，国家机关想定什么罪就定什么罪，想怎么处罚就怎么处罚。这就不是法治。

这就引出了一个相关的问题，即没有刑法时也可以惩罚一切"犯罪"，为什么还要制定刑法？制定刑法是否限制了我们惩罚罪犯的手脚？刑法确实对惩罚犯罪进行了限制，但必须肯定的是，如果可以随意定罪量刑，一般人就失去了预测可能性，不知道什么行为是犯罪，也不知道什么行为会受到刑法处罚，就造成了行为的萎缩，就失去了自由。但如果制定了刑法，就使定罪量刑规范化了，只有行为触犯了刑法，构成了刑法所规定的犯罪，才能依照刑法规定定罪量刑。所以，关于刑法有一句名言——刑法既是善良人的大宪章，也是犯罪人的大宪章。这就是说，刑法规定了各种侵害法益的犯罪，在保护了善良人法益的同时，也保护了犯罪人的法益，犯罪人在犯罪后只能根据刑法的规定受到处罚，而不能被随意处罚。

法治与人治的基本区别主要有两点：一是统治的主体是法还是人；二是统治的方法是否恣意，即是根据预先制定的合理的法进行统治，还是根据不同场合不同统治者的恣意进行统治。具体来说，如果统治的主体是人，人依照自己的意志实施统治行为，那么就是人治；如果统治的主体是法，是法在指挥、制约国家工作人员的行为，法律规定了国家工作人员在不同情况下必须有作为或不得作为，如果违反法律随意行动就是犯罪，统治的方法不是恣意的，而是依据事先制定的明确的、合理的法进行的，那么就是法治。

习近平指出："法治和人治问题是人类政治文明史上的一个基本问题，也是各国在实现现代化过程中必须面对和解决的一个重大问题。综观世界近现代史，凡是顺利实现现代化的国家，没有一个不是较好解决了法治和人治问题的。相反，一些国家虽然也一度实现快速发展，但并没有顺利迈进现代化的门槛，而是陷入这样或那样的'陷阱'，出现经济社会发展停滞甚至倒退的局面。后一种情况很大程度上与法治不彰有关。"习近平还强调："一个现代化国家必然是法治国家"。

要实现法治，就需要达到两个目标。首先，必须有预先制定的法，而且必须是善法；其次，要确保统治是依法进行的，就是说官方的行动要与法保持一致。这就要有一个公正的司法，当官方行动与法不一致时要由法官进行裁判，这一点尤为重要。

我国古代有一句话叫"徒法不足以自行"，习近平指出："法律的生命在于付诸实施"。法律本身是一种文字表述，需要人来执行与适用才能实现法治。于是，关于法律的适用就会存在疑问，即法律需要人来执行与适用，不同的人对同一法条会作出不同的解释，这是否意味着法治中包含人治，或者说人治与法治没有区别？例如，刑法第263条规定："在公共交通工具上抢劫的"处10年以上有期徒刑、无期徒刑或者死刑。在公交车外持凶器抢劫公交车内人的财物的，是否属于"在公共交通工具上抢劫"？再如，盗窃他人网络游戏装备的，是否属于刑法第264条规定的盗窃"财物"？还如，行为人在公共场所裸露身体的行为，属于公然猥亵，但在我国刑法没有规定公然猥亵罪而规定了传播淫秽物品罪的立法例下，可否将这种行为认定为传播淫秽物品罪？关于如何确定法律的含义或者说如何适用法律的问题，英裔美国诗人奥登写了一首诗，这首诗名叫《法律像爱情》，其中有一段是：

Law, says the judge as he looks down his nose,

Speaking clearly and most severely,

Law is as I've told you before,

Law is as you know I suppose,

Law is but let me explain it once more,

Law is The Law.

这段诗翻译成汉语是：

法律，

法官垂下眼帘自问，

他清晰并郑重地说,

法律是我曾告诉过你的,

法律是我认为你已经知道的,

法律是,

好吧,

让我再给你解释一遍,法律就是法律。

从诗中可以看出,一方面,法律离不开法官的解读;另一方面,法官也不能够完全说清楚每条法律的含义。尽管如此,人治和法治还是可以区分开来的,两者之间存在显著差别,因此要更加深刻地理解法律的特点。

第一,要求法律具体、明确到不需要解释的程度是一种幻想。在历史上有许多人曾要求法律必须明确到不需要解释的程度,这实质上是把法官矮化为自动售货机,只要把案件输入到法官大脑就可以自然得出结论,而无须思考。但这显然是不可能的。例如,德国民法典第2247条规定,手书遗嘱签名要在页面下方,而有一位立遗嘱的人因为纸张大小不够所以把自己的签名写在了页面旁边,结果这份遗嘱被法院判定无效。这种拘泥于形式的判定显然过于机械,使法律丧失了生命力与实现正义的能力。

第二,执法者与司法者受法条目的与文字可能具有的含义的制约。有的人说文字太奥妙,有的人说文字不靠谱,文字有时言不尽其意,于是产生了许多言外之意。例如,我们积极推广的"光盘行动",有

光盘行动公益广告

人可能钻牛角尖认为把盘子里的菜吃完但碗中的米饭剩下的，也符合"光盘行动"，因为米饭放在碗中而不是放在盘子中，"光盘行动"不包括"光碗行动"。但这样的理解不可能被我们接受，我们肯定会认为"光盘行动"中的盘包括碗在内。那么，怎么理解"光"呢？大家熟知的一道菜"水煮鱼"，如果我们把鱼吃完了，还剩下半碗油时，我们要把油喝光吗？当然不是。显然，我们要根据"光盘行动"的目的来理解这个表述。此外，法律还会有编辑错误。例如，法国铁路法有一条规定，乘客必须在列车完全停稳前上下车。此处用词有明显错误，但人们还是会理解为在完全停稳后上下车。再如，英国有一条法律规定，一个人在其前妻或者前夫还活着的时候再结婚的，构成重婚罪。但既然是前妻或前夫，就表明已经离婚了，当然不再影响下一段婚姻关系。所以，人们还是会理解为，如果一个人以前结了婚，但在他/她的妻子或者丈夫还活着的时候再结婚的，是重婚罪。这就是从法条的目的出发来理解的。正因为如此，执法与司法必须符合法条的目的，而且不能超出用语可能具有的含义。我再举一例进一步加深理解这项基本要求。我国刑法第243条规定："捏造事实诬告陷害他人，意图使他人受刑事追究，情节严重的，处……"那么如何处理自我诬告与得承诺诬告呢？比如一个人欠债太多而被逼得无处安身，于是就到公安局自我诬告，想借此躲在监狱防止被追债，这种行为就不能构成诬告陷害罪，因为诬告陷害罪的对象特指他人，这就体现了文字可能具有含义的约束。再比如，一个乞丐到了寒冷的冬天无处可去，于是就同另外一个人商定，让对方诬告自己盗窃。对方的诬告行为表面上符合了刑法第243条的文字规定，但依然受到法条目的的制约。这就是说，必须明白刑法第243条的目的何在，法律基于什么目的规定特定的对象与禁止的行为。诬告陷害罪被规定在我国刑法分则第四章，这一章的章名是"侵犯公民人身权利、民主权利罪"，所以设立诬告陷害罪的法条是为了保护人的人身权利。换言之，只有当诬告陷害行为侵犯了被害人的人身权利时才能被定为诬告陷害罪。在这个案例中，诬告的行为得到了乞丐的同意，所以并没有侵犯乞丐的人身权利。那么，如何得知法律的目的呢？有一句俗语说得好，"法律不知父母，只知真实"，得知法律目的并不是去询问立法者，这样做反而变成了完全依照起草人的想法行事，就从法治变成了人治。法律从业者们要对法律进行研究，考虑法条的体系地位、文字表述，考察各种事实情况，从而确定法律的目的。

第三，党和国家一直强调和重视建设一支高素质的政法队伍。保障司法队伍的质量尤为重要，许多国家都设置了严格的司法考试，如20世纪90年代以前的日本，司法考试通过率只有1%，据说最终通过司法考试的人平均考了五年。司法考试之所以如此严苛，就是为了保证法官能够准确地领会法条的目的，把握法律的精神。2014年10月23日党的十八届中央委员会第四次全体会议通过的《中共中央关于全面推进依法治国若干重大问题的决定》提出："大力提高法治工作队伍思想政治素质、业务工作能力、职业道德水准，着力建设一支忠于党、忠于国家、忠于人民、忠于法律的社会主义法治工作队伍，为加快建设社会主义法治国家提供强有力的组织和人才保障。"除此之外，对司法活动进行监督也十分重要，现代国家都会建立对司法活动的制约监督机制。2022年党的二十大报告也指出要"强化对司法活动的制约监督，促进司法公正。加强检察机关法律监督工作。"

（二）法治与法制

法治与法制也是一对十分相似但其实存在差别的概念。

法制从字面上可以理解为法律和制度，是一国或一地区法律制度的简称。法制主要有两种含义：一是静态意义上的法律和制度，即法律制度，在使用法治概念后，法制主要是指法律和制度；二是动态意义上的法律，即由立法、执法、守法、对法律实施的监督等各个环节构成的一个系统。

法治则包含丰富的含义，其中最为核心的含义是指一种宏观的治国方略，即"依法治国"。当我们提及某个概念的时候，通常从现有的概念出发，思考依此能否解释所有现象，如果不能就需要从核心概念出发向外扩展形成边缘含义，甚至进行新概念的创造。思考法治概念时同样如此，"依法治国"的核心含义衍生出了理性的办事原则、民主的法制模式与理想的社会状态等众多边缘含义。说法治是一种理性的办事原则，是指法治一词经常被理解为"依法办事"，有时也指依法办事所形成的法律秩序；说法治是一种民主的法制模式，是指法治被理解为"以民主为基础和前提的法制"，可谓"多数人之治"；说法治是规则之治、良法之治，就是站在治理工具、手段的角度上而言；说法治是一种理想的社会状态，则可以理解为人人都可以不受干涉地做法律没有禁止的事情，极大体现了自由平等。党的二十大报告第七部分的标题是"坚持全面依法治国，推进法治中国建设"，就是要采取法治这样一种治国方略，实现法治这样一种理想的社会状态。

法治和法制之间既存在区别，又相互关联。它们的区别主要在于四个方面。一是两者属不同范畴的概念，二是两者所回答的问题实质不同，三是两者存在的历史类型的国家不同，四是两者与"人治"的关系不同。其中，第四点是最重要的差别，即法制与"人治"不是对立的，而法治与"人治"则是相互排斥、互不相容的。法治和法制之间的关联在于，首先，"社会主义法治"和"社会主义法制"两个概念均被使用；其次，没有法制就谈不上法治，法制是法治的基础和前提，任何法治都离不开法制；最后，法治对法制提出明确的要求，一个国家实行法治，则必然要求法律的

法治与法制的区别与关联

法制	法治

▶ 两者属不同范畴的概念 ◀

- 法制主要属于制度范畴
- 法治是一种治国的方略、原则和方法，是相对于"人治"这一概念而言的

▶ 二者所回答的实质问题不同 ◀

- 法制主要回答统治者的意志表现为什么的问题（为了谁）
- 法治还进一步回答统治者的意志是否具有社会的正当性，以及用什么方法来治理国家以实现其意志的问题

▶ 两者存在的历史类型的国家不同 ◀

- 法制可以存在于任何历史类型的国家
- 法治作为商品经济和民主政治的产物只存在于资本主义和社会主义国家

▶ 二者与"人治"的关系不同 ◀

- 法制与"人治"不是对立的
- 法治与"人治"则是相互排斥、互不相容的

法制	法治

"社会主义法治"和"社会主义法制"两个概念均被使用

- 自1999年第13条宪法修正案以后，尤其是2014年十八届四中全会通过《全面推进依法治国若干重大问题的决定》以后，"社会主义法治"概念被普遍使用
- 与此同时，"社会主义法制"依然被继续使用
- 学理上使用"社会主义法制"概念时，一般指法律与制度，而且多强调"法制完备性""法制统一性"问题

法治对法制提出明确的要求

- 法治的理论与原则，是一个国家法制建设的重要指导思想
- 在当代中国，只有根据法治的要求，才能推动社会主义法制建设
- 一个国家实行法治，则必然要求法律的内容符合法治的要求，要求法律具有社会的正当性，能够适应社会发展的要求
- 法治促使法制不断得到完善

法制是法治的基础和前提，任何法治都离不开法制

法治是法制的升华和提高

内容符合法治的要求，要求法律不断发展，能够适应当前国家发展的要求。因此总的来说，法制是法治的基础和前提，而法治是法制的升华和提高。

（三）依法治国和以法治国

依法治国和以法治国，两者之间一字之差，但是含义完全不同。

以法治国是韩非子的法律思想，他曾提出"故以法治国，举措而已矣"。其中，法是一个工具。在先秦时期关于如何治理国家存在不同的观念，有人主张以礼治国，也有人主张以德治国，有人甚至主张即使制订了法律也不能公开。例如，郑国的子产铸刑鼎，也就是把刑法镌刻在大鼎上，他的好朋友晋国的叔向在听说后便给他写了一封信提出异议，说自己曾经对子产的治国方式抱有很大希望，而铸刑鼎的行为则令自己大失所望。叔向说："民知有辟，则不忌于上，并有争心"；"锥刀之末，将尽争之"。这是说，先王遇到事情的时候都是临时决断和给予处罚，而不是事先公布刑法，因为如果提前公布了刑法，老百姓就不把官员放在眼里了，他们只会争论处罚究竟在依据哪条法律条文。今天我们律师、检察官、法官等辩论也是如此，我们用现代的眼光来看当然并无不好，因为法律就是用语言而非暴力解决各种纠纷。不过在当时不是这样，叔向还说："夏有乱政而作《禹刑》，商有乱政而作《汤刑》，周有乱政而作《九刑》"。然后说"三辟之兴，皆叔世也"；"国将亡，必多制"。在叔向看来，这三个朝代的末世才兴起刑法，换言之，郑国制定刑法就意味着即将迎来末世，所以建议子产不要公布刑法。对这个故事我想说两点：一是叔向拘泥于过去，只将目光放在先王身上，而不能与时俱进；二是叔向颠倒了因果，末世的到来并不是因为制定刑法，相反，如果早点制定法律反而可能会避免末世的到来。

依法治国	以法治国
依法治国是指治国必须依法，治理的对象主要是公权力。对人民而言，法律是最保险的头盔。	先秦法家倡导的以法治国的主体是国家机关，治理的对象是老百姓。
依法治国以民主为基础，强调立法机关根据人民意志制定法律，国家机关及其工作人员不得侵犯人民自由权利，一切行为必须具有法律根据。	以法治国的本质仍然是人治和专制，法只是君主实行专制统治、侵犯人民自由权利的手段。
法律是准则	**法律是工具**

依法治国与以法治国的基本区别在于，法律在依法治国的条件下是准则，而在以法治国的条件下是工具。当代"依法治国"是指治国必须依法，主体是人民，治理的对象主要是一切滥用国家权力的人员及其行为，所以法必须是良法，不仅不能制定恶法，而且即便存在恶法也不能执行，于是许多国家都有宪法法院，对法律进行审查，并宣布恶法无效。而"以法治国"的主体是国家机关，治理的对象是人民，所以法律作为工具只要对统治者有利即可。

（四）法治国家与法治中国

法治国家与法治中国的概念较难区别。法治国家或法治国（Rechtsstaat）是德语中最先使用的一个概念。19世纪初，德国的市民阶层逐渐壮大，要求国家对个人权利提供更加明确和稳定保护的呼声高涨，并为排除国家权力对个人自由的不当干预开展了不懈的斗争，市民阶层要求对国家权力进行制衡，以市民社会为基础建立法治国家。法治国家的核心内容，通常是指国家权力受到制约和限制，同时个人的自由权利得到保证。在我国，"法治国家"一词最早由学术界提出，党的十五大报告中提出要"依法治国，建设社会主义法治国家"，从而使该词转化为政治命题，1999年的宪法修正案，使"法治国家"成为具有效力的宪法规范，从而变成了一个法律命题。法治国家的规范内涵包括实质意义与形式意义的统一以及法治国家与法治社会的统一。具体来看，我国宪法规定的"法治国家"既包括实质意义的法治国家，也包括形式意义的法治国家，是两者的统一。其中，形式意义的法治国家以法律为中心，只要国家活动（如对国民自由的限制）形式上符合法律，就达到了法治国家的要求；实质意义的法治国家不仅要求国家活动受法律的约束，而且要求法律本身具有社会的正当性，国家有义务实现社会的公平与正义。可以说，实质意义的法治国家是形式意义的法治国家的补充和发展。法治国家有广义与狭义之分，狭义的法治国家，一般是指作为市民社会上层建筑的国家通过法治实现治国理政，而我国宪法上的"法治国家"是指广义的法治国家，既包括法治国家，也包括法治社会，是法治国家和法治社会的统一。

法治中国最初是一个学术命题，在2004年由学者提出，后来才成为政治命题。2013年1月，习近平在全国政法工作会议上提出："全力推进平安中国、法治中国、过硬队伍建设"。从这时起，法治中国成为主流的政治命题。一般认为，法治中国由"法治国家，法治政府，法治社会"构成。

关于法治国家与法治中国的关系，存在两种基本观点，一是法治中国与法治国家同一论，二是法治中国是法治国家的升华与深化。我认为后者更为可取，因为仅提出法治国家还没有使法治中国成为宪法命题，所以法治中国的提出具有重要意义，它强调要建设中国特色社会主义法治国家，而非按西方标准建设法治国家，因此可以认为法治中国是法治国家的升华与深化。

二、全面依法治国与法治中国建设的发展历程

我国法治建设经过了长期的发展历程，这段历程可以分为四个阶段。

（一）1949 年至 1956 年

第一个阶段是 1949 年至 1956 年，新中国成立初期，国家在废除旧法统即国民党"六法全书"的同时，抓紧建设社会主义法制，初步奠定了社会主义法制的基础。1949 年 9 月我国制定了《中国人民政治协商会议共同纲领》，集中体现了中国共产党对建立新的国家的基本主张，反映了各民主党派和全国人民的共同要求，成为过渡性"临时宪法"。

《中国人民政治协商会议共同纲领》

（二）1957 年至 1977 年

这一时期法制建设的步伐明显放慢、法制建设遭遇严重挫折，特别是"文化大革命"时期，法制建设遭到了严重破坏，立法数量少之又少，几乎处于完全停滞的状态。国家仅在 1975 年制定了一部宪法，这部宪法受到当时"左"的思想的严重影响，未能在法制建设领域发挥应有的作用。除"七五宪法"外，只是出台了一些带有明显时代特点的制度、规定，这些制度、规定并没有也不可能很好地推动法制建设的发展。如这期间存在劳动教养制度，劳动教养不经过审判程序，只需要公安局决定，时长一年至三年，如果在此期间不遵守纪律还会被再延长一年。这种做法显然不符合法制，2013 年该项制度被废止。

（三）1978 年至 2012 年

从 1978 年至 2012 年，这一时期真正开始了法治建设，不过初期速度

比较缓慢，甚至还存在一些并不符合法治要求的现象。比如1982年《关于严惩严重破坏经济的罪犯的决定》，以及1983年《关于严惩严重危害社会治安的犯罪分子的决定》，它们都采取了一种不利于被告人的溯及既往的做法，不符合法治原则。

1997年，党的十五大报告正式提出"依法治国，建设社会主义法治国家"，明确"将依法治国作为党领导人民治理国家的基本方略"；1999年，"实行依法治国，建设社会主义法治国家"被写入宪法；2002年，党的十六大报告继续强调了依法治国的基本方略；2004年，"国家尊重和保障人权"也被写入宪法，这就正式确立了我国法治建设的伟大战略目标，表达了中国特色社会主义法治文明理念；2011年，我国庄严宣布中国特色社会主义法律体系已经形成，对中国来说这是一个具有历史性意义的事件。

总的来说，从1978年到2012年，最重要的就是建设社会主义法制国家中的"法制"转变为建设社会主义法治国家中的"法治"。也就是说，原来我国只强调要制定和完善法律，但还没有强调同时也没有能力确保国家机关及其工作人员都能按法律办事，现在强调社会主义法治国家，就是把依法治国提升到了治国方略的高度，不再是单纯地立法，不是一般地健全法制，而是要建设法治国家。从1978年党的十一届三中全会提出加强社会主义法制到党的十五大报告正式提出"依法治国，建设社会主义法治国家"，从"法制"到"法治"，说明我们党对健全社会主义法治的重要性和建设社会主义法治国家的认识进一步提升了；其间用了近20年的时间，着实不易。

（四）新时代以来

党的十八大以来，以习近平同志为核心的党中央围绕全面推进法治建设作出了一系列重大决策，采取了一系列重要举措。主要包括：2013年党的十八届三中全会作出《中共中央关于全面深化改革若干重大问题的决定》，提出建设法治中国，必须坚持依法治国、依法执政、依法行政共同推进，法治国家、法治政府、法治社会一体建设；2014年，党的十八届四中全会作出《中共中央关于全面推进依法治国若干重大问题的决定》，部署了180多项重大改革举措，开创了党的历史上中央全会专门研究部署法治工作的先河，作出了全面推进依法治国的顶层设计，加快了建设社会主义法治国家的历史进程；2015年，习近平在省部级主要领导干部学习贯彻党的十八届四中全会精神、全面推进依法治国专题研讨班上的讲话中，集中论述了全面建成小康社会全面深化改革、全面依法治国、全面从严治党的逻辑关系，指出全面依法治国是全面建成小康社会的三大战略举措之一；2017年，党的十九大提出了成立中央全面依法治国领导小组等重大举措，强调全面依法治国是"中国特色社会主义的本质要求和重要保障"，是"国家治理的深刻革命"，党的十九大将全面推进依法治国推向了新阶段。

党的二十大报告从六个方面总结了新时代10年的法治建设。第一，社会主义法治国家建设深入推进。我国社会主义法治国家建设实现了三个历史性转变，一是从依法治国转向全面依法治国，也就是说不止包含了法治国家，还包含了法治政党与法治社会；二是从建设中国特色社会主义法律体系转向建设中国特色社会主义法治体系，法律体系只是法治体系的内容之一，这个转变进一步扩大了建设范围；三是从有法可依、有法必依、执法必严、违法必究转向科学立法、严格执法、公正司法、全民守法，进一步强调法律要科学和具备社会正当性，对司法公正作出要求，在理念上有明显进步。第二，全面依法治国总体格局基本形成。全面依法治国是一个系统工程，必须统筹兼顾、把握重点、整体谋划，我国制定了《法治中国建设规划（2020—2025年）》《法治政府建设实施纲要（2021—2025年）》与《法治社会建设实施纲要（2020—2025年）》，不断完善全面依法治国的顶层设计。第三，中国特色社会主义法治体系加快建设。法治体系包括法律规范、法治实施、法治监督、法治保障与党内法规等五个方面的内容。党的十八大以来，我国通过宪法修正案，编纂民法典以及制定和修改其他法律，以宪法为核心的中国特色社会主义法律体系更加完备。第四，司法体制改革取得重大进展。党的十八大以来，我国深化司法体制综合配套改革，司法体制机制的许多方面实现历史性变革、系统性重塑、整体性重构。司法改革的内容多、难度大，包括落实"让审理者裁判、由裁判者负责"的司法责任制，完善知识产权、金融、海事等专门法院建设，加强互联网法院建设，方便群众诉讼等。我国还全面实行立案登记制，建立健全违反法定程序以及干预司法的登记、备案、通报制度和责任追究制，有效地解决了案件审理过程中提前与法官、检察官"打招呼""找关系"的问题。第五，社会公平正义保障更为坚实。党的十八大以来，坚持法律面前人人平等，把追求公平正义、保障人民权利放在突出位置，加快完善体现权利公平、机会公平、规则公平的法律制度，保障公民的各项权利，社会公平正义法治保障制度更加健全。第六，法治中国建设开创新局面。上述法治建设成就的取得，也有我们清华老师的贡献。不过我们也要认识到当前仍存在许多问题，因为依然存在有人在掌握权力后为所欲为的现象，存在权力行使不透明的现象，权力难以受到约束，有的甚至为了一己私利，插手和干预司法个案，这就会影响公正与老百姓的满意程度，所以这些方面要继续加强法治建设，努力在2035年基本建成法治国家、法治政府、法治社会。

《法治中国建设规划（2020—2025年）》

三、全面依法治国与法治中国建设的总体布局

党的二十大报告的第七部分对坚持全面依法治国和推进法治中国建设

作出了重要论述。关于全面依法治国，党的二十大报告指出："全面依法治国是国家治理的一场深刻革命，关系党执政兴国，关系人民幸福安康，关系党和国家长治久安。"关于推进法治中国建设，党的二十大报告提出："我们要坚持走中国特色社会主义法治道路，建设中国特色社会主义法治体系、建设社会主义法治国家，围绕保障和促进社会公平正义，坚持依法治国、依法执政、依法行政共同推进，坚持法治国家、法治政府、法治社会一体建设，全面推进科学立法、严格执法、公正司法、全民守法，全面推进国家各方面工作法治化。"可以说，坚持全面依法治国是整体目标，推进法治中国建设是总体要求。

（一）全面依法治国是国家治理的一场深刻革命

全面依法治国是一场深刻的革命，既有深度又有广度。首先，从法治的核心内容来看，法治意味着法律构成对国家政治权力的实质性限制和约束，任何权力不得位于法律之上，没有人能够超越法律的规定去享有任何特权。习近平强调，要"加强对权力运行的制约和监督，把权力关进制度的笼子里"。所谓的"把权力关进制度的笼子"，其实也是关进法律的笼子。其次，从现实来看，达到这个目标是十分艰难的，因为权力具有天然的扩张性，其特性是满足人的欲望，所以权力被人喜欢、被人追求，进而容易被滥用，一个芝麻大点儿的权力常常被用成西瓜那么大，破坏法治的现象依然很多。习近平在第十八届中央纪委第二次全体会议上的讲话中引用了英国思想家阿克顿勋爵的一句名言："权力导致腐败，绝对权力导致绝对腐败"。另一方面，从历史经验教训来看，法治则较为脆弱，容易受到权力的破坏，法治维护成本高、难度大，甚至在没有完全建成时就要进行维护。打个比方，德国的科隆大教堂自 1248 年始建至 1880 年建成共计历时 632 年，在修建第二部分时就在维修已经建成的第一部分，也就是说科隆大教堂永远都在建设和维护，法治同样如此，建成了法治国家也必须时时刻刻维护法治。最后，从总体要求来看，法治是没有饱和点的理想状态，只有全面依法治国，才能治理好国家。

（二）在法治轨道上全面建设社会主义现代化国家

党的二十大报告指出，必须更好发挥法治固根本、稳预期、利长远的保障作用，在法治轨道上全面建设社会主义现代化国家。法治能够固根本，是因为法律具有稳定性与权威性，国家的根本制度、宪法秩序以及人民的根本利益都需要法律来固定和保护。法治能够稳预期，在于法治是依法统治，法律具有规范性、明确性与可预测性，也是相对稳定的，因此法治能够稳预期。预测可能性和自由几乎是同一个意思，换言之，只要有预测可能性，就有自由，人难以作出选择往往是因为不清楚相应的结果，而如果能够预测到结果就将大大降低选择的困难，所以有了法律，了解法律规定的内容，在法律范围内活动，就有自由。法治能够利长远，同样是因为法律是可预期的、相对稳定的。在此情况下，人们才能够安心创业和放心经营，企业才有活力，人民才敢创新。如果要实现经济长期稳定发展，最重要的因素是哪一个？这是美联储前主席格林斯潘在一次记者会上被询问的问题，格林斯潘当即回答，"没有别的，就是法治"，这是因为法治最有利于市场经济的发展。

我们必须在法治轨道上建设社会主义现代化国家。"在法治轨道上全面建设社会主义现代化国家"，表明了法治轨道是建设社会主义现代化国家的必由之路，也意味着法治和法治现代化被纳入中国式现代化的总体布局，说明推行法治对建设社会主义现代化国家更加具有重要意义。习近平在谈到法律的作用时引用了德国法学家耶林的名言：罗马帝国三次征服世界，第一次靠武力，第二次靠宗教，第三次靠法律，武力因罗马帝国灭亡而消亡，宗教随民众思想觉悟的提高、科学的发展而缩小了影响，唯有法律征服世界是最为持久的征服。习近平还强调："人类社会发展的事实证明，依法治理是最可靠、最稳定的治理"。我国人口规模巨大，实现发展要稳中求进，那么法治是最可靠、最稳定的治理。"没有全面依法治国，我们就治不好国、理不好政，我们的战略布局就会落空"。例如，我国全体人民共同富裕的目标并不是要实现平均富裕，其内在价值是公平与正义，而这也是法律的内在价值和追求。再如，中国式现代化是物质文明和精神文明相协调的现代化，而物质文明要靠法治，精神文明也要靠法治，人与自然和谐共生以及人的全面发展也一定要靠法治。西方一些国家在20世纪50年代、60年代时环境污染严重，正是依靠刑法去处罚破坏环境、妨害资源管理等方面的犯罪而使得环境得到了改善，我国在这方面也要继续努力。同时，我国实现现代化走的是和平发展道路，而暴力则是违背法律原则的，所以法治轨道和中国式现代化建设是紧密相关、不可分割的，离开了法治的轨道，就不可能建成社会主义现代化国家。"治国理政须臾离不开法治"。

在习近平提出"中国式现代化"的概念之后，"中国式法治现代化"这一概念也应运而生，并已成为中国法学研究的时代课题、重点领域、热点问题。中国式法治现代化的特色在于坚持中国共产党领导、以人民为中心、在全过程人民民主基础上推行法治、全面依法治国、赓续中华法治文明以及面向全球化。

（三）坚持中国特色

当今世界，法治逐渐成为国家和社会治理的共同选择，但其具体模式千差万别。这也表明，法治没有永恒不变的标准，实行法治只能是根据本国经济、政治、文化和社会传统的实际情况，加以借鉴参考，而不能照搬照套。这是发展法治的重要指导。我国法律的制定如何让人民满意？如何在中国行之有效？这都是需要思考的问题，而如果离开了我国现行的国情、制度、文化传统与大众的价值观念就不可能解答好这些问题。所以，坚持全面依法治国和推进法治中国建设必须要讲中国特色，符合中国国情，正如习近平所论："走什么样的法治道路、建设什么样的法治体系，是由一个国家的基本国情决定的。"与此同时，我们也要满怀信心。

在此，我想提一下日本的西原春夫先生。他是日本刑法学家、教育家、社会活动家，也是日本刑法学的泰斗，他对中国的发展充满信心。我在1990年结识他，遗憾的是西原春夫先生在2023年1月去世了。西原春夫曾任早稻田大学校长，是一位颇具学问，也令人尊敬的学者，生前多次访华。以下是他曾经说过的一段话："中国要解决的问题艰巨繁杂，但中国的韧性也非常强大。社会主义国家原本就以'朝向特定目标的发展和提高'，即以'变革'作为政策的前提。欧美和日本等所谓的自由主义国家，认为自己的价值观是永久存续的，所以它们很难采取旨在超越现状、建立理想社会的'发展、变化、提升理论'，而这正是这些国家的缺陷。"

西原春夫还特别指出，在人工智能时代，中国优秀的领导层可以正确地利用人工智能来把握民意，使个人利益和公共利益、自由与约束之间做到绝妙的平衡。在他看来，议会民主制的产生是因为一般人没办法随时把自己的意见向立法机关等领导层反映，所以选出能够代表自己意见的代表，但代表在被选出后并不一定代表选举人，也不一定按照选举人当初的想法去行事。而如果在坚持以人民为中心的导向下，进一步使用人工智能就可以实现了解民情的愿望。他说："如果问，这个世界上哪个国家的经济政治结构与即将到来的人工智能时代的经济政治结构最为接近，那么这个国家无疑正是中国。"并且指出："中国正在推进社会主义现代化，而且中国的目标是要在社会主义现代化的延长线上建立马克思、恩格斯梦想却未能实现的社会。但实际上，由于在马克思、恩格斯的时代，人类的智慧未能达到相应的高度，所以他们的梦想未能实现。在人类历史上，中国首次获得了实现这一目标的有利条件。"

四、全面依法治国与法治中国建设的具体任务

坚持全面依法治国与推进法治中国的建设必须落实到具体任务，具体任务分别是：完善以宪法为核心的中国特色社会主义法律体系、扎实推进依法行政、严格公正司法以及加快建设法治社会。

（一）完善以宪法为核心的中国特色社会主义法律体系

宪法至上是由宪法的性质和地位决定的。宪法是国家的政治宣言（国家纲领）、根本大法，是立国安邦、治国安邦、安邦福民的总章程。在现代化法治国家，宪法具有崇高的法律效力。宪法至上是法治现代化的首要特征。当前，以宪法为核心的中国特色社会主义法律体系虽然已经建成，但是还要不断完善。

首先，要坚持依宪治国，坚持宪法确定的中国共产党领导地位不动摇，坚持宪法确定的国体和政体。在梁启超先生之前，政体和国体这两个概念是一体的，是梁启超先生把这两个概念区分开来。我国的国体是工人阶级领导的，以工农联盟为基础的人民民主专政；政体则是国家的政权组织形式，我国的政体是人民代表大会制度。

其次，要加强重点领域、新兴领域、涉外领域立法。有一句俗语说得好，"法官考虑过去，法律斟酌未来"，立法机关在制定法律时必须要考虑到如何应对未来。当前新兴领域如雨后春笋般不断冒出，这就需要思考新兴领域怎么把握立法时机，以及如何解决新兴领域的难题。例如,《中华

人民共和国刑法修正案（十一）》对基因编辑方面的犯罪作出了规定，但依然存在一系列疑问，基因编辑究竟是好是坏？其是否存在危险？存在什么样的危险？再如，人工智能有没有可能成为犯罪主体？要是人工智能学坏了并杀人了该怎么处理？还有，国外企业到中国来办企业并收集了很多数据，它们离开时是否可以带走这些数据？数据归根结底是什么性质？除此之外，涉外立法也是难点，因为立法既需要保证我国的国家利益，同时又要得到国际社会的认同，比如需要在领空外再划一片区域作为国外航空器到达的缓冲区域，那么这片区域多大合适？比如，有一些行为违背了一个国家的法律而在另一个国家并不构成犯罪，这应该如何处理？这些都是需要思考和解决的问题。

再次，要推进科学立法、民主立法、依法立法，统筹立改废释纂，增强立法系统性、整体性、协同性、时效性。习近平指出："不是什么法都能治国，不是什么法都能治好国；越是强调法治，越是要提高立法质量。"立法要反映人民意志、满足人民需求、实现人民愿望，在立法过程中体现民主，立法还要依宪、依上位法、依程序，同时统筹立、改、废、释、纂五种立法工作方式。从程序上看实现科学立法、民主立法与依法立法可能较为容易，但如何使一个法律切实可行、行之有效反而十分困难，如果处理不当甚至可能适得其反。例如，越南胡志明市有一段时间老鼠量多成灾，为了推动除鼠工作，当地政府颁布法规，承诺捕捉老鼠可以获得奖励，结果导致很多人开始特意饲养和繁育老鼠，老鼠的总量比以前更多了。这是立法者万万没想到的，也是立法不科学的结果。

又次，要完善和加强备案审查制度。备案审查工作做到有件必备，有备必审，有错必纠，提高审查的质量，维护国家法治的统一。2023年修正的《中华人民共和国立法法》对完善和加强备案审查制度有进一步的强调，要求所有立出来的法与发出来的文件，都要有备案审查，要确保它符合宪法，确保它具有社会的正当性，立法法的这次修改也是一个重大的进步。

最后，还有一点不能忽略，即必须要坚持科学决策、民主决策、依法决策，全面落实重大决策程序制度。

（二）扎实推进依法行政

党的二十大报告指出："法治政府建设是全面依法治国的重点任务和主体工程。"这句话揭示了依法治国的核心内容。扎实推进依法行政的核心要点就是让行政机关工作人员做到法不授权即禁止，而对一般公民来讲，依法行政就是指法不禁止即自由。具体来看，行政机关工作人员只能做法律允许的事情，法律没有说允许做就不能做，如果利用职权让他人做没有义务做的事情，或者妨害他人行使权利就是滥用职权。例如，日本刑法规定了滥用职权罪，一名女士实施了盗窃行为，负责审理这起案件的法官以私人交际的意图，声称商量向被害人赔偿的事项，夜间将这名女士叫到一间茶店喝茶，法官的这一行为被判滥用职权罪。如果法官让这位女士买单，还可能被多判一个受贿罪。纳粹德国认为滥用职权罪会束缚国家机关工作人员的手脚，于是废除了原先刑法中的滥用职权罪。我国现行刑法规定了滥用职权罪，这一犯罪的设立有助于推进依法行政。我国以前有一些官员反对普法，认为"群众有法我无法，群众无法我有法"，为的就是在群众不懂法的情况下随意行使权力。由此可见，扎实推进依法行政具有十分重要的意义，也相当艰难。

（三）严格公正司法

前面所讲的执法亦称法律执行，是指国家行政机关依照法定职权和法定程序，行使行政管理职权、履行职责、贯彻和实施法律的活动。而司法活动是一种裁判活动，司法亦称法的适用，通常是指国家司法机关依照法定职权和法定程序，具体运用法律处理案件的专门活动。习近平针对公正司法问题引用了英国哲学家培根在《论司法》中的一句名言："一次不公正的审判，其恶果甚至超过十次犯罪。因为犯罪虽是无视法律——好比污染了水流，而不公正的审判则毁坏法律——好比污染了水源。"党的二十大报告也指出："公正司法是维护社会公平正义的最后一道防线。"这其实也是由执法与司法的关系所决定的。

（四）加快建设法治社会

同学们要做一名法治的建设者，需要遵守以下要求。

第一，要知法和守法。比如，有的大学生不知法而把自己的银行卡借给违法犯罪分子使用，甚至在违法犯罪分子实施电信诈骗后还帮助其进行人脸识别，于是构成了犯罪。许多犯罪往往是由于不知法而造成的。大家一定要知法并做到，自己的卡不能借给违法者用，自己的脸不能帮犯罪分子刷。抱有侥幸心理贪财，往往不是成为刑事案件的被告人，就是成为刑事案件的被害人。大学生更不应当知法犯法。同学们一定要明白，知法不是为了犯法，而是为了守法，是要为法治建设作贡献。

第二，一定要信仰法律、信仰法治。习近平曾借用过美国法学家伯尔曼在《法律与宗教》中的名言："法律必须被信仰，否则形同虚设"，并将之引申为："法律必须被遵守，法治必须被信仰，否则就形同虚设。"法的理念作为真正的、正义的、最终的和永恒的形态，还没有被人们彻底认识，也没有被人们充分利用，更没有被完全实现。但是，法的理念的宏伟景象从未抛弃人们。可以说有利益的地方就有犯人，而法律不被信仰就将形同虚设，那么信仰法律和信仰法治就需要增强法治观念与规范意识，心中就一定要充满正义感，这并不是一件难以办到的事情。

第三，要正确地行使权利。我国宪法全面规定了公民的基本权利与义务。习近平指出，中国"奉行以人民为中心的人权理念，把生存权、发展权作为首要的基本人权，协调增进全体人民的经济、政治、社会、文化、环境权利，努力维护社会公平正义，促进人的全面发展。"但大家应当知道，权利不意味为所欲为。一方面，行使权利不得侵犯国家、社会与他人利益；另一方面，不要轻易放弃自己的权利，这不仅关涉自己，而且关涉他人，个人如果放弃权利可能会导致许多人都丧失应有的权利。例如，曾经有个小区，居民每次到门卫那里打电话需要四毛五分钱，许多人嫌麻烦就直接给五毛钱并不要找零了，后来门卫就把打电话的价格提到了五毛钱，这时小区里的居民才醒悟过来，正是自己事先不要找零、事先放弃了权利，才导致电话费从四毛五被提到了五毛。1990年我去日本，有两个日本人带我从东京站出发前往镰仓，他们想把自己的包存在东京站的柜子里，但投进100日元后，柜门出现了故障并未打开，钥匙也无法取出，虽然此时已经比约定出发的时间要晚了，而且100日元在日本还不够支付一站公交车的费用，但二人立即找管理员处理故障。大家不要以为他们只是为了挽回自己100日元的损失，而是因为如果他们不解决这个问题就会导致后续使用柜子的人同样损失100日元，导致管理者不能发现这个柜子出了故障，导致更多人的权利受到侵害。所以，放弃权利并不等于品德高尚，在权利受损的情况下，一定要主张权利、积极行动，使得义务方不再继续侵害他人的权利。

第四，遇到问题时要通过法律途径解决。时常会有同学找到老师，希望能通过老师结识法官并打招呼，或者在请了律师之后希望律师打点法官，这些想法做法都是违背法治的，打点法官就可能犯下了行贿罪。要明白，正义是不能被买卖的，同时，公正需要距离。律师如果与法官审理案件中的某一方存在关系，无论是仇恨还是亲密，都必须回避。所以，通过法律途径解决问题是最好的办法,这也是对依法行政和司法公正最大的贡献。要敢于、善于反对特权,抵制破坏法治的行为。

以法的理念为指导的人生一定是幸福美好的人生。"法律是最杰出的智慧,代代相继,由经久不断的经验构成,经由阳光与真理的检验,精致而优雅。"这是我十分喜欢的一句话,正所谓法律的睿智不能以金钱评价,没有人比法律更聪明,如果我们信仰法律、信仰法治,就一定会成为充满智慧的人,成为高尚而优雅的人。

以上是我们这堂课的内容。最后,我也想向同学们送出一段寄语:希望同学们既要做社会主义现代化国家的建设者,也要做社会主义法治国家的建设者,要成为社会主义法治的忠实崇尚者、自觉遵守者、坚定捍卫者!

本 讲 小 结

党的十八大以来,以习近平同志为核心的党中央从全局和战略高度对全面依法治国作出一系列重大决策部署,推动我国社会主义法治建设发生历史性变革、取得历史性成就。党的二十大报告以专章的形式,对"坚持全面依法治国,推进法治中国建设"作出新的部署,提出"在法治轨道上全面建设社会主义现代化国家"。本讲深入探讨全面依法治国的理念和内涵,法治中国建设的路径和成就,以及增强法治意识和法治素养的重要性。相信在全社会的共同努力下,我国的法治建设必将取得更加辉煌的成就,为实现中华民族伟大复兴的中国梦提供坚实的法治保障。

第七讲

文化自信与文化强国

胡钰
清华大学新闻与传播学院教授

　　清华大学文化创意发展研究院院长。主要研究领域为新闻理论、文化传播、国际传播。兼任国家教材委员会高校哲学社会科学专家委员会委员、文化和旅游部文化和旅游研究基地首席专家、中国新闻史学会中国特色新闻学专业委员会理事长、中国新闻文化促进会副会长、澳门自强文创智库会长。主持国家社科基金、国家艺术基金、国家重点研发计划、国家软科学计划课题若干。曾获教育部高等学校人文社会科学优秀成果奖、北京市哲学社会科学优秀成果奖、北京市教育教学成果奖，研究成果入选《国家哲学社会科学成果文库》。

在以中国式现代化全面推进强国建设、民族复兴伟业的过程中，精神富足是一个重要维度。换言之，既要物质上富足，也要精神上富有。通俗地说，一个是口袋的问题，一个是脑袋的问题。口袋要足，脑袋也要足。饱食终日、无所事事，这不是我们要的现代化。中国式现代化强调精神文明建设，强调文化发展。对一个民族和一个国家而言，文化的重要性是不言而喻的。如果把一个民族、一个国家比作一个人的话，经济是身体，文化是灵魂，政治是大脑。

所以我们说，一个国家、一个民族不能没有灵魂，一个人不能没有灵魂，这个灵魂就是文化。今天这堂课，我帮助大家理解新时代以来中国的文化建设、文化战略、文化理论。希望大家通过今天的课，对中国式现代化有更全面的把握。

一、习近平文化思想

（一）习近平文化思想的提出

习近平文化思想是 2023 年 10 月初提出的，10 月 9 日《人民日报》在头版显著位置以大篇幅报道了 2023 年宣传思想文化工作会议的最新精神。这篇报道中谈道，习近平在新时代文化建设方面的新思想新观点新论断，内涵十分丰富、论述极为深刻，是新时代党领导文化建设实践经验的理论总结，丰富和发展了马克思主义文化理论，构成了习近平新时代中国特色社会主义思想的文化篇，形成了习近平文化思想。

习近平文化思想既有文化理论观点上的创新和突破，又有文化工作布局上的部署要求，明体达用、体用贯通，明确了新时代文化建设的路线图和任务书，标志着我们党对中国特色社会主义文化建设规律的认识达到了新高度，表明我们党的历史自信、文化自信达到了新高度，并在我国社会主义文化建设中展现出了强大伟力，为做好新时代新征程宣传思想文化工作、担负起新的文化使命提供了强大思想武器和科学行动指南。习近平文化思想是一个不断展开的、开放式的思想体系，必将随着实践深入不断丰富发展。

诸位同学要是想了解时事，了解形势与政策，推荐大家要经常读《人民日报》。《人民日报》是我们把握形势与政策的最权威渠道之一。不仅因为我们有研究新闻、研究媒体的需要，更重要的是，通过读《人民日报》，我们可以始终与国家的形势与政策保持同步。

2023年10月9日《人民日报》这个新闻，当天许多老师转发。大家意识到这是一个崭新的、重要的理论成果，需要进行学习研究。在研究习近平文化思想的过程中，要把握核心理念，掌握基本方法，坚持历史与现实的结合、理论与实践的结合、中国与世界的结合，以科学的方法认真阐释与运用。

2023年10月9日《人民日报》第1版

（二）理解习近平文化思想的五个维度

习近平文化思想既有理论观点上的创新突破，又有工作布局上的部署要求，所以是一个兼具创新性和战略性的整体。如何理解习近平文化思想，我认为可以从五个维度来理解：第一，以文化自信凝聚民族精神；第二，以"第二个结合"推动理论创新与思想解放；第三，以文化"两创"理念赓续中华文脉；第四，以文明视野提升国际传播能力；第五，以文化使命感建设社会主义文化强国，激发中华文明现代力量。

这五个维度是一个研究框架，我今天只是把这五个维度提出来给诸位同学参考，相关的学习文章、研究文章会有很多，大家可以研读。

（三）必须坚持"七个着力"

在 2023 年全国宣传思想文化工作会议上，习近平专门作了指示，强调在新的历史起点上继续推动文化繁荣、建设文化强国、建设中华民族现代文明这一新的文化使命，必须坚持"七个着力"：着力加强党对宣传思想文化工作的领导，着力建设具有强大凝聚力和引领力的社会主义意识形态，着力培育和践行社会主义核心价值观，着力提升新闻舆论传播力、引导力、影响力、公信力，着力赓续中华文脉、推动中华优秀传统文化创造性转化和创新性发展，着力推动文化事业和文化产业繁荣发展，着力加强国际传播能力建设、促进文明交流互鉴。

同学们可以运用上面的"五个维度"加强理解，结合"七个着力"去宣传和贯彻，这样对习近平文化思想就有了基本的认识。习近平文化思想是一个基于长期实践和深入思考形成的体系，我们还处在不断学习的过程中。按照"形势与政策"课的要求来看，我们可以从理论和实践这两个方面，对在中国式现代化建设过程中这一新的思想成果和理论成果有一个整体把握。

二、文化自信

（一）坚定"文化自信"

1. "文化自信"的提出

坚定文化自信
习近平为建设文化强国指明方向

文化自信是中国式现代化进程中特别重要的一个标识性概念，我始终认为文化自信是理解文化强国战略的关键理念，现在我觉得需要再补充一句——文化自信是理解习近平文化思想的题眼。题眼就是关键的切入点，通过它能够整体掌握这个思想体系。文化自信这个概念对我们理解习近平文化思想和文化强国建设战略具有极其重要的作用。

文化自信在党的十八大以后提出。2020年9月22日，习近平在教育文化卫生体育领域专家代表座谈会上指出，党的十八大以来，我们把文化建设提升到一个新的历史高度，把文化自信和道路自信、理论自信、制度自信并列为中国特色社会主义"四个自信"。

在这次会议上习近平还指出："我多次强调，要坚定文化自信，推动中华优秀传统文化创造性转化、创新性发展，继承革命文化，发展社会主义先进文化，不断铸就中华文化新辉煌，建设社会主义文化强国。"从文化自信的理念到文化强国的实践，这个过程中最重要的途径就是推动文化高质量发展。

2. "文化自信"概念的发展脉络

我们再来梳理一下"文化自信"这一概念的发展脉络。党的十八大以来，围绕文化建设和宣传思想工作，习近平有一系列重要的讲话、部署。

在2013年8月的全国宣传思想工作会议上，习近平围绕"宣传阐释中国特色"的主题，提出了"四个讲清楚"：讲清楚每个国家和民族的历史传统、文化积淀、基本国情不同，其发展道路必然有着自己的特色；讲清楚中华文化积淀着中华民族最深沉的精神追求，是中华民族生生不息、发展壮大的丰厚滋养；讲清楚中华优秀传统文化是中华民族的突出优势，是我们最深厚的文化软实力；讲清楚中国特色社会主义植根于中华文化沃土、反映中国人民意愿、适应中国和时代发展进步要求，有着深厚历史渊源和广泛现实基础。

"四个讲清楚"从不同角度阐释了文化对于理解、认识、传播中国特色社会主义的重要意义，要充分认识中华民族历史文化与中国特色社会主义道路选择的紧密关系。这"四个讲清楚"对于我们理解中国式现代化道路的"中国式"有着重要的指导意义。

党的二十大报告对"中国式现代化"有详细论述，指出中国式现代化既有各国现代化的共同特征，更有基于自己国情的中国特色。今天的道路基于昨天的历史，今天的政策基于昨天的文化。理解中国式现代化，文化视角是重要的视角。

2013年12月，十八届中央政治局第十二次集体学习的主题是"提高国家文化软实力"。习近平指出："提高国家文化软实力，要努力展示中华文化独特魅力。在5 000多年文明发展进程中，中华民族创造了博大精深的灿烂文化，要使中华民族最基本的文化基因与当代文化相适应、与现代社会相协调，以人们喜闻乐见、具有广泛参与性的方式推广开来，把跨越时空、超越国度、富有永恒魅力、具有当代价值的文化精神弘扬起来，把继承传统优秀文化又弘扬时代精神、立足本国又面向世界的当代中国文化创新成果传播出去。"事实上，只有把中华文化的魅力展示好、传播好，把中华文化的当代价值和世界意义挖掘好、阐释好，国家的文化软实力才能真正提升。

对当代中国来说，仅仅出口电视机、而不出口电视剧是无法成为一个伟大国家的。换言之，要把文化软实力提高到与经济硬实力同等重要的地位来看待。在2023年10月17—18日举行的第三届"一带一路"国际合作高峰论坛就关注到了这个问题。"一带一路"倡议已经提出十余年了。在新的发展阶段，要更加关注文化软实力的提升，不仅要帮助"一带一路"沿线各国修路架桥，还要和他们一起拍电视剧、拍电影、搞音乐会、办艺术节等，开展国际人文交流合作，这样才能真正做到民心相通。

2014年10月，十八届中央政治局开展第十八次集体学习，主题是"中国历史上的国家治理"。习近平再次强调，"中华优秀传统文化是我们最深厚的文化软实力，也是中国特色社会主义植根的文化沃土。"这次学习主题本身就表明我们对几千年的国家治国理政的经验不是全盘否定，不搞历史虚无主义和文化虚无主义。在历代的治国理政中，我们有很多优秀经验，例如民本思想、科举考试、监察制度等。

2016年7月1日，在庆祝中国共产党成立95周年大会上，习近平首次明确提出了包括"文化自信"在内的"四个自信"，即道路自信、理论自信、制度自信、文化自信，并且强调文化自信是更基础、更广泛、更深厚的自信。紧接着，在2016年11月的中国文联十大、中国作协九大开幕式上，习近平又指出，文化自信是更基本、更深沉、更持久的力量，还提出"三个事关"的论断，即"坚定文化自信，是事关国运兴衰、事关文化安全、事关民族精神独立性的大问题。"

《中共中央关于党的百年奋斗重大成就和历史经验的决议》指出，文化自信是更基础、更广泛、更深厚的自信，是一个国家、一个民族发展中最基本、最深沉、最持久的力量，没有高度文化自信、没有文化繁荣兴盛，就没有中华民族伟大复兴。同时强调中华优秀传统文化是中华民族的突出优势，是我们在世界文化激荡中站稳脚跟的根基。这是从大历史观的角度对文化自信理念的再次强调，凸显了文化自信的理论意义、实践意义、历史意义和现实意义。

习近平在视察工作中也有许多非常生动的关于文化自信的讲话。2021年3月习近平曾在福建武夷山考察，武夷山是世界自然遗产和文化遗产，理学家朱熹就曾在武夷山生活了几十年。习近平在考察朱熹园时指出："如果没有中华五千年文明，哪里有什么中国特色？如果不是中国特色，哪有我们今天这么成功的中国特色社会主义道路？"这两个反问强调了中华文明对于中国特色和中国道路的重大意义，有助于理解文化自信理念，我们一定要从历史的深度和文明的视角来看待中国式现代化的道路选择。这些重要文件和重要讲话反复强调文化自信的意义，每次的新表述都是对这一理念的强调与深化。

3. 科技自立自强和文化自信自强

纵观世界历史，对于一个国家来说，没有科技会被人打败，没有文化会自己衰败。科技自立自强解决的是"卡脖子"问题，文化自信自强解决的是什么问题呢？形象地说，就是"卡嗓子"的问题。卡住脖子呼不出气，人的生命就没有了；卡住嗓子说不出话，也是很大的问题。谁都不愿意做一个大块头的哑巴，我们需要把自己的声音表达出来。"卡脖子"和"卡嗓子"问题都要解决，我们不能让中国式现代化只有经济维度，而没有文化维度；也不能只有个子高，而没有声音响。科技自立自强和文化自信自强，这两者都是中国式现代化进程中要解决的战略问题。

（二）"文化自信"的战略意义

"文化自信"概念的提出成为当代中国文化发展中极其重要的、具有历史意义的事件，该概念也成为具有普遍性、引领性的标识性概念，其对当代中国文化领域理论与实践的影响重大而深远。从一定程度上说，这与20世纪初梁启超先生提出的"中华民族"概念同等重要。我们现在听"中华民族"的概念就像听"文化自信"一样,日用而不觉,似乎认为这个概念是与生俱来的、天然形成的。其实,在20世纪初以前并没有"中华民族"的概念,是梁启超于1902年提出的。随着中国的民族危机日益加深,特别是九一八事变以后,"中华民族"的概念迅速成为全民共识。"中华民族"强调一种身份认同,"文化自信"强调中华民族的价值认同。只有身份认同,承认我们大家是一个族群的,但对族群的历史和文化没有共识的话,深层次的认同还是不能建立起来。从20世纪初到21世纪开端,百余年来,中华民族的身份认同和价值认同在历史的曲折前进中不断明确、强化,成为中华民族生存发展中最深刻的凝聚力和驱动力。

1. 文化自信的历史意义

从历史上来看为什么文化自信很重要,我给各位同学介绍20世纪四位学者的重要论述。

一位是泰戈尔。泰戈尔是伟大的诗人,也是伟大的哲学家、伟大的爱国主义者。他对中国非常友好,曾经在1924年访问中国。当年5月在清华大学的演讲中,他有一段话谈到了文化自信的问题,"现在我是在中国。我问你们,我也问我自己,你们有的是什么,有什么东西你们可以从家里拿出来算是你们给这新时期的敬意。你们必得回答这个问题。你明白你自己的心吗?你知道你自己的文化吗?你们史乘里最完善最永久的是什么?你们必得知道,如其你们想要自免于最大的侮辱,遭受蔑视,遭受弃却的侮

泰戈尔(前排坐者左一)访问中国

辱。拿出你们的光亮来,加入这伟大的灯会,你们要来参与这世界文化的展览。""人类的文明是正等着一个伟大的圆满,等着他的灵魂的纯美的表现。这是你们的责任,你们应得在这个方向里尽你们的贡献。"那时候的中国还处于被列强宰割的时代,但是泰戈尔对一百年前的清华学生就提出了文化自信的要求。

一位是罗素。下面这段罗素的演讲对理解文化自信的历史意义和世界意义也非常宝贵。罗素也在一百年前访问过中国,在中国待了一年的时间。罗素是英国哲学家,也获得过诺贝尔文学奖。他作为西方人,却不是西方中心主义者,而是世界主义者,能平等看待不同的文化、不同的文明。罗素在中国访问一年以后,对处于战乱的欧洲和西方伦理进行了客观批评。他说:"欧洲文明的基址,是资本主义的实业主义。这种制度,虽然在早年时代,致成无量迅速的技术上物质上的进步;然而不免引人类到更剧烈的破坏的战争路上去:初为市场而战,继为原料而战。"他希望中国不要学习西方的"机械的文明",对中国文明寄予厚望。"中国将来可引导世界于进一步的发展路上去,输出内部的恬静与困苦不安的西方;否则,我们西方一定要灭亡于暴烈的癫狂之中。所以,不特中国,就是全世界,都要赖你们的功绩而改造。"这话很深刻。

回国后罗素写了《中国问题》,论述了文化独立的重要性及中国未来如何找寻发展道路等问题。他写道,中国人去

罗素(前排坐者右一)访问中国

罗家伦

西方,是为了虔诚地学习知识;西方来到中国是为了战争、挣钱、传教,因为西方一直觉得自己的文化最优越。罗素否定西方文化优越论,认为中国文化中有很强的人文主义和人文精神,未来可能建成全新的人类文明。

一位是罗家伦。清华大学在理解"文化自信"上有很多宝贵的历史资源。清华大学建校时叫"学堂",后来叫"学校",最后才叫"大学"。1928年,第一任大学校长罗家伦在国立清华大学校长就职典礼上进行了题为"学术独立与新清华"的演讲,谈到了我们为什么办大学。他说,要让国家在国际有独立自由平等的地位,就必须让中国的学术在国际也有独立自由平等的地位。学术在国家文化中占有核心地位,我们谈理论自信就是强调学术自信、学术独立。学术不独立哪有理论自信?只用别人的理论解释自己的道路,哪有真正的独立?清华大学成立之时就强调学术独立的重要性,这跟我们今天谈的科技自立自强、文化自信自强是一脉相承的。希望各位同学传承清华文脉,以自强精神为中国式现代化做出更多贡献。

费孝通

一位是费孝通。一百多年来,在文化建设的道路上,很多学者都作出了阐释。特别在20世纪和21世纪之交,我们的经济越来越好,这时候有很多人思考应该怎样推动文化重建。费孝通先生就是其中的佼佼者。他在20世纪末有一系列文章谈论文化的建设问题,其中特别重要的贡献是提出"文化自觉"的概念。文化自觉，意思是生活在一定文化中的人对其文化有"自知之明"，明白它的来历、形成过程、所具有的特色和它发展的趋向。自知之明是为了加强对文化转型的自主能力，取得适应新环境、新时代文化选择的自主地位。

关于"文化自信"的逻辑是这样的。我们要先有文化自觉，有自知之明。我们每天生活在文化环境中，是日用而不自知的，为什么这样穿衣吃饭做事，都是文化。自觉后要有自信，我们要相信自己这套规则体系，因为它是有历史积淀的，有特殊价值的。需要指出的是，文化自信不是文化自大、自负、自闭，而是文化自强。掌握文化转型和发展的主动权，推动中华优秀传统文化创造性转化、创新性发展。

2. 文化自信的民族意义

文化自信对于中国式现代化尤其重要。为什么叫中国式现代化，不叫其他式的现代化？我们一定走的是中国自己的现代化之路，这是一种很强的精神独立性的体现。我们强调文化自信自强，一方面在文化领域强调文化发展要走自己的道路，另一方面要以民族文化的精神保证中国式现代化的中国方向、中国特色。

从民族意义上来看，把握传统才能把握未来。今天的中国是历史的中国的延续，只有全体国民都对传统达成共识，中华民族的存在才有意义上的连接，我们才能真正实现多元一体。

"文化自信"不是凭空的想象，而是基于中国数千年的文明积累。新中国成立70周年时，清华大学艺术博物馆举办了名为"与天久长"的周秦汉唐文化与艺术展览。我们看到数千年前的铜器和工

清华大学艺术博物馆

艺品，会觉得中国的文化和艺术的积淀足以让我们感到自豪。看了这些展览后，我们会对历史有更强的自知自觉。

从文化自觉到文化自信再到文化自强，有着很强的实践逻辑与理论逻辑。

3. 文化自信的世界意义

文化自信还有其世界意义。习近平提出的"四个讲清楚"，就是要让世界更好地了解中国。换言之，仅仅"强起来"还不行，还要"美起来"。新中国成立70余年来，中国人站起来、富起来、强起来了，今天还要美起来。怎样让大家知道你的美？从文化维度来分析，才能找到更好的传播切入点，把中国的文化更好地进行国际传播，能够更好地跟世界沟通，增进世界的共识与合作。

中华文化的精神是有极强的世界意义的，拿中华文化和世界沟通，不是我们一厢情愿，而是有其客观基础的。我举两个学者的论述。梁漱溟曾谈道，十七十八世纪之所谓启蒙时代理性时代者，亦实得力于中国思想（特如儒家）之启发，以为其精神来源。楼宇烈则认为，启蒙运动的思想来源之一是古希腊罗马文化，而更重要的来源是16世纪以后通过西方传教士从中国带回去的以人为本的文化精神。

研究的过程中，我看到了很多西方近代学者对中华文化的论述。首先是德国17世纪末的著名学者莱布尼茨的观点。莱布尼茨是数学家和哲学家，被称为17世纪的亚里士多德，他对人类的命运有着整体性思考："人类最大的恶源自人类自身"，以至"人与人相互为狼"。发明先进的技术应该被用来造福人类，应该促进经济发展，让生活更美好。如果发明先进技术是为了造武器，导致大规模杀戮，那就是"相互为狼"。如何解决这一状况？莱布尼茨从中国文化中汲取了智慧。他谈到，中国人爱好和平，注重公共生活的准则。"中国人为使自己内部尽量少产生麻烦，对公共安全以及共同生活的准则考虑得何等的周到，较之其他国民的法规要优越许多。"这对减少人类之恶意义重大。他进一步谈道，"如果说人类对这种恶还有救药的话，那么中国人较之其他的国民无疑是具有良好规范的民族。"因此，我们要坚信中华文化的独特价值、时代价值、世界价值。

李约瑟是英国的著名学者，也很喜欢孔子。他在20世纪60年代参观西安孔庙时写了一首诗，里面有一句"国际风云险恶，危机日盛——人们不知道控制自己的力量"。他希望中国的朋友们保持孔夫子对人正义、公平、正直、仁爱的信念，祈求埋葬弹药，不再挑起战争。时至今日孔子的思想依然有很大的现实意义，因为人类还是没有解决这些恶，今天世界还有战火。李约瑟认为，全世界可能依靠中国的传统得救。今天，中国提出"全球文明倡议"，坚持文化多样性，这都与中国的传统文化精神一脉相承。

法国的伏尔泰是启蒙时代重要的引领者，也被称为"欧洲的孔子"，他怀着崇敬之心抄录了许多儒家哲学的文字。我指导的一位法国博士生凯瑟琳，写了一篇题为《伏尔泰的孔子观》的文章。伏尔泰在其《哲学辞典》中写道："孔子没有发明一套道德体系，而是在所有人的心中找到了它。"这都在告诉我们，对中华优秀传统文化应该有足够的自信。

总的来看，中华文化发展面临历史性的机遇与挑战，发展中华文化不仅关乎中华民族的发展，也关乎世界文化的发展和人类文明新形态的建设。这是对文化自信的整体阐释，是理解习近平文化思想和文化强国战略的题眼。

三、文化强国建设

接下来我们看看文化强国建设的实践。文化高质量发展和文化强国建设在新时代以来取得了很大成就，可以把这些成就归为五点：文化战略更加明确，文化自信更加突出，文化事业更加繁荣，文化产业更加强劲，文化创造更加活跃。

（一）文化战略更加明确

首先来看文化战略。2020年，习近平在教育文化卫生体育领域专家代表座谈会上的讲话中，对"五位一体"总体布局中文化建设的重要性有完整论述。"统筹推进'五位一体'总体布局、协调推进'四个全面'战略布局，文化是重要内容；推动高质量发展，文化是重要支点；满足人民日益增长的美好生活需要，文化是重要因素；战胜前进道路上各种风险挑战，文化是重要力量源泉。"这"四个重要"对于把文化建设放在全局工作中突出位置的意义和作用讲得很透彻。

2035年远景目标强调，要建成教育强国、科技强国、人才强国、文化强国、体育强国、健康强国，国民素质和社会文明程度达到新高度，国家文化软实力显著增强，这都是一些战略性的宏观部署。在《"十四五"文化发展规划》中，文化强国建设的一些指标和要求被进一步细化，对文化的各方面，如社会文明、思想道德、文化事业、文化产业、公共服务、传播体系等都进行了系统规划。从战略到规划、到政策是一个完整的链条。

（二）文化自信更加突出

关于文化自信问题，在上一节我们已经进行了详细讲解。在此就不再展开了。（略）

（三）文化事业更加繁荣

党的十八大以来，党中央围绕文化建设出台了一系列重大部署，我们可以看到很多鲜活的变化。比如考古学现在成了显学，文物保护得到前所未有的重视，国家文化公园作为崭新的文化举措开始大规模建设，非物质文化遗产被大力宣传等都体现了这一点。文化事业的发展日新月异、突飞猛进。

党的十八大以来，全国人均文化和旅游事业费持续增长，文化作品不断涌现，关于文化的专题和综艺节目也非常引人入胜。例如，《典籍里的中国》《国家宝藏》《唐宫夜宴》等都是近年来在文化高质量发展和文化强国建设过程中涌现出来的优质作品。

四川省广汉市三星堆遗址考古现场

（四）文化产业更加强劲

文化建设要靠作品说话。作品是什么？就是一系列文化创作的结晶。文化产业必须接受市场检验，产业最能代表文化创作的价值。早些年中国内地的电影票房前十名基本上被国外大片包揽，而现在国产电影逐渐占据了榜单最前位置。

2023年7月我参加了动画电影《长安三万里》的首映，看完以后非常感动，电影的主创人员都在，让我谈谈感想。我说："这部电影充满了血性与率性、诗意与诚意。在电影里，我们不仅看到了李白、杜甫、高适这些中国人熟悉的诗人，更看到了中华文化的精神。我生在长安、长在长安，这部电影于我而言非常亲切。但更重要的，我们都是沉浸在中华文化中的一分子，所以电影里很多唐诗的细节能激起我们的情绪共鸣、文化共鸣，让我们无比感动。"这个创作公司之前出品过的《白蛇》《青蛇》《杨戬》

等的票房均在5亿元左右，所以当时公司认为这次能超过5个亿达到10个亿就可以了，结果一下子突破了18亿元，位列中国影史动画电影票房榜第二位。我身边的很多学者带着孩子"二刷""三刷"。有趣的是，电影角色都是虚拟人物，没有真人演员，有一家汽车公司甚至"招"了这部影片中的动漫人物高适做代言人，而且代言费也不低。这个"文化IP"授权现象很明显，虚拟人物都能做代言，证明我们的文化产业发展态势特别好。

（五）文化创造更加活跃

文化产值的增幅和提升，得益于文化创造力的提升，国家政策也鼓励文化创造。2021年8月，文化和旅游部、中央宣传部、国家发展改革委等相关部委联合出台了《关于进一步推动文化文物单位文化创意产品开发的若干措施》，由此可见国家对于文创事业的重视程度。

在国家政策的鼓励下，全民族创新创造活力大幅提升，其中最突出的就是"国潮"现象。过去大家买东西，比较看重的是进口品牌。随着国民文化自信意识的增强与国产消费品质量的提升，今天国产品牌在年轻人的日常消费品中占据越来越显著的地位。当前"国潮"现象越来越鲜活，依托着商品的载体，"国货"变成了时尚的潮流。简言之，"国潮"等于"中国货+时尚潮"，这促进了整个国产消费品的质量、品牌美誉度、附加值的提升。

文化自信意识使大家对传统文化的认同感和归属感越来越强烈，"汉服热""国漫热"就是其中的突出表现。其中，青年人是全民文化自觉的先锋军。我印象很深的是，2020博鳌国际文创论坛上，一位国货美妆品牌负责人曾说，正是因为青年人更加有文化自信，所以我们的产品才卖得好。我觉得这其实是一种互为因果、良性循环的关系。青年的创造力比较强，喜欢做与众不同的事、独当一面的事。当然，"国潮"有着更深远的意义，其实质是国货之潮、国力之潮、国运之潮。这是文化高质量发展的标志性现象。

四、文创理念和实践

（一）机遇与挑战：创意经济高速发展

文化创意越来越重要，文创产业实践蓬勃发展。为什么？因为文化在全球发展中越来越重要，而创意在文化发展中也越来越重要。文化创意逐步在全球范围内成为一种流行的、普遍的产业现象，甚至会成为一种支柱性和战略性产业。

2022年北京冬奥会吉祥物冰墩墩

2016年，联合国教科文组织专门发布了题为《文化时代：全球文化创意产业总览》的报告，当时的总干事伊琳娜·博科娃提出，文创产业是国家经济的重要发动机，是发展最快的行业，影响价值创造、社会就业和出口贸易，为世界许多国家创建了美好未来。2018年，我们邀请博科娃到清华大学文化创意发展研究院专门做演讲，她谈到了文化与文化遗产的重要性。当时中国已有12座城市加入了联合国教科文组织的"创意城市网络"，博科娃对这些城市的发展前景寄予厚望。她强调，全世界在共同寻找精神推动力的新来源和可持续的人类发展与自然和谐共处的新脚步，文化遗产为我们提供了灵感和动力。

基于文化遗产带来的文创产业的发展，基于创意带来的经济发展，成为全球的普遍现象。中国在联合国发布的《2022年创意经济展望》报告中的表现非常突出，在全球的创意产品出口各国的排名中，中国处于领先地位。

（二）当代中国文化创造的优势

党的十八大以来，党中央非常鼓励文化创造。2021年，习近平在中国文联十一大、中国作协十大开幕式上的讲话中指出："用自强不息、厚德载物的文化创造，展示中国文艺新气象，铸就中华文化新辉煌，为实现第二个百年奋斗目标、实现中华民族伟大复兴的中国梦提供强大的价值引导力、文化凝聚力、精神推动力。"

怎样推动文化创造？我们逐渐意识到我们的文化创造有自己独特的优势。一是深厚的传统，中华文明几千年源远流长、底蕴深厚、独一无二。二是庞大的中等收入群体。2022年5月12日，中央宣传部举办的"中国这十年"系列主题新闻发布会指出，我国中等收入群体的规模超过4亿人。当人民收入达到一定水平的时候，就有提升消费品质和生活水平的要求，这就促使人民对文化的需求越来越强。人们不可能每天换房子、换汽车，但可以经常听音乐会，要进行时尚消费，要有文化旅游，这是文化消费提升的重要趋势。三是自信的青年群体。2020年第七次人口普查数据显示，我国年轻消费群体超过4亿人。我在2020年的一次访谈中提出，"国潮"文创要关注"两个4亿人群"，这是我们现在的优势。这个优势发挥好，我们就能够产生更多更好的文化创造。

（三）推动当代中国文化创造的新理念

文创理念的形成是有学理性意义与现实性意义的。文创理念是在当代中国文化发展，特别是文创产业实践中形成的新概念。

文化创造，基础在文，即文化；关键在创，即创造性转化、创新性发展。核心特征是创新与跨界，以更广阔、更多维的视角来推动文化发展。

1. 创意视角

第一个是创意视角下的文化发展。创意视角是一种个性化视角，重点关注文化发展的内容创新，没有创意的文化是重复的，没有文化的创意是单薄的。文化内容的创新既要有共性，也要有个性。首先必须要有共识性的文化基础，比如《哪吒》《长安三万里》这样的电影，有全民族的文化记忆作为背景。同时又必须有个性，个性展示出来就有感染力。20世纪五六十年代拍的哪吒，它的动漫形象基本上是邻家好少年，而现在的哪吒是一个小霸王；过去片子里的太白金星是慈眉善目的老人家，今天的太白金星像大酒鬼一样。这就是一种创意，或许很多人不喜欢，但至少从当下的票房来看市场是接受的。当代动漫影视作品中的哪吒强调个性，"我命由我不由天"，不认命就是哪吒的命。事实上，既有一种共性的基础，又有个性的张扬，才能够实现创意视角下的文化发展。

2. 科技视角

第二个是科技视角下的文化发展。科技视角是一种现代化视角，重点关注文化发展的形式创新。没有科技的文化是边缘的，没有文化的科技是乏味的。这点最突出的就是数字文化产业，不依托科技手段、不进入手机、不利用数字化的文化内容就是边缘的，同样，没有文化的科技也不行，VR、AR头盔、眼镜这些高科技产品为什么没有普及开来？重要的原因是没有相应的内容，大家图新鲜看3分钟可以，看完以后就没用了。文化和科技要深度融合，才能带来崭新的发展。

当代文化发展的最新趋势是人工智能与文化的深度融合。近些年，清华大学参与发起了全球AI文创大赛。第一届大赛期间，他们让我想一句话来描述大赛的特征，当时我说了"妙思酷技"四个字，计算机系的老师就运用智能软件以"妙思酷技"作了一首藏头诗，"妙处谁知造化功，思君一笑意何穷。酷于世上无人见，技在门前有路通。"速度很快且中规中矩。作为一个自然人,我们要多久才能作出一首藏头诗来?软件很快就作出来了。准备这堂"形势与政策"课的时候,我又把这个作诗软件找来,它又作了一首诗,"形胜从来造化中,势凭高处卧龙宫。政成天地无穷事,策马东南第一功。"这个软件系统还提供5种情绪选项,包括悲伤的、较悲伤的、中性的、较喜悦的、喜悦的。事实上,当代的人工智能日趋强大,除了作诗,它还可以画画、创作音乐等。AI跟创意的结合有无限想象力。我和学校美术学院的老师也讨论过,现在AI作画水平非常高,最近清华大学文化创意发展研究院出版了一本关于北京中轴线的绘本,其中就使用了AI画图,确实又快又好,这是AI文创发展的大趋势。

我国对科技视角下的文化发展也非常重视。2022年党中央、国务院出台了《关于推进实施国家文化数字化战略的意见》,其中明确,到"十四五"时期末,基本建成文化数字化基础设施和服务平台,形成线上线下融合互动、立体覆盖的文化服务供给体系。到2035年,建成物理分布、逻辑关联、快速链接、高效搜索、全面共享、重点集成的国家文化大数据体系,中华文化全景呈现,中华文化数字化成果全民共享。

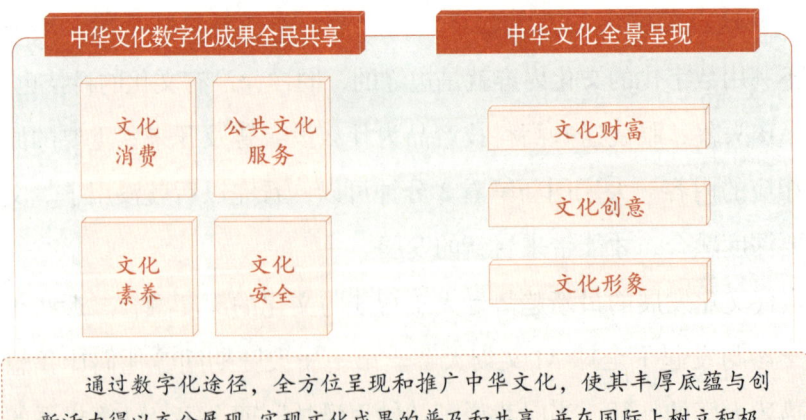

科技视角下的文化发展

"全景呈现"是要把中华文化变成整个国家的文化财富，变成文化创意的来源，变成文化形象的支撑。通过数字化途径，全方位呈现和推广中华文化，使其丰厚底蕴和创新活力得以充分展现，并在国际上树立积极、开放的中华文化形象。"全民共享"强调要在文化消费、公共文化服务、文化素养、文化安全等方面，文化成果让全体公民最大限度地享有，而不仅仅是藏在展厅里、让少数人享用。

围绕文化数字化发展也出台了很多的文件。修路修桥是基础建设，文化数字化也同样需要基础建设。文化数字化建设要夯实基础，使技术创新匹配现实需求；同时要提供持续的发展动力，推动中华文化得到更好地保护、使用、传播。

3. 生活视角

第三个是生活视角下的文化发展。生活视角是一种社会化的视角，重点关注文化发展的应用创新。没有文化的生活是无趣的，没有生活的文化是无力的。如果生活里只有工作、只有物质的东西，时间久了会感到单调枯燥。同样，如果文化只存在于博物馆和美术馆，这个文化也很难有活跃度。一定要让文化进入生活，进入日常消费。比如一句宣传语可以用于冰箱贴、茶叶盒、日历本。这就是一种成功的文化产品转化。

文化转化的方式很多，比如澳门的美食文化。澳门有很多小而美的文化景观，也是全球美食之都。2019年评选了"澳门新八景"后，城市宣传推广中就"出炉"了八种美食，每一种美食都与其对应景点有所关联。游客既可以游览八个美景，又可以同时享用八种美食，这也是成功的文化产品转化。

（四）以文创理念推动文化创造

以文创理念推动文化创造，除了刚才提到的三个视角外，还必须要形成一套逻辑，进而提升文化的创造力、转化力和商业价值。我认为有三个很重要的着力点。

第一个是讲故事。所有的文化必须要讲好故事才能感染人，所有的文化消费品都是有故事的。对中国来说，讲好中国故事，重要的是讲好中国英雄、中国好人、中国神仙的故事。电影《中国机长》讲的就是中国英雄的故事。这个故事反映了中国民航人员在遇到困难时表现出的临危不乱的气概，整体是现实主义风格的，有20多亿元的票房。讲好中国英雄的故事，可以创造出很好的文化产品。还有中国好人的故事，比如《你好，李焕英》，《哪吒》是中国神仙的故事，两部电影均突破了50亿元票房。讲故事在文化创造中非常重要。我去参观好莱坞的时候，看到一句经典的话是"最伟大的艺术是讲故事"。我们的文化创造也要讲好故事。

第二个是造体验，造出沉浸性、拟真性、互动性的场景。沉浸性的展览现在成为文化消费的热门产品，发展非常快，很多好的沉浸式展览一票难求。

第三个是善授权，要打造具备新宇宙、长时间、大生态、真热爱的"文化IP"。打造文化大"IP"，短时间是不行的，一部片子是不行的，纯商业是不行的。一定要长时间形成一种新的宇宙观，形成一个完整的产业生态，才能成功打造文化大"IP"。

（五）发掘、创造、销售"文化IP"

经过这些年的发展，中国在"文化IP"打造这方面已经有了非常好的基础，还需要时间继续积累，将优质文化作品中的"文化IP"建立起来，树立典型的、持久的"商业IP"。

品牌授权是实现文化创造商业价值的关键环节。品牌是一种文化符号，具有情感性、故事性与体验性。品牌授权是将品牌的"IP"以法律方式有偿转让给他人使用，其常用授权有制造权、贩卖权、代理权、广告授权、体验空间授权等。品牌授权的知识可以帮助大家理解"文化 IP"的开发。

围绕品牌授权，清华大学文化创意发展研究院也进行了一些有价值的尝试。2021 年，我指导的一个学生团队用 1 555 块积木，做出了清华"二校门"模型的产品，现在这个积木模型既是常销品又是畅销品。校园文创对大学的文化形象传播是非常有意义的，也是不可替代的。

（六）"文创 +"的高质量发展

"文创 +"是以文化创意为核心元素和驱动力的新发展模式，以文化创意整合各种生产要素，以满足社会的精神需求为主要目标，打造"乐经济"与"暖发展"。"文创 +"总体是一种高质量发展模式，这种发展模式希望带来一种快乐的经济。

对于中国式现代化来说，"文创 +"是一种观念，也是一种方法。作为观念，它以精神需求引领物质生产，以物质生产满足精神需求，实现以文化人、以文立国、以文济世。作为方法，它依托文化创意资源与发展目标，引领设计模式、生产模式、传播模式、营销模式、服务模式、消费模式等持续变革，让经济社会发展达到"低消耗""高温度"。

（七）文创理念的乡村实践

文创理念的乡村实践，就是推动文化产业赋能乡村振兴，以文化创意为引擎，带动各种现代发展要素进入乡村，推动乡村实现整体性创新发展。

乡村实现整体性创新发展有三个原则：

一是带动性原则。文化创意是乡村振兴的带动要素，不是唯一要素，甚至也不是最重要要素，但却是关键要素，是乡村振兴的新支点。

乡村实践案例：
河南光山乡村儿童艺术嘉年华

首届嘉年华以"在艺术的田野上一起奔跑"为主题，旨在通过创作、演出、戏剧教育等多种形式，让光山的孩子得到戏剧艺术的滋养，同时以点带面，形成品牌效应，在未来带动更多区域的儿童戏剧发展。中国儿艺的艺术家通过深入挖掘光山县的红色资源和传统文化资源，以当地发生的革命故事和历史故事为创作原型，为光山的孩子创作了《灯火》《少年司马光》，这两部作品将作为中国儿艺"新时代种子计划"剧目在嘉年华期间首演。

全县上下坚持"以90厘米高度"看县域工作，努力把光山打造成一个儿童友好型城市，推动光山成为儿童艺术标志地、儿童研学目的地、儿童装备产业展示地和体验地。

二是融入性原则。找到乡村的"老文脉",就能形成乡村的"新人脉"。发挥乡村的主体作用,基于乡村内生资源找寻外部资源。

三是整体性原则。乡村实现整体性创新发展的目标不是"去乡村",而是"新乡村",要以全新的观念、全社会的力量、全身心的投入推动乡村的全面振兴。

最后作个总结。理解中国的文化自信理念和文化强国建设,最核心的就是要理解文化发展的内涵与意义。以文化发展作为中国式现代化的一种带动性要素,就能够实现一种崭新的发展模式。让我们为更好地建设文化强国、更好地建设中国式现代化贡献力量!

本讲小结

建设文化强国,重要的是守住中华文化之根,根深才能叶茂,守正才能创新。中华优秀传统文化是中华民族的精神命脉,是我们在世界文化激荡中站稳脚跟的根基,必须结合新的时代条件传承和弘扬好。坚持把马克思主义基本原理同中国具体实际相结合、同中华优秀传统文化相结合,不断推进马克思主义中国化时代化,推进中华优秀传统文化创造性转化、创新性发展。中华文明是具有强大生命力的,历经数千年绵延不息,在当今世界百年未有之大变局中,在中国式现代化的历史进程中,应以精神上的独立自主激发全民族文化创新创造活力,推动文化高质量发展,培养兼具文化使命感与文化创造力的人才,不断激发中华文明现代力量。

第八讲

中国式现代化背景下的教育强国战略

石中英

清华大学教育研究院院长、教授

　　清华大学人文讲席教授。全国教育专业学位研究生教指委副主任、教育部教育学专业教学指导委员会委员、中国教育学会教育哲学研究分会理事长、中国高等教育学会大学文化研究分会副理事长。主持国家哲社基金重大项目等多项国家和教育部课题，获得全国教育科学优秀成果一等奖、国家高等教育优秀教学成果一等奖、高校人文社科优秀成果二等奖等多项奖励。

本讲的主题是"中国式现代化背景下的教育强国战略"，我想从五个方面与同学们交流，分别是党的十八大以来我国教育事业改革要解决的主要问题、党的十八大以来我国教育事业改革的若干重大举措、党的十八大以来我国教育事业发展取得的历史性成就、党的二十大报告中有关教育战略的新构想以及对加快建设教育强国、推进中国式现代化的若干思考。

一、党的十八大以来我国教育事业改革要解决的主要问题

习近平在党的二十大报告中指出："五年来，我们党团结带领人民，攻克了许多长期没有解决的难题，办成了许多事关长远的大事要事，推动党和国家事业取得举世瞩目的重大成就。"在我的理解中，取得重大成就和解决突出问题是"一体两面"的关系。党的十八大以来，我们党和国家的各项重大政策始终聚焦解决在实践中遇到的新问题、改革发展稳定存在的深层次问题、人民群众急难愁盼的问题、国际变局中的重大问题以及党的建设面临的突出问题等一系列问题。那么，党的十八大以来，我国的教育改革究竟要解决哪些重大问题？这可以从我们党的重大教育改革政策部署中找答案。

首先，我们来看一份重要的文件，即《国家中长期教育改革和发展规划纲要（2010—2020年）》（以下简称《教育规划纲要》），这份《教育规划纲要》在2010年由中共中央政治局召开会议进行审议并通过。虽然该《教育规划纲要》发布时间处在党的十八大之前，但其中提到的许多问题都由党的十八大后出台的教育政策来解决的。《教育规划纲要》明确指出："面对前所未有的机遇和挑战，必须清醒认识到，我国教育还不完全适应国家经济社会发展和人民群众接受良好教育的要求。教育观念相对落后，

内容方法比较陈旧，中小学生课业负担过重，素质教育推进困难；学生适应社会和就业创业能力不强，创新型、实用型、复合型人才紧缺；教育体制机制不完善，学校办学活力不足；教育结构和布局不尽合理，城乡、区域教育发展不平衡，贫困地区、民族地区教育发展滞后；教育投入不足，教育优先发展的战略地位尚未得到完全落实。接受良好教育成为人民群众强烈期盼，深化教育改革成为全社会共同心声。"从这段话中可以明确认识到，我们教育体系存在的根本问题就是"教育还不完全适应国家经济社会发展和人民群众接受良好教育的要求"，可以理解为"两个不完全适应"的问题。后面的问题都是这个问题的具体表现、成因以及结果，从类型上包括了观念、方法、负担、素质、人才培养结构、体制机制、办学活力、结构与布局、政策执行、教育投入等。

其次，我们来看看另一份重要文件中对教育存在问题的表述。2017年，国务院印发的《国家教育事业发展"十三五"规划》，指出："要清醒地看到，我国教育改革发展虽然取得了显著成就，但尚不能完全适应人的全面发展和经济社会发展需要，仍存在一些突出问题，主要表现为：科学的教育理念尚未牢固确立，促进学生全面发展的育人模式与环境有待完善，产教融合、科教融合的协同培养机制尚未形成，学生创新创业能力的培养有待加强；教育发展还存在不平衡、不协调的问题，城乡、区域之间教育差距仍较大，优质教育资源总量不足、布局不合理，学前教育、职业教育、继续教育仍是教育体系中的突出短板，人才培养的类型、层次和学科专业结构与社会需求不够契合；教师队伍素质和结构不能适应提升质量与促进公平的新要求；学校办学活力不强，促进和规范社会力量参与举办教育的法律制度和政策体系亟待完善，多方参与教育治理和评价的体制机制还不健全；教育对外开放的水平不够高；教育优先发展地位需进一步巩固。"

再次，我们来看看2019年中共中央、国务院印发的《中国教育现代化2035》中聚焦的教育问题。该文件指出："面对新形势新任务，必须清醒认识到，我国教育发展仍不平衡不充分，还不完全适应国家经济社会发展和人民群众日益增长的新要求新期盼。主要表现在：科学的教育理念尚未牢固确立，素质教育尚未得到充分发展，思想品德教育有待进一步加强，教师队伍建设尚不能满足教育现代化需要；区域、城乡之间教育发展尚存在明显差距，基本公共教育服务均等化水平有待提升；农村义务教育、学前教育、职业教育仍是短板，有效服务全民终身学习的体系制度尚不健全；人才培养结构与社会需求契合度不够，教育支撑引领创新发展和服务国家对外开放大局的能力亟待提升；政府为主、全社会共同投入教育的机制还不健全，教育治理能力现代化水平有待提高。"从这段话中，我们不难看出，此前各个政策文件提到的有些问题到了2019年依然存在，可见这些问题的顽固性和任务的艰巨性。文件还提出了"服务国家对外开放大局的能力亟待提升"，"政府为主、全社会共同投入教育的机制不健全"以及"教育治理能力现代化水平有待提高"等问题。应当说，这些问题是制约我国教育事业发展的深层次问题，这些问题的提出也说明我国的教育改革从一些直接的教育问题的解决逐步深入到一些深层次的体制机制和能力建设等问题。

最后，我们来看看党的十八大以来习近平对一些重大教育问题的看法。在他的系列教育重要论述中，他最关心也经常提到的是"培养什么人、怎样培养人、为谁培养人"这个问题，他称这个问题是教育的根本问题。这个问题具有高度的概括性，其他的教育问题林林总总，最后都可以归结到这个问题上来。其中，"培养什么人"是要回答教育的目的问题，"怎样培养人"是要回答教育的途径和方法问题，而"为谁培养人"是要回答教育的价值立场、价值取向问题。

围绕这个教育的根本问题,习近平自党的十八大以来多次深入到大中小学,谈到了许多与教育相关的问题。2018年在全国教育大会上,习近平指出:"目前,我们的教育总体上符合我国国情、适应经济社会发展需要,但也存在一些突出问题和短板,特别是教育的压力普遍前移,学前教育、基础教育普遍存在超前教育、过度教育现象,既有损学生身心健康成长,也加重家庭经济和精力负担;高等教育经历了量的快速增长,质的提升矛盾越来越突出;教育重知识、轻素质状况尚未得到根本性扭转,教风、学风亟待进一步净化;党对教育领域的领导和党的建设、思想政治工作亟待加强。"什么叫"教育的压力普遍前移"?有一句大家熟知的口号最能说明这个现象,那就是"不能让孩子输在起跑线上",教育的压力以及压力驱动下的教育竞争已经从大学前移到中学、小学甚至是幼儿园和婴儿阶段,导致很多家长陷入教育焦虑。在这种情形下,一些学者提出了"儿童期消亡"的观点,批评许多孩子的空闲时间被学习班挤占的现象,认为童年期的普遍缺失不仅会极大地影响个人健康成长,也会对国家和民族的未来造成很大负面影响,这确实值得我们反思。在这次大会上,习近平还讲道,"现在,教育最突出的问题是中小学生太苦太累,办学中的一些做法太短视太功利,……素质教育提出20多年了,取得了一定进展,但总的看各地区成效不够平衡。说到底,是立德树人的要求没有完全落实到体制机制上"。这些话道出了青少年儿童和广大教师的普遍心声,直指多年来广受批评但始终未能有效解决的应试教育价值取向问题。与此问题相关,习近平还针对校外培训明确指出:"一些校外培训机构违背教育规律和学生成长发展规律,开展以'应试'为导向的培训,增加了学生课外负担,增加了家庭经济负担,甚至扰乱了学校正常教育教学秩序,社会反响强烈。良心的行业不能变成逐利的产业。对校外培训机构要依法管起来,让校外教育培训回归育人正常轨道。"对于这些不利于青少年身心健康、加重家庭教育负担、扰乱学校教育教学秩序的严重问题,国家自然不能不管。国家出台"双减"政策正是从人的全面发展和促进教育公平的角度考虑的,同时意在改善日益恶化的教育生态环境。

基于以上分析,我们可以看到,党的十八大以来我国教育改革要解决的根本问题就是"培养什么人、怎样培养人、为谁培养人"的问题,其他的问题都是围绕着这个根本问题展开的,是这个根本问题的表现、原因和结果,它们之间的关系可以简略地用下图表示。同学们把握了这些问题及其相互关系,就把握了党的十八大以来我国教育改革的主要任务和重大政策方向。

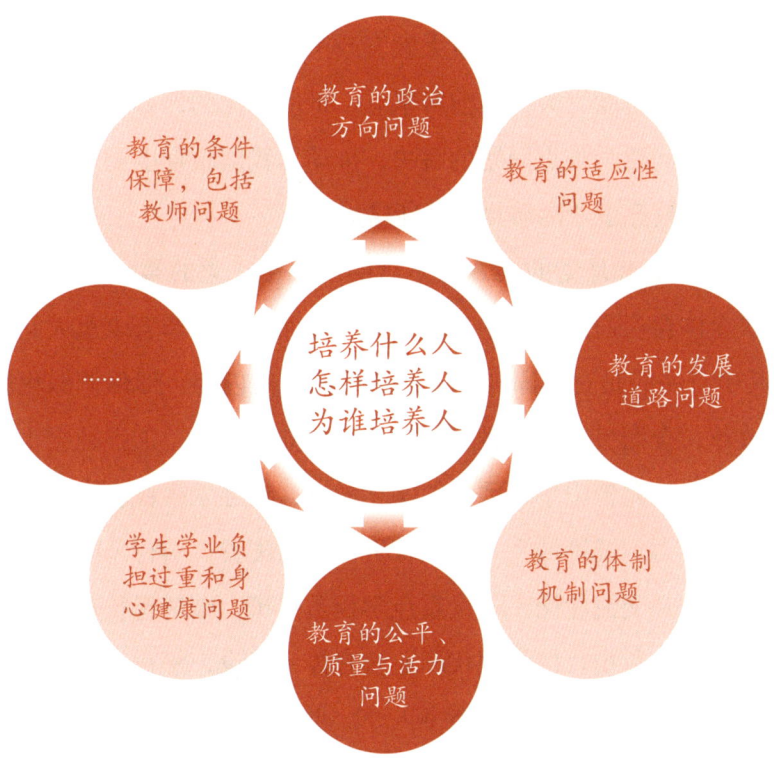

教育改革要解决的主要问题与核心问题

二、党的十八大以来我国教育事业改革的若干重大举措

最近，我与我的研究生一起做过一项统计，从 2012 年到 2022 年的十年间，以中共中央、国务院、中共中央办公厅、国务院办公厅名义以及各部委联合出台的教育类文件（不包括教育部及各司局出台的文件）就达到 135 项，平均每年出台的教育类文件达到 13 项之多。其中，有许多政策文件是以中共中央、国务院的名义发布的，也是我们国家最高级别的文件。比较而言，在党的十八大之前以党中央、国务院名义出台的教育政策文件数量则相对较少。这说明我们党和国家对教育事业地位和作用的认识达到了一个历史的新高度，出台的重大教育政策文件级别之高、数量之多、针对性之强、执行力度之大都是前所未有、世所罕见的，有力地促进了我国教育领域重大问题与难点问题的解决，推动了我国教育事业的发展，开创了我国新时代教育事业高质量发展新格局。

2013 年，也就是党的十八大之后的第二年，党的第十八届中央委员会第三次全体会议通过了《中共中央关于全面深化改革若干重大问题的决定》，其中有一些是对我国教育改革顶层设计的内容，即强调深化教育领域综合改革，全面贯彻党的教育方针，坚持立德树人，加强社会主义核心价值体系教育，完善中华优秀传统文化教育，增强学生社会责任感、创新精神、实践能力。统筹城乡义务教育资源均衡配置，实行公办学校标准化建设和校长教师交流轮岗，不设重点学校重点班，破解择校难题，标本兼治减轻学生课业负担。加快现代职业教育体系建设，深化产教融合、校企合作，培养高素质劳动者和技能型人才。创新高校人才培养机制，促进高校办出特色争创一流。这个政策文件中还包括推进考试招生制度改革，探索招生和考试相对分离、学生考试多次选择、学校依法自主招生、专业机

构组织实施、政府宏观管理、社会参与监督的运行机制,从根本上解决一考定终身的弊端。探索全国统考减少科目、不分文理科、外语等科目社会化考试一年多考。这些政策在文件出台后都得到了切实的落实和执行。以招生考试制度改革为例,截至2022年,全国所有省份均已采取新的高考模式,即减少统考科目、不分文理科、增加学生选择、外语实行一年多考等方式。不过从实际来看,要完全落实这里提出的高考招生考试改革政策,还需要很多配套资源作为支撑,教育系统也依然存在很大的压力,尚需进一步创造条件向前推进。

在教师教育方面,2018年印发的《中共中央 国务院关于全面深化新时代教师队伍建设改革的意见》提出了加强教师队伍建设的目标任务:第一个阶段,也就是经过5年左右的努力,教师培养培训体系基本健全,职业发展通道比较畅通,事权人权财权相统一的教师管理体制普遍建立,待遇提升保障机制更加完善,教师职业吸引力明显增强。教师规模、结构、素质能力基本满足各级各类教育发展需要。第二个阶段,到2035年,教师综合素质、专业化水平和创新能力大幅提升,培养造就数以百万计的骨干教师、数以十万计的卓越教师、数以万计的教育家型教师。为了实现这样的目标任务,还需从全面加强师德师风建设、更好提升教师专业素质能力、切实理顺体制机制、提高教师地位待遇等方面提出多项具体措施。同学们要知道,新中国成立以来,这个政策文件是历史上首次以中共中央、国务院名义发布的教师教育政策文件,充分反映了党中央、国务院对教师队伍建设的高度重视。

《中国教育现代化2035》

我们再来看看《中国教育现代化2035》这份重要文件。该文件接续《教育规划纲要》,首次提出我国教育现代化的新目标,那就是到2020年,全面实现"十三五"发展目标,教育总体实力和国际影响力显著增强,劳动年龄人口平均受教育年限明显增加，教育现代化取得重要进展，为全面建成小康社会作出重要贡献。在此基础上，再经过15年努力，到2035年，总体实现教育现代化，迈入教育强国行列，推动我国成为学习大国、人力资源强国和人才强国，为到本世纪中叶建成富强民主文明和谐美丽的社会主义现代化强国奠定坚实基础。2035年我国教育事业的主要发展目标是：建成服务全民终身学习的现代教育体系，普及有质量的学前教育，实现优质均衡的义务教育，全面普及高中阶段教育，职业教育服务能力显著提升，高等教育竞争力明显提升，残疾儿童少年享有适合的教育，形成全社会共同参与的教育治理新格局。这些目标任务非常清晰和具体，擘画了中国教育的未来图景与基本轮廓。另外，该文件还提出了教育现代化的八个教育理念，即更加注重以德为先，更加注重全面发展，更加注重面向人人，更加注重终身学习，更加注重因材施教，更加注重知行合一，更加注重融合发展，更加注重共建共享。可以说，这些理念都是非常先进的，也是加快实现教育现代化的观念力量。

2019年，中共中央办公厅、国务院办公厅印发了《关于深化新时代学校思想政治理论课改革创新的若干意见》，提出了"大中小学思想政治教育一体化建设"的新思想，这也是新中国成立以来，党中央、国务院首次对思想政治教育大中小学一体化作系统设计。该政策文件主要包括重要意义和总体要求，完善思政课课程教材体系，建设一支政治强、情怀深、思维新、视野广、自律严、人格正的思政课教师队伍，不断增强思政课的思想性、理论性和亲和力、针对性，加强党对思政课建设的领导等方面。文件指出，要整体规划思政课课程目标，明确在大中小学循序渐进、螺旋上升地开设思政课，并在不同的学段提出不同的重点要求：大学阶段重在增强使命担当，高中阶段重在提升政治素养，初中阶段重在打牢思想基础，小学阶段重在启蒙道德情感，这些安排，主要是为了解决传统上大中小学思想政治教育目标任务"上下一般粗"的问题。

为了全面贯彻落实党的新时代教育方针，完善德智体美劳全面发展的育人体系，党的十八大以来，党和国家陆续就如何加强体育、美育、劳动教育等作出政策部署。中共中央办公厅、国务院办公厅于2020年出台了《关于全面加强和改进新时代学校体育工作的意见》，提出到2022年，要配齐配强体育教师，开齐开足体育课，办学条件全面改善，学校体育工作制度机制更加健全，教学、训练、竞赛体系普遍建立，教育教学质量全面提高，育人成效显著增强，学生身体素质和综合素养明显提升。到2035年，多样化、现代化、高质量的学校体育体系基本形成。这份文件是尤为重要的，因为当下许多年轻人身体素质堪忧。例如，我的学生时代体育测试，男生要求跑3 000米，女生要求跑1 500米，而现在的体育测试则变成了男生1 000米，女生800米，差别之大一目了然。不过，同学们知道，清华大学有着非常浓厚的体育文化氛围，那句大家耳熟能详的口号便是例证——"无体育，不清华"。我在学校工作后也倍受鼓舞，自己坚持参加跑步社团，不出差的时候每周都要长跑一次。这里我也希望同学们要重视体育，不断提高自己的身体素质，并从体育运动中学到更多有价值的东西，争取至少为祖国健康工作五十年。

清华大学操场

同年，中共中央办公厅、国务院办公厅出台了《关于全面加强和改进新时代学校美育工作的意见》，提出到2022年，学校美育要取得突破性进展，美育课程全面开齐开足，教育教学改革成效显著，资源配置不断优化,评价体系逐步健全,管理机制更加完善,育人成效显著增强,学生审美和人文素养明显提升。到2035年,基本形成全覆盖、多样化、高质量的具有中国特色的现代化学校美育体系。为实现这个目标,该政策文件还要求,各地要加大中小学美育教师补充力度,未配齐的地区应每年划出一定比例用于招聘美育教师。有条件的地区可以通过购买服务方式,与相关专业机构等社会力量合作,向中小学提供美育教育教学服务,缓解美育师资不足问题。在全面发展教育中,美育工作也不可忽视,提升审美能力对于一个人的发展来说也是重要的。清华大学十分重视美育,还提出了一句新口号——"有美育,更清华",相信同学们能够在学习生活中不断提升自己的审美能力和人文素养。

除了体育和美育,劳动教育也不可或缺。习近平2018年9月10日在全国教育大会上首次把劳动教育纳入党的教育方针,使得全面发展的育人体系内涵从"德智体美"四育扩展为"德智体美劳"五育。2020年,中共中央办公厅、国务院办公厅出台了《关于全面加强新时代大中小学劳动教育的意见》,其中指出了劳动教育总体目标,即"通过劳动教育,使学生能够理解和形成马克思主义劳动观,牢固树立劳动最光荣、劳动最崇高、劳动最伟大、劳动最美丽的观念;体会劳动创造美好生活,体认劳动不分贵贱,热爱劳动,尊重普通劳动者,培养勤俭、奋斗、创新、奉献的劳动精神;具备满足生存发展需要的基本劳动能力,形成良好劳动习惯。"清华大学同样有一句言简意赅而内涵丰富的口号——"爱劳动,最清华",大力推进劳动教育。同学们要深刻认识到劳动教育的极端重要性,积极参加劳动教育,形成正确的劳动态度、劳动观念、劳动价值观,养成诚实劳动、创造性劳动的良好习惯,实现自身的全面发展。

农村教育始终是我国教育事业发展的一个薄弱环节,农村教师队伍质量不高是造成城乡教育质量差别的关键原因。为解决这个问题,教育部等六部门于2020年联合发布了《关于加强新时代乡村教师队伍建设的意见》，其中明确提出乡村教师队伍建设的总体要求是紧紧抓住乡村教师队伍建设的突出问题，促进城乡一体、加强区域协同，定向发力、精准施策，破瓶颈、强弱项，大力推进乡村教师队伍建设高效率改革和高质量发展。力争经过三年到五年努力，乡村教师数量基本满足需求，质量水平明显提升，队伍结构明显优化，地位大幅提高，待遇得到有效保障，职业吸引力持续增强，贫困地区乡村教师队伍建设明显加强。不知道大家是否注意到，这不是由教育部单独出台的文件，而是教育部与其他六部门共同发文。这就说明乡村教师队伍建设问题的复杂性、综合性，也展现了党和政府在解决此类问题上的新思路，那就是通过部际协同来解决。

教育评价在教育系统中发挥着巨大的导向作用。2020年，中共中央、国务院出台了《深化新时代教育评价改革总体方案》，明确教育评价改革目标是，经过五年至十年努力，各级党委和政府科学履行职责水平明显提高，各级各类学校立德树人落实机制更加完善，引导教师潜心育人的评价制度更加健全，促进学生全面发展的评价办法更加多元，社会选人用人方式更加科学。到2035年，基本形成富有时代特征、彰显中国特色、体现世界水平的教育评价体系。重点任务涵盖了党委和政府教育工作评价、学校评价、教师评价、学生评价与用人评价等五个方面，对我国教育评价改革作出总体部署，是一部站位高远，具有时代性、针对性和前瞻性的改革文件。其中提出的用人评价改革主要针对社会用人中的学历歧视问题，这种导向让高等教育入学机会的竞争长期处于非常激烈的状态，促使高中毕业生挤破头争取"双一流"或"985"高校的入学机会，为此产生不少非"双一流"不上的错误认识。现在，随着用人制度改革的逐步深入，一些地方院校和高职高专院校的毕业生的名字也逐渐出现在国家公务员招聘与央企、国企等单位的录用名单上，开始破除以前只招收"985"和"211"高校毕业生的局面。虽然这只是开始，但是难能可贵，对于营造任人唯贤、人尽其才、才尽其用的良好人才与教育生态至关重要。这个政策是个好政策，但是在政策执行和落实上依然还需要加大力度。

总之，党的十八大以来，针对我国教育事业发展中存在的若干不足和问题，党和国家出台了一系列的教育政策，力图推动这些问题的有效和持续解决。就文件类型来说，除了上述介绍的政策文件外，还有其他影响广泛的教育政策文件，如《新时代爱国主义教育实施纲要》《关于进一步减轻义务教育阶段学生作业负担和校外培训负担的意见》《关于深入推进世界一流大学和一流学科建设的若干意见》等。如果要对党的十八大以来党和国家出台的重大教育政策做一些必要概括的话，总体有以下四个特征：一是加强顶层设计，许多政策文件是由中央全面深化改革委员会亲自制定并由党中央和国务院发布的，政策的位阶之高和政策效力之大前所未有；二是注重部际协同，许多教育文件要解决的问题涉及各个部委，所以由各部委联合下发，解决问题的力度和有效性明显加大；三是注重补齐教育短板，就我国教育体系而言，特殊教育是短板、农村教育是短板、西部教育是短板，体育教育、艺术教育、劳动教育等也是短板，党的十八大以来出台的教育政策文件对于这些"短板"问题都作出政策回应，从总体上为推动各级各类教育高质量发展奠定了坚实的基础；四是聚焦顽瘴痼疾，像课外补习问题、教育评价改革问题、师德师风问题、教育功利主义问题等，都是长期困扰我国教育事业发展的老大难问题，党的十八大以来针对这些问题开展系统研究、精准施策，推动这些问题的解决朝着正确的方向提速，切实推动了我国教育事业的蓬勃发展。

三、党的十八大以来我国教育事业发展取得的历史性成就

党的十八大以来，在党中央的正确领导下，依靠广大教育工作者的团结奋斗和无私奉献，伴随着我国教育事业改革重大举措的推进，我国教育事业发展取得了突出的历史性成就。习近平在2018年全国教育大会上曾经对这些成就作出高度概括，他指出，"党的十八大以来，我们围绕培养什么人、怎样培养人、为谁培养人这一根本问题，全面加强党对教育工作的领导，坚持立德树人，加强学校思想政治工作，推进教育改革，加快补齐教育短板，教育事业中国特色更加鲜明，教育现代化加速推进，教育方面人民群众获得感明显增强，我国教育的国际影响力加快提升，13亿多中国人民的思想道德素质和科学文化素质全面提升。"在党的二十大报告中，习近平再次指出，过去十年，我们建成了世界最大规模的教育体系，教育普及水平实现了历史性的跨越。教育事业发展取得的这些历史性成就为社会主义现代化提供了有力的人才、智力和道德支撑。

下面我们借助一些客观的统计数据来具体和直观地认识党的十八大以来我国教育事业发展所取得的长足进展。

首先我们来看看各级各类教育的毛入学率，它可以比较直观地反映我国教育普及水平的历史变迁。目前国际上通行的教育统计指标包括学前教育三年毛入园率、义务教育巩固率、高中阶段毛入学率、高等教育毛入学率以及在学研究生数，等等。2022年我国各教育阶段的统计指标都相较于10年前有了大幅增加，其中，学前教育三年毛入园率增加了25.2%，义务教育巩固率增加了3.7%，高中阶段毛入学率增加了6.6%，高等教育毛入学率增长29.6%，在学研究生数增长近乎翻番。我们的义务教育普及和巩固工作是全世界做得最好的，中国的基础教育在世界上享有盛誉，同时我

们的研究生在学规模也已经超过美国，目前排行世界第二。从这些指标中我们可以看出，2012—2022 年，科教兴国和教育优先发展的战略得到了切实地实施，各级各类教育供给能力有了显著的提高，从一个侧面印证了习近平在党的二十大报告中所说的，我们已经建成了世界上最大规模的教育体系以及教育普及水平实现了历史性的跨越。

我们的劳动年龄人口平均受教育年限和新增劳动力人口平均受教育年限也都有显著的提升。其中，我国劳动年龄人口平均受教育年限已经从 2012 年的 9.9 年提高到了 2022 年的 10.93 年，新增劳动力平均受教育年限从 12.4 年提高到了 14 年，也就是说提高到大学一年级的水平。同学们乍一看这两个数字似乎都只提高了一年，但这个成就是巨大的，背后付出了大量艰辛的努力。同学们想一想，为什么我国现在劳动力成本在逐渐上升，但国际资本还是离不开中国？这不仅是因为我们的劳动力市场大，还因为我们的劳动力素质越来越高，能够支撑一些高附加值的企业在中国投资和发展。

如果要系统地总结一下党的十八大以来我国教育事业发展取得的历史性成就的话，我想可以从下列十个方面来把握。

第一，形成了以"九个坚持"为核心内容的习近平关于教育的重要论述。"九个坚持"是改革开放以来尤其是党的十八大以来，我们党关于教育工作基本规律的总结，是办好党和国家教育事业的根本保证。"九个坚持"的具体内容包括：坚持党对教育事业的全面领导，坚持把立德树人作为根本任务，坚持优先发展教育事业，坚持社会主义办学方向，坚持扎根中国大地办教育，坚持以人民为中心发展教育，坚持深化教育改革创新，坚持把服务中华民族伟大复兴作为教育的重要使命，坚持把教师队伍建设作为基础工作。"九个坚持"是新时代中国特色社会主义教育理论的精华，是马克思主义教育思想的新发展，也是指导我们教育工作的思想指南。

第二，党的教育方针有了新的表述并得到全面贯彻落实。为适应新时代中国特色社会主义建设的客观需要，新修订的《中华人民共和国教育法》第五条对教育方针作出新表述："教育必须为社会主义现代化建设服务、为人民服务，必须与生产劳动和社会实践相结合，培养德智体美劳全面发展的社会主义建设者和接班人。"这个教育方针特别重要的地方在于将劳动教育纳入全面发展教育之中，形成德智体美劳"五育并举"的新格局，丰富和发展了马克思主义关于人的全面发展思想。

第三，教育优先发展战略得到深入实施。教育优先发展战略作为一项国家战略在改革开放初期就已经基本确立了，随着改革开放的深入推进得到切实有效地实施，党的十八大以来更是如此。在21世纪的头10年，我国的财政性教育经费投入还达不到国内生产总值的4%，党的十八大之后才实现了这个目标。近十年我国财政性教育经费投入占国内生产总值比例平均为4.13%，虽然还暂时低于经济合作与发展组织国家平均指标4.9%和世界平均指标4.3%，但相比于2012年之前（占比不到4%），已经取得了巨大进步。伴随着教育优先发展战略的实施，教育条件，包括教师，特别是农村地区教师的收入水平，都有显著改善，为教育事业发展和创新奠定了坚实的物质基础。

第四，教育系统党的建设和思想政治工作得到显著加强。党的十八大以来，在党中央集中统一领导和部署下，大中小学党的建设和思想政治工作得到显著加强，习近平多次就如何加强教育系统党的建设和大中小学思想政治工作发表重要讲话、作出重要指示，教育系统党的建设和思想政治工作总体面貌焕然一新，呈现出生机勃勃的局面。特别重要的是，在这个方面，习近平系统阐述了社会主义核心价值观的内涵、层次和相互关系，并部署将社会主义核心价值观融入国民教育全过程。

第五，确立了新的更加符合时代要求的人才观、教育观、质量观。党的十八大以来，习近平围绕着这些观念问题多次发表重要讲话，有效推动了这些观念的变革，为教育事业科学发展提供了正确的观念指引。人才观方面，人们逐渐放弃了单一的人才观，接受了多元的人才观，放弃了"成龙成凤"的传统培养观念，接受了"人人皆可成才"的新理念。教育观方面，在重视教育的人文性的同时，人们对教育的社会性质、政治性质有了新的认识，尤其是对社会主义教育的本质特性有了更加明确的认识。质量观方面，人们注意到了传统的以追求分数、升学等为主要标准的质量观的偏颇之处。各级教育部门要求将立德树人的成效作为评价各级各类学校办学质量的根本标准，教育质量观回到教育的本体即人的发展这个原点上来。虽然这些重要的观念还没有得到彻底的贯彻落实，在一些地方和学校还与其他的错误观念处于竞争之中，但是它们的提出及其广泛影响，应当被理解为党的十八大以来我国教育事业发展观念方面的成就。

第六，各级各类教育事业走上内涵式发展新模式。党的十八大以来，我国教育事业发展在模式上有一个明显的转变，就是从外延式发展转向内涵式发展。外延式发展主要是要解决教育机会的供给问题，强调规模的扩大；而内涵式发展则关注解决教育的质量问题，把立德树人作为教育事业发展的根本任务。内涵式发展是我国教育从教育大国走向教育强国的必由之路。

第七，坚持教育事业的公益性，各级各类教育公平进一步扩大。党的十八大以来出台的多项政策涉及对教育公益性的认识和维护，比如对民办学校高价收费问题的规范管理，对校外学科培训的治理，对名目繁多的高考加分政策的调整，对特殊教育、贫困地区教育等的政策倾斜等，这些政策共同的价值指向都是坚持教育的公益性，体现我国教育的社会主义性质，促进各级各类教育公平。

第八，教师队伍和师德师风建设取得长足进展。强国必先强教，强教必先强师。建设一支高素质、专业化、创新型的教师队伍，是党的十八大以来始终不变的政策目标。中央和地方都出台了很多文件，就如何加强新时代教师队伍建设作出全面部署，教师队伍无论是从数量、质量、结构还是待遇及专业发展方面都取得了历史性成就，夯实了教育现代化和教育强国建设的人力基础。

第九，教育信息化深入发展，对教育公平和增强教育系统韧性作出突出贡献。党的十八大以来的十年，正是大数据、互联网和人工智能等现代信息技术快速发展的十年。得益于我国信息技术发展的宏观布局和快速迭代，我国的教育信息化水平也不断提高，正在改变我们的教育治理方式、课程与教学、学生与教师评价等方式，在线教育迅速发展，为新冠疫情期间保障教育教学秩序作出重要贡献，极大地推进了教育公平、增强了教育系统应对各种风险和挑战的韧性。

第十，教育法治化得到进一步提升，教育生态得到有效治理。党的十八大以来，我国新出台和修订了多部教育法律法规，进一步完善了我国的教育法律体系，增强了教育法律体系的时代性、实践性和针对性，为我国教育事业健康发展提供了法律保障。在依法治教理念的指导下，校外培训、义务教育阶段民办教育无序发展、中高考生源的恶性竞争等不良教育现象得到有效治理，取得阶段性成果。曾经，民办教育一度是优质教育的符号，在我国东部发达地区更是如此，公立教育的质量反而比不上民办教育，出现了教育领域"民进公退"的现象。究其原因就是教育无序竞争，国家鼓励社会资本投入教育以扩大优质教育的总量，但一些民办学校开始以高额薪酬挖优秀老师、挖尖子生，直接破坏了教育健康发展的秩序。在这种背景下，国家出台《中华人民共和国民办教育促进法》，强调民办教育与公办教育协同发展，而且要有序发展，各自为政、恶性竞争的教育生态得到遏制和优化。

以上十个方面反映出党的十八大以来我国教育事业的发展确实取得了历史性的成就，这是毋庸置疑的。这些多方面的成就，在国际上也产生了很大的影响。哈佛大学费正清中国研究中心的柯伟林（William C. Kirby）教授参加了2022年由清华大学教育研究院承办的首届清华高等教育论坛。他出版的一本专著，名为《理念的帝国》，主要讲世界高等教育的影响力中心的转变。在这本书的勒口上印上了他说的一段话：如今，美国大学几乎在全球大学的主要排名中都占据前排位置。然而，从历史的角度来看，美国的卓越地位相对较新，没有理由认为一个世纪后美国大学将继续排在前列。美国在高等教育领域的霸主地位正面临巨大压力，尤其是在公立大学领域。与此同时，中国的大学正在崛起，如今它们是世界上颇具创新性的教育影响力中心之一。而这段话的结尾句"Will China threaten American primacy？"对教育方面中国是否会威胁美国的地位提出了疑问，这个问题也反映出了美国学者的焦虑。这个问题能够被美国学者提出来，说明我国的高等教育乃至整个国家的教育事业在水平、质量、影响力等多个方面已经取得了举世瞩目的发展，产生了越来越大的世界影响。

总的来看，党的十八大以来，教育领域改革创新不断深入，解决了一些长期想解决而没有解决好的问题，国民科学文化素质有了显著提升，人才资源总量有了显著增长，教育对经济社会发展的贡献度进一步提升，教育事业发展取得新的历史性成就，发生格局性变化，广大人民群众对教育的获得感、满意度进一步提升，为教育强国建设、增强中国式现代化建设支撑能力打下了坚实基础。同时，我国的教育事业发展实现了重要转变，从以外延式发展为主转为以内涵式发展为主，从重视物的投入转为重视人的投入，从模仿借鉴国外经验为主转为基于自身国情和需要自主创新为主，从局部性改革走向系统性、整体性和协同性改革，我们正处在从教育大国走向教育强国的关键阶段。

四、党的二十大报告中有关教育战略的新构想

"教育战略"可以理解为对特定区域范围内,包括全球、国家或地方行政区域的教育事业发展所作出的全局性、系统性和前瞻性思考与谋划。党的二十大报告对教育事业发展作出了哪些新的战略部署?通过对党的二十大报告的研读学习,我认为主要体现在以下几个方面。

第一,提出了教育战略地位的新论断。关于教育事业的战略地位,出现在党的二十大报告的第五部分。其中明确指出:"教育、科技、人才是全面建设社会主义现代化国家的基础性、战略性支撑。必须坚持科技是第一生产力、人才是第一资源、创新是第一动力,深入实施科教兴国战略、人才强国战略、创新驱动发展战略,开辟发展新领域新赛道,不断塑造发展新动能新优势。"这个论断首次将教育、科技、人才并列为全面建设社会主义现代化国家的基础性、战略性支撑,首次将科教兴国战略、人才强国战略和创新驱动发展战略并提,有助于我们更全面更深入地理解教育在中国式现代化建设中的战略地位与重要作用。报告中将这种作用表述为"支撑",这意味着教育就像一根支柱,发挥着支撑全局的作用,如果这根支柱不够有力,那么现代化建设全局都会受到影响。

教育部部长怀进鹏介绍教育、科技、人才、创新等领域改革

第二,明确了建设教育强国的任务和时间表。党的二十大报告指出:"我们要坚持教育优先发展、科技自立自强、人才引领驱动,加快建设教育强国、科技强国、人才强国,坚持为党育人、为国育才,全面提高人才自主培养质量,着力造就拔尖创新人才,聚天下英才而用之。"明确提出到2035年要"建成教育强国、科技强国、人才强国、文化强国、体育强国、健康中国,国家文化软实力显著增强"。教育强国从概念内涵上,既包含了"教育强的国家"这个意思,"强"在这里是一个形容词;同时也

包含了"通过教育使国家强盛"的意思,"强"在这里是一个动词,这两层意思具有统一性。"教育强国"不是一个单纯的描述性概念,而是一个带有比较强烈价值预设和指向的命题,一个教育与国家功能性关系的理论命题。从历史上看,教育强国命题是对历史上不同时期"教育救国""教育建国""科教兴国"等教育与国家关系命题的继承和发展,客观上反映了近代以来中国社会从站起来到富起来再到强起来的教育需求和教育价值取向,是对当代我国教育事业发展所担负的国家责任和使命的高度概括和凝练表达。

第三,对如何建设教育强国作出了具体部署。如何加快教育强国建设?党的二十大报告对此作出了一些重要部署,强调"教育是国之大计、党之大计。培养什么人、怎样培养人、为谁培养人是教育的根本问题。育人的根本在于立德。全面贯彻党的教育方针,落实立德树人根本任务,培养德智体美劳全面发展的社会主义建设者和接班人。坚持以人民为中心发展教育,加快建设高质量教育体系,发展素质教育,促进教育公平。"这些是比较宏观的部署,涉及教育事业的性质、根本任务、工作重点和指导思想等。在明确了这些要求之后,党的二十大报告还对各级各类教育的高质量发展作出具体部署,提出要"加快义务教育优质均衡发展和城乡一体化,优化区域教育资源配置,强化学前教育、特殊教育普惠发展,坚持高中阶段学校多样化发展,完善覆盖全学段学生资助体系。统筹职业教育、高等教育、继续教育协同创新,推进职普融通、产教融合、科教融汇,优化职业教育类型定位。加强基础学科、新兴学科、交叉学科建设,加快建设中国特色、世界一流的大学和优势学科。引导规范民办教育发展。加大国家通用语言文字推广力度。深化教育领域综合改革,加强教材建设和管理,完善学校管理和教育评价体系,健全学校家庭社会育人机制。加强师德师风建设,培养高素质教师队伍,弘扬尊师重教社会风尚。推进教育数字化，建设全民终身学习的学习型社会、学习型大国"。这些具体部署，擘画了教育强国建设的经纬和骨架，必将对教育强国建设产生长远的指导作用。

第四，对完善科技创新体系、加快实施创新驱动发展战略作出了部署。当前，伴随着个别国家在科技领域搞狭隘的民族主义，自主科技创新的战略意义更加凸显。党的二十大报告明确提出，"坚持面向世界科技前沿、面向经济主战场、面向国家重大需求、面向人民生命健康，加快实现高水平科技自立自强。以国家战略需求为导向，集聚力量进行原创性引领性科技攻关，坚决打赢关键核心技术攻坚战。加快实施一批具有战略性全局性前瞻性的国家重大科技项目，增强自主创新能力。加强基础研究，突出原创，鼓励自由探索。提升科技投入效能，深化财政科技经费分配使用机制改革，激发创新活力。"

第五，对深入实施人才强国战略进行了部署。党的二十大报告指出，"培养造就大批德才兼备的高素质人才，是国家和民族长远发展大计"，这充分表达了对人才工作战略意义的认识。教育工作就是要秉持为党育人、为国育才的初心和使命，努力造就堪当民族复兴大任的时代新人。要坚持党管人才原则，引导广大人才爱党报国、敬业奉献、服务人民；要完善人才战略布局，建设规模宏大、结构合理、素质优良的人才队伍；要加快建设世界重要人才中心和创新高地，促进人才区域合理布局和协调发展，着力形成人才国际竞争的比较优势；要加快建设国家战略人才力量，努力培养造就更多大师、战略科学家、一流科技领军人才和创新团队、青年科技人才、卓越工程师、大国工匠、高技能人才；要加强人才国际交流，用好用活各类人才；要深化人才发展体制机制改革，真心爱才、悉心育才、倾心引才、精心用才，求贤若渴，不拘一格，把各方面优秀人才集聚到党和人民事业中来。

第六，对其他教育工作的战略性部署。学习党的二十大报告，我们可以发现，涉及教育问题的内容不局限于第五部分，在报告的其他部分也有涉及，并对教育多方面工作提出要求。例如在报告的第八部分"推进文化自信自强，铸就社会主义文化新辉煌"中提出，意识形态工作是为国家立心、为民族立魂的工作；要牢牢掌握党对意识形态工作领导权，全面落实意识形态工作责任制，巩固壮大奋进新时代的主流思想舆论；健全用党的创新理论武装全党、教育人民、指导实践工作体系；深入实施马克思主义理论研究和建设工程，加快构建中国特色哲学社会科学学科体系、学术体系、话语体系，培育壮大哲学社会科学人才队伍。这些论述对新时代新征程中我国的哲学社会科学事业发展具有重要的战略指导意义。同样在报告的第八部分还提出要广泛践行社会主义核心价值观，强调社会主义核心价值观是凝聚人心、汇聚民力的强大力量；要弘扬以伟大建党精神为源头的中国共产党人精神谱系，用好红色资源，深入开展社会主义核心价值观宣传教育，深化爱国主义、集体主义、社会主义教育，着力培养担当民族复兴大任的时代新人；要推动理想信念教育常态化制度化，持续抓好党史、新中国史、改革开放史、社会主义发展史宣传教育，引导人民知史爱党、知史爱国，不断坚定中国特色社会主义共同理想。要用社会主义核心价值观铸魂育人，完善思想政治工作体系，推进大中小学思想政治教育一体化建设；要坚持依法治国和以德治国相结合，把社会主义核心价值观融入法治建设、融入社会发展、融入日常生活。可以相信，党的二十大之后，我国的社会主义核心价值观教育和践行必将进入一个新的历史阶段，成为指导国家建设、社会发展和公民培养的核心价值指针。

此外，党的二十大报告还就如何加强家庭家教家风建设、加强青少年体育、加强理想信念教育等进行部署并提出要求，以回应时代发展对教育工作提出的新任务新挑战新需求。

五、对加快建设教育强国、推进中国式现代化的若干思考

为了加快教育强国建设,推进中国式现代化,教育工作需要在以下这些方面持续努力。

第一,坚定为党育人、为国育才的初心使命。学校是教育的机构,学校究竟为谁而教,这是办学治校不能不考虑的一个基本问题。如果教育工作者对于这个问题想不清楚,学校教育工作很可能会发生方向性问题。置身于中华民族伟大复兴战略全局和世界百年未有之大变局,新时代的教育工作一定要坚定为党育人、为国育才的初心使命,胸怀"国之大者",全面贯彻落实党的教育方针政策,提高政治站位,深刻理解教育政治性的时代内涵以及教育政治性与专业性之间的关系。为党育人、为国育才,这是新时代教育强国建设的一条主线和红线,是教育工作服务、支撑中国式现代化建设和全面建设社会主义现代化强国的价值准绳,不可偏离,更不能违背。

第二,把握教育事业发展的历史坐标和时代方位,强化未来思维。加快建设教育强国,必须要准确把握我国教育事业发展的历史坐标和时代方位。由教育大国转向教育强国,我国教育事业发展迈向新的征程。这个过程不会很顺利,一定会遭遇来自观念、制度、文化、行为以及条件保障等多方面的制约。但是,要实现党的二十大报告中提出的"教育战略",教育事业发展就必须完成这些转变,从未来社会、人和教育的需要的角度,提出新课题、开辟新赛道、增强新动能、开辟新领域,不断增强教育对中国式现代化建设的服务能力、支撑能力和贡献能力。

第三,聚焦"培养什么人、怎样培养人、为谁培养人"的教育根本问题。教育的核心工作就是"育人",这是教育工作的普遍规律。但是"育

人"不是抽象的,而是具体的;不是"永恒的",而是"具有时代特点的"。习近平多次指出,我们是社会主义国家,教育的根本任务是立德树人,要培养德智体美劳全面发展的社会主义建设者和接班人,而不是旁观者和反对派。清楚认识教育的根本任务,我们才能够弄清楚学校为谁办学、教师为谁而教、学生为谁而学等一系列问题。在到教育一线调研的过程中,我也曾经就为谁办学、为谁而教和为谁而学的问题向学校校长、老师和青少年学生了解过。同学们也要深入地思考"为谁而学"的问题。

第四,坚持以人民为中心发展教育,增强教育活力。在2018年全国教育大会上,习近平明确提出"坚持以人民为中心发展教育"。当前,我国教育改革发展的主要矛盾是人民日益增长的更高水平、更高质量的教育需求与教育发展不平衡不充分之间的矛盾。这就要求在教育强国建设过程中,必须将实现更大范围的公平和更高水平的质量作为战略重点,同时要解决作为公平和质量内在根据的教育活力问题。教育活力不足,质量就没有保障;质量得不到改善,也就谈不上公平。

第五,聚焦高质量发展主题,不断完善高质量教育体系。"十四五"期间教育发展以推动高质量发展为主题,加快推进教育现代化、建设教育强国要加快建设高质量教育体系。其中需要思考如何重新定义教育的质量,树立科学的教育质量观;如何加强教师队伍建设,打造一支热爱党和人民的教育事业、数量充足、结构合理以及富有创新精神的高素质教师队伍;如何解决教育生态问题,促进各级各类教育纵向衔接、横向贯通;如何促进家庭、学校、社会、企业、科研院所协同育人,改变传统教育工作单纯依赖学校的弊端;如何建立法治化、专业化和数字化的现代教育治理体系;如何建立政府、市场、专业力量协同作用的支撑保障体系等新课题。对于这些课题我们没有现成的经验可以借鉴,也没有国外的模式可以照搬照抄,必须坚持以马克思主义为指导,解放思想,实事求是,坚持问题导向，坚定教育自信和文化自信，在解决问题中不断完善我们的教育体系。

第六，推进教育数字化，建设全民终身学习的学习型社会和学习型国家。中华民族历来有重视读书学习的优良文化传统，《论语》的首句就是"学而时习之，不亦说乎"，表达了孔子对学习的热爱。历史上，中华民族正是在学习中应对一个又一个严峻挑战，并不断获得新的力量，使灿烂的中华文明延绵不绝。当前，人类

清华大学图书馆

已经进入终身学习时代，数字化、网络化和人工智能时代的来临，为打破现代教育制度的藩篱、建设一个面向全体人民的人人可学、时时能学、处处有学的学习型社会创造了无与伦比的技术条件。加快实现现代化、建设教育强国必须紧紧抓住教育数字化这个历史机遇，通过数字化赋能教育和各种正式与非正式的学习，开辟教育强国建设的新赛道新路径。

各位同学，党的二十大已经作出了加快推进教育强国建设和到2035年建成教育强国、科技强国和人才强国的战略部署，目标宏大，路径清晰，措施有力。不知道你们的信心如何，我自己对于2035年完成这一伟大的教育改革与发展目标是有信心的，因为我们有党的领导和中国特色社会主义制度的巨大优势，有几千年优秀的教育文化传统，有党的十八大以来所形成的以"九个坚持"为核心的习近平关于教育重要论述指引，有情怀深厚、业务精湛的人民教师的倾心奉献。

当然，要实现这个宏伟目标不是轻而易举的，要依靠教育界的团结奋斗，依靠社会各界的大力支持，更要依靠在座各位同学的共同努力。同学们未来无论坚守什么岗位，无论是否从事教育工作，都一定要承担起支持教育发展和教育强国建设这一崇高的历史责任。

本 讲 小 结

教育是国之大计、党之大计。新中国成立以来，我国教育事业走过了由旧到新、由小到大的非凡历程，实现了从文盲大国向教育大国、从人口大国向人力资源大国的转变。党的二十大报告明确提出要加快建设教育强国，为新时代我国教育事业高质量发展指明了方向。当今世界，新一轮科技革命和产业变革深入发展，围绕高素质人才和科技制高点的国际竞争空前激烈。我国在建设教育强国上仍存在不少短板和弱项，实现从教育大国向教育强国的跨越依然任重道远。

第九讲

疫情时代与公共卫生体系

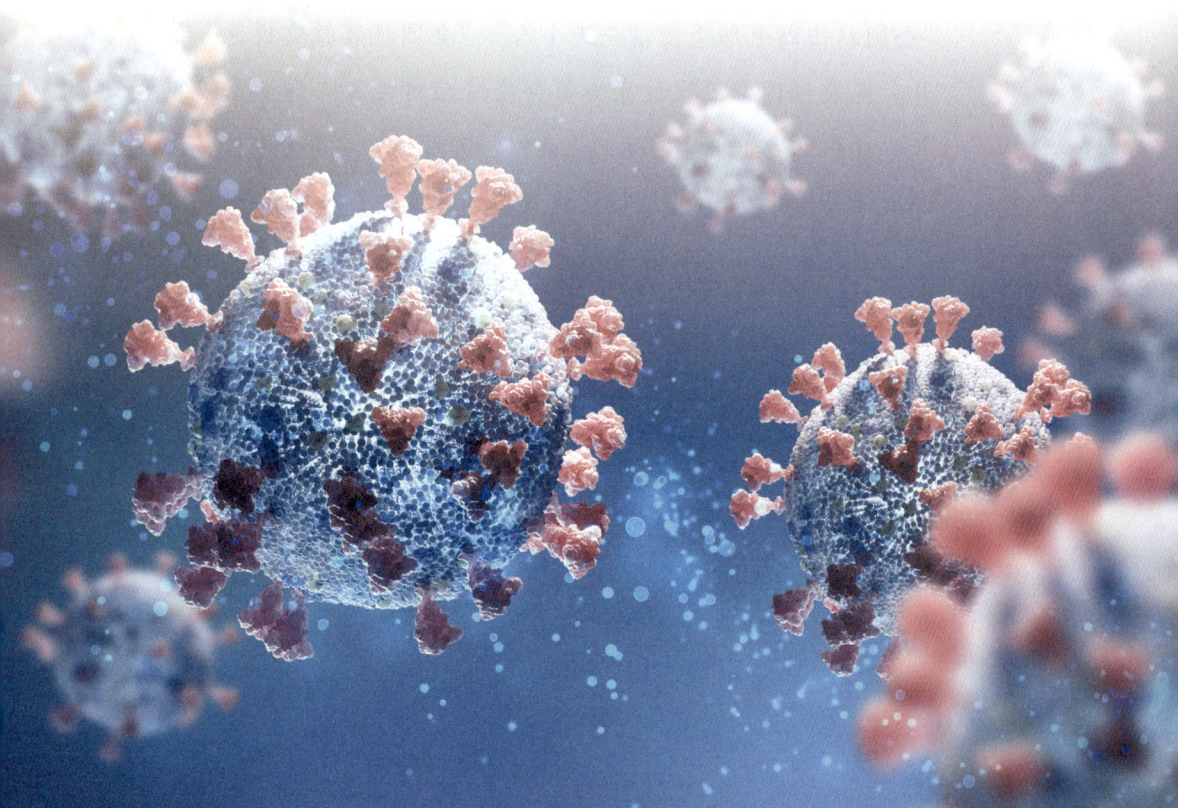

中国式现代化十二讲

梁万年
清华大学万科公共卫生与健康学院
教授

清华大学万科公共卫生与健康学院常务副院长，健康中国研究院院长，清华大学万科讲席教授、医学博士、博士生导师。主要从事管理流行病学、卫生管理学、流行病与卫生统计学、社区卫生服务管理、全科医学等领域的研究工作。国务院政府特殊津贴获得者，国家级有突出贡献的中青年专家，曾获"全国抗击新冠肺炎疫情先进个人""全国抗震救灾模范"称号。现兼任国家卫生健康委员会疫情应对处置工作专家组组长、世界卫生组织《国际卫生条例》突发事件委员会委员、清华大学《柳叶刀》"中国健康扶贫"特邀报告专家委员会委员、Global Transitions 期刊总编辑。

第九讲 疫情时代与公共卫生体系

非常荣幸向同学们讲授新冠疫情中我国的抗疫情况与抗疫过程，总结中国抗疫的贡献和相关经验，进而思考后疫情时代如何加强公共卫生体系建设，通过抓住关键环节建立有韧性的强大公共卫生体系，构建健康中国，推进中国式现代化。我来自清华大学万科公共卫生与健康学院，我们学院面向全校同学开设了一门通识课程——"公共卫生与健康"，开设这门课程的初衷是让同学们进一步认识健康的重要性，更加健康地生活和学习。因为健康是每个人生存最重要的基础，也是国家富强、民族复兴、人民幸福的重要标志，掌握与公共卫生相关的健康知识，对个人、家庭、社会乃至对国家和整个民族来说，都是非常重要的。

一、大流行：挑战与应对

（一）大流行的概念

大流行是评价传染病流行强度的指标。它通常是指某种疾病的发病蔓延迅速，涉及地域广，人口比例大，在短时间内可以越过省界、国界甚至洲界形成世界性流行。传染病疫情通常分为四个等级。第一等级是散发，此时，疾病的发生是零星的、局部的和低水平的，这种状态是许多常见的疾病所固有的，例如流感虽然有明显的季节性，但通常不会出现大规模的聚集性疫情，腹泻、皮疹、发烧等也都具有这种特点，所以散发也被称为地方性或本土性的疾病状态。第二等级是暴发，这是指一种疾病本不存在或在平常情况下处于低水平的散发状态，但在短时间内突然在一定的人群当中大量出现，病例数迅速增长，而在经过一个长潜伏期后，又开始消失，总而言之，其趋势呈现出从低水平甚至零突然上升，在经过一个平台期后逐渐下降，直到最后恢复为常态。暴发最常出现于集体单位，例如在学校中一种食物被污染了，师生集体食用以后大量出现急性胃肠炎、腹泻、呕吐、恶心、发热等症状。近来，随着生态环境的改善和对饮食健康的逐步重视，消化道传染病的出现大大减少，不过诸如麻疹、风疹、百日咳等呼吸道传染疾病依然会出现暴发状态。第三等级是流行，此时疾病已经在一个国家内跨越市界或省界传播。而我们所讲的"大流行"则属于最高等级第四级，此时疾病跨国、跨洲，在全球范围内传播。其实，世界卫生组织对"大流行"并没有给出明确的定义，只是在针对传染性疾病制定预案时，提出了应对措施和建议。

关于新型冠状病毒感染，2020年1月30日，世界卫生组织将其定义为构成了"国际关注的突发公共卫生事件"。同年3月，世界卫生组织总干事谭德塞宣布，新冠疫情已经构成了大流行。那么，这两种表述是否为同一个概念？世界卫生组织专业委员会共有15个委员，我作为其中之一，一直参与研究这个问题。首先，我们确定了国际关注的突发公共卫生事件与大流行并不是一个概念。对国际关注的突发公共卫生事件的判断需要经过特定的法定程序。具体来看，如果传染病已经给跨国贸易和旅游造成影响，对人的健康和生命产生危害，那么世界卫生组织的专家委员会就会提出建议，相关专家根据疫情的强度，即其致病性、传播力与可持续性等综合指标进行风险评估和研究判断，在专家们取得一致意见后，总干事宣布其传染强度，这一过程严格依据《国际卫生条例》。而对于大流行，《国际卫生条例》等国际法法规并没有作出明确的规定。2023年5月5日，世界卫生组织总干事谭德塞宣布，新冠疫情不再构成"国际关注的突发公共卫生事件"，但这并不意味着新型冠状病毒流行的结束。现在，新型冠状病毒在全球仍然处于流行状态，病原体变异的不确定性仍然存在，而且暂无有效的手段锁定其变异方向，以及变异后的致病力与传播力，所以从这些角度来看，它仍然是造成人类死亡最多的疾病之一。

(二)大流行的实现途径

考察大流行的实现途径需要从三个方面入手,包括大流行的特征及判定标准、大流行传染病的特点以及大流行的影响因素。

首先,只有把握特征,才能判断一种疫情是否为大流行。一些专家曾提出疑问:慢性病有没有大流行一说?其实,如果一种慢性病在全球范围内产生危害,且发病时间短,短时间内有可能快速地增加。如我们所熟知的肿瘤,目前随着基因筛查技术发展与肿瘤发现能力增强,其发病率在增加,但这并不是说患病的人数越来越多,而是说疾病的发现能力在增强,同时人们主动接受筛查与诊断的意愿在增强,不过肿瘤并不传播,并不能被定义为传染性疾病,所以不属于大流行。相比之下,疫情的一个重要特点是具有病原体,这种病原体可以通过呼吸道、消化道、直接接触、间接接触等途径传播,且传播往往不以人的意志为转移,比如人人都需要呼吸,所以很难避免呼吸道传播。所以判断一种疾病是否为大流行,必须要依靠其特征来判定。

其次,大流行传染病具有六个主要特点。第一个特点是范围广泛,第二个特点是传播速度快,第三个特点是会对人体健康和生命安全造成较大损害,对社会经济造成较大危害。其中需要考虑人体的抵抗力与病原体致病能力之间的关系,如果一种传染性疾病传播速度快、传播范围广,但由于人群的免疫屏障形成,所以对人身体的危害和对人生命的威胁并不大,也不会损害劳动力与经济社会发展,就不会造成流行。例如,天花是人类历史上通过主动免疫的方式所消灭的一种疾病,针对天花接种天花疫苗从而形成终身免疫,就实现了主动切断。再如人类接种脊髓灰质炎疫苗,也让小儿麻痹症的患者大大减少。第四个特点是人类难以对其实行有效控制,从防止传播到临床治疗的技术手段都存在欠缺。如果我们的卫生健康系统具有有效的医疗技术与药物，能够治好疾病，那么这类疾病也无法造成大流行；反之，则会难以避免疫情在全球范围内大肆传播。第五个特点是对疾病未来的趋势和走向并不完全清楚。对于疾病的预测，一般会使用回归模型，而在不同的阶段，疾病的流行特征和流行参数是在变化的，包括病原体与疾病本身的特征、人群的抵抗力、卫生系统的张力和韧度等都在变化，甚至不同地区的参数也不一样，如此复杂的情况导致预测疾病十分困难。第六个特点是病原体往往会随着人群免疫力的增加与药物的广泛使用而发生变异、产生抵抗力。大流行的疾病不同于自然灾害或事故灾害，地震、海啸、泥石流与矿难等，虽然第一次危害极大，但其危害程度会在达到波峰之后越来越小。传染性疾病虽然在刚开始出现的时候并没有显示那么大的危害性，但在经过一定的潜伏期与窗口期后，其危害会在短时间内如海啸般快速增加，所以面对大流行传染性疾病，我们必须努力做到早发现、早诊断、早控制与早治疗。

影响大流行的因素主要有两点。一个是自然因素，即温度、湿度等，这些因素影响的是病原体及其基层宿主动物；另外一个是社会因素，包括社会制度、经济水平、人口、文化等，这些往往是对重大传染性疾病流行产生决定性作用的因素。例如，面对此次新冠疫情的全球大流行，我国社会主义制度的优越性得到了充分彰显。必须深入总结我国三年多抗疫的经验，作为相关领域的专家，我一直在思考与总结中国的抗疫经验，并将之归纳为"八种力量"。

一是理念的力量。中国共产党的抗疫理念是独特的，早在2020年1月20日，习近平就作出重要指示，要求"各级党委和政府及有关部门把人民群众生命安全和身体健康放在第一位，采取切实有效措施，坚决遏制疫情蔓延势头"。2020年9月8日，在全国抗击新冠肺炎疫情表彰大会上，习近平再次指出，"我们坚持人民至上、生命至上，以坚定果敢的勇气和坚忍不拔的决心，同时间赛跑、与病魔较量，迅速打响疫情防控的人民战争、总体战、阻击战，用1个多月的时间初步遏制疫情蔓延势头，用2个月左右的时间将本土每日新增病例控制在个位数以内，用3个月左右的时间取得武汉保卫战、湖北保卫战的决定性成果，进而又接连打了几场局部地区聚集性疫情歼灭战，夺取了全国抗疫斗争重大战略成果。""坚持人民至上、生命至上"是中国共产党的抗疫理念，这一理念是先进的，与西方一些国家秉承自由至上或经济至上的抗疫理念明显不同。同时，中国共产党的抗疫理念也是我们制定抗疫政策、采取相应抗疫措施的根本遵循，是我们取得抗疫胜利的重要保证。

二是制度的力量。面对难题，我国总能够做到上下联动全国一盘棋，疫情下的武汉保卫战、湖北保卫战以及上海保卫战都是典型实例。2019年的12月31日晚9点我就抵达了武汉，在大家的共同努力下，通过采取一系列措施有效控制了武汉的疫情。可以说，只有在中国特色社会主义制度下，才能够举全国之力应对难题、共渡难关。

三是专业的力量。我们卫生健康系统的医务人员，不论是医疗救治部门还是公共卫生部门，都将职业精神发挥得淋漓尽致。不论是基层的乡村医生还是城市大医院的医生，不论是外科医生、儿科医生、妇科医生，抑或是全科医生，全部医务人员都奋战在救治新冠病人的第一线，所有的科室都接收新冠病人。即使被感染，也很少有人回去休息，都在带病坚持工作。在国际交流时，许多外国同行都被中国医务人员的职业精神所折服，因为从国际上来看，许多国家在疫情流行期间其医务人员的减员为30%左右，有些国家在疫情流行高峰的时候，它们的一些医务人员选择离职并罢工抗议。与其形成鲜明对比的是，中国的医务人员不仅展示了专业的医技医术，更彰显了崇高的职业精神。

四是人民的力量。抗疫展示了中华民族独特的民族精神，那就是同舟共济、团结协作以及高度的利他主义。在中华民族强大而优秀的民族精神的支持下，我们遇到任何灾难都能挺得过。

五是社区的力量。我们能够快速地取得抗疫胜利，离不开医疗卫生机构，同样也离不开社区等基层组织。这一经验对我国国家治理体系和治理能力现代化也具有重要意义。社区是治理体系中的重要基石，要努力把卫生健康治理体系和社区治理有机融合。

六是科技的力量。科学和技术是抗疫最有效的武器。从疫苗和药物的研发，到病原体的发现以及流行病学调查，再到密切接触者追踪，无不展示了科技的力量。清华大学也在其中作出了重要贡献。

七是宣传的力量。宣传就是讲解政府的政策，就是有效地正确沟通，就是教给老百姓相应的疫情防控技能和知识，就是媒体通过正确引导来遏制信息流行病、防止虚假信息与谣言的误伤，这在抗疫行动中发挥了重要作用。

八是团结的力量。国家各部门之间的团结、各行各业之间的团结、各地区之间的团结以及个人之间的团结，形成了强大的合力，最终赢得抗疫胜利。团结是我们的优势，也是中国能够成功走出大流行的重要保障。接下来我们还要凝聚力量，共同构建人类卫生健康共同体。

（三）大流行的挑战

经历了三年抗疫，我国走出了本轮疫情，但从全球来看，大流行的挑战依然存在。其中一个重大挑战是全球尚未形成统一的利益联盟。最早报告疫情的国家并不意味着就是疫源首发地，但是一些国家却把疫情政治化，并且毫无根据地将疫情的矛头指向我们，搞"实验室泄露论"等一系列阴谋论，这不仅是在政治上别有用心，而且偏离了解决问题的正确航道。要知道，带来挑战的不只有新型冠状病毒，还有许许多多的病毒不为人类所知，同时还会有新的病毒不断出现，所以我们人类的共同敌人是疾病和病毒。这个问题本身是一个科学问题,正确的做法是联合各国科学的力量,共享医疗技术手段,搭建技术平台,采取统一的公共卫生政策,积极主动应对挑战,在全球范围内实现协同有效的抗疫。

还有一个挑战是监测系统不能满足大流行早期预警和应对需要。《科学》杂志曾发布全球最前沿的125个科学问题,其中一个科学问题就是,怎样有效判断下一次大流行何时到来,这也是一个科学难题。要真正解决这个难题,最重要的是进行监测,通过构建有效的监测网络,对环境、动物以及人类自身进行监测,从而尽早发现异常迹象。这些迹象可以是疾病,可以是症状,也可以是一个体征,甚至是一位学生缺勤率增加或者某个动物迁徙出现异常,这些蛛丝马迹都可能反映出问题,关键就在于如何捕捉和抓取到,以及在短时间内精准判断,快速有效地采取措施,这些都离不开科技的支撑。

同时,疫情在短时间内产生大量医疗需求导致医疗资源挤兑,这也带来了挑战。医院的人力资源与物力资源都是有限的,这种挤兑不仅导致疫情本身的医疗需求无法满足,而且会对一般的医疗需求造成损伤,即在疫情时期,由于医疗资源大量用于医治疫情患者,所以孕妇可能会无法被接生,老人缺乏医护关怀,亟待手术者没有床位或医师,这些伤害都是巨大的,必须提前做好防范。

除此之外,目前存在的挑战还包括对大流行早期紧迫性认识不足且缺乏特异性措施、疫苗分配不公和疫苗犹豫问题并存、公众教育效率不高且存在社会污名和歧视现象以及其他疾病预防服务供给不足等,这些都需要我们继续推进工作。

(四)对大流行的认识与应对

当前,人们对大流行的传染病的最新科学认识是,它是一个强病原、易传播、易感人群多、容易引发社会影响，同时往往缺乏有效药物和疫苗的疾病。综合看待人类历史上的大流行疾病，对人类造成重大危害的烈性传染病的病原体大多数来自动物，特别是野生动物，所以我们应该秉承同一健康的理念，与自然环境友好和谐地相处。此外，大流行疾病的病原体可能会不断变化，病原体每改变一次其传播力就会变化，其免疫逃逸力就会增强，这也是为什么大流行疾病最难防控，同时相应的曾经有效的防控手段效力减弱，所以要持续监测病原体基因组的变化，实时调整检测和治疗方法，实现精准防控。气候变化也会对传染病大流行产生重要影响，温度与湿度的改变会在病原体和易感人群两个方面产生影响。还要注意的是，全球化和大流行是直接相关的，要建立早期预警机制与全球协调机制，加强实验室建设与人才培养，加大对疫苗和药物的研究力度。

防范大流行，一方面要依靠科技实行药物式干预，即依托有效疫苗或特效药物；另一方面，在没有有效疫苗或特效药物的情况下，可以采取非药物干预措施，即社会公共卫生干预措施，这同样能够起到有效遏制大流行的效果，如早期的抗击新冠疫情武汉保卫战取得决定性成果，就是因为采取了最彻底、最全面、最严格的非药物干预措施。另外，要认识到世界各国不同的应对策略和防控措施的效果存在明显差异，同样的大流行应对策略和防控措施放在不同的国家也会产生不同的效果，其中人口、制度、文化等社会因素会产生关键作用，影响政策的落地和工作协同。

这次疫情防控中，中国为全球贡献了中国智慧与中国方案，中国全面、严格、彻底的防控措施有效阻断了病毒传播，统筹了疫情防控和经济社会发展，有力支援了国际社会抗疫，为人类社会应对传染病大流行威胁提供了中国方案和中国经验。在疫情暴发初期，我国用极短时间最先把病原体分离出来并向世界卫生组织和全球分享了全基因序列，为各国疫苗、诊断试剂与药物的研发提供了科学基础。同时，我们早期实行的关闭离鄂离汉通道的重要举措，实现了内防扩散、外防输出，为世界抗疫赢得了宝贵的时间窗口，挽救了上百万人的生命。2020年，世界卫生组织派出十余位外国专家，与十余位中方专家共同组成了新冠肺炎联合专家考察组。当时外方的专家组组长是布鲁斯·艾尔沃德，他是世界卫生组织的高级顾问，也是一位闻名全球的流行病学家，我则担任中方的专家组组长，我们一路考察了广州、深圳、成都、武汉、北京等地。在到达武汉后，布鲁斯·艾尔沃德只说了一句话："非常感动，没想到在这个有着千万人的城市，为了疫情防控，大家都待在自己家中不动。"其实，我在到达武汉之前已经向他讲述了武汉的情况，但布鲁斯·艾尔沃德并不相信，认为让上千万人长达数月静止在家中是一件不可能的事，直到亲眼看到，他相信了，他被武汉的景象深深地感动了，被中国人民的精神感动了，他将这种精神称为"高度的利他主义精神"。2月24日我们到达北京，召开了长达三个多小时的新闻发布会，当时对中国的评价是：中国为全世界赢得了时间窗口，挽救了生命。布鲁斯·艾尔沃德也在发布会上说，他要代表世界人民感谢武汉人民，他认为为了疫情防控，武汉人民为世界作出了巨大贡献和牺牲，世界是欠武汉人民的。可以说，世界疫情防控不断取得成功离不开中国人民的付出。

二、新冠病毒流行与清华大学在中国抗疫中的贡献

（一）新冠病毒及其所致新冠感染

新型冠状病毒在2020年2月11日被国际病毒分类委员会命名为

"SARS-CoV-2",后来其所致疾病被世界卫生组织命名为"COVID-19"。其实,冠状病毒本身是一个大家族,在病原学家和病毒学家看来,它们会在相当长的一段时间内对人类产生较大危害,数次大流行都和冠状病毒有关就是最好的例证。2003年SARS冠状病毒流行,因为我是公共卫生学和流行病学专家,所以当时我被从大学调到了北京市卫生局,参与SARS防控工作,但其实那时候我对SARS病毒也一无所知,因为当时我们的研究对象主要是流鼠疫、出血热以及血吸虫病等,还从未见过SARS病毒这种新病毒。当时很难判断它属于哪种类型,最初的判断结果是衣原体,但很快发现不对,应是一种新型冠状病毒,后来将其所致疾病命名为传染性非典型肺炎,又称严重急性呼吸综合征,即我们所熟知的英文简称SARS。

从SARS病毒、到MERS病毒,以及现在的SARS-CoV-2病毒,都属于冠状病毒。截至目前,我们所知的冠状病毒中可以对人类造成疾病的有7种。那么是否还存在一些冠状病毒尚未被人所知?今后还有没有其他冠状病毒使人类生病?这些都是未知的问题,因为这种病毒的一个特点是单链的RNA,而非DNA,所以碱基稍有重新排列组合就会发生变化,变异是其基本特性,当其发生量变的时候并不可怕,正像人体也不可能永远处在完全安宁和健康的状态,但如果发生了质变即病毒本身发生了变异,就必须引起公共卫生学者的重视。例如,新冠病毒一直在变化,从原始株到阿尔法、贝塔、德尔塔、伽马、拉姆达以及奥密克戎已经变异了数次,其中关键性的变异有两个方面,分别是世界卫生组织所命名的VOC变异株与VOI变异株,而其他变化不过是在局部地区,并不完全具有公共卫生学的意义。

(二)新冠病毒流行特点

从传播方式来看,新冠病毒主要通过呼吸道传播。直接的空气传播是指新冠病毒侵入人体呼吸道上皮细胞实现对人体的入侵。此外,新冠病毒还可以通过呼吸道飞沫、飞沫形成的气溶胶、直接接触等，经由鼻腔、口腔等途径进入人体。大家知道，病原体在离开宿主后可以单独存活一定时间，在适宜的环境下可以存活2～3天，甚至一些新冠病毒能够单独存活超过100个小时，而包含病毒的气溶胶与飞沫在空气中不仅停留时间较长，还可以漂浮相当长的距离，所以传播时间、距离与效能明显增强，甚至导致垂直性传播。这种传播方式可以借助楼房下水管道与通风系统，所以往往让人一时间找不到病毒从何而来。除此之外，当含有病毒的飞沫停留于物体表面，又被下一个人接触，也很可能导致感染，这也是冷链传播形成的原因。面对新冠病毒，各年龄段的人群普遍易感，重症患者多为老年人和有哮喘、心脏病、糖尿病等基础疾病的人群，相比之下，儿童感染比例较低，且男性比女性更易感。这就要求我们，当产生新发、突发的疾病时，要尤其关注易感人群。

公共卫生领域关于疾病严重程度的一个判断标准叫疾病谱，它是由固定的谱阶组成的、包含从感染到死亡的疾病过程，疾病谱的最底端谱阶是感染而不发病，即隐性感染。新冠疫情期间有一个为大家所熟知的词语——无症状感染，它包含了隐性感染的概念，但无症状感染并不等同于隐性感染，因为无症状可能仅仅因为处于感染的潜伏期，而不久之后就会出现症状。潜伏期的长短，不同的疾病不一样，不同的变异株不一样，不同的人也不完全一样，所以我们往往计算平均潜伏期或者中位数潜伏期。同时，还要计算轻症患者、重症患者、危重症患者甚至死亡的病人等不同患者的数量与占比，来考察疾病的结构。一般来说，疾病越严重，则死亡和重症、危重症出现的比例越高；而如果无症状感染者较多则会带来另一个问题，即由于不清楚感染情况，所以公共卫生干预措施往往难以制定和推进。例如，新冠病毒的原始株与德尔塔株肆虐时往往能轻易找出患者，而当新冠病毒变异为奥密克戎株时，无症状感染者大量出现，找出感染者的难度大大增加，疫情防控难度也大大增加，于是不得不频繁地要求大家检测核酸，加紧排查。

另外，考察一种疾病的危害程度，不能单独看传播率、致病率与死亡率中的某一个指标，否则就会失之偏颇。香港疫情严重时，我作为中央专家组组长前往香港待了一个多月，与香港的专家一起讨论策略和措施；后来到了上海，我们又与当地的专家就防疫措施进行了一系列讨论，包括新冠疫情的病死率并不比流感高太多，是否要实行动态清零。此时，就不能仅仅考虑死亡率这一个维度，而要想到，此时新冠病毒的传播力很强，一旦放开管控就会导致大范围传播，在人口基数大的情况下，即使病毒的感染力是一定的，也会导致患者人数骤增，反过来压垮医疗系统，出现医疗资源挤兑的情况。所以，看待一种疾病不能单独局限于某一项指标，而是要系统思考、综合判断，看到政策变化可能带来的连锁反应，站在文化、制度、技术等多个层面做出决策。

总的来说，新冠是导致人类死亡数量最多的疾病之一。目前虽然新冠的发病率与死亡率都呈下降趋势，但不能掉以轻心，因为依然可能会有新的毒株产生和传播。如何摸清病毒的变异方向和制定相应的应对措施，是极具挑战性的科学难题。

（三）中国新冠防控科技和经验

实践证明，党中央对疫情形势的重大判断、对防控工作的重大决策、对防控策略的重大调整是完全正确的，措施是有力的，群众是认可的，成效是巨大的。这是值得我们深入理解和深刻体会的，中国防控新冠疫情的科技和经验贡献弥足珍贵，可以说，中国在这次抗疫行动当中向世界交出了一份完满的答卷。在疫情防控的过程当中，党中央因时因势调整疫情防控政策，我国的新型冠状病毒感染诊疗方案从第1版发到了第10版，从最初的快速围堵到动态清零，再到"20条""新10条"与"乙类乙管"，一直在根据国内外疫情形势、变化规律、国情实际适时调整防控策略，这基于我们对病毒的认识不断深入以及防控经验的积累。然而，一些境外势力大肆散布错误言论，在我国坚持"动态清零"策略时，他们污蔑中国死抱着围堵政策不变损害了人权，而在我国调整防控政策时他们又抨击中国管控放开太快，缺乏准备。事实上，在病毒最猖獗、致病力最强的时候，我们相应地采取最严的措施，进行围堵；而当病毒传播力增强、致病力却下降的时候，同时也是人体免疫力最佳的时候，我们抓住有利时机，利用了一个多月的时间，形成了比较高水平的主动免疫和自然免疫相结合的免疫屏障。总的来说，在我国，2亿多人得到诊治，近80万重症患者得到有效救治，新冠死亡率保持在全球最低水平，在较短时间实现疫情防控平稳转段。我们一直在按照计划和部署，科学、依法、有序地进行调整，一直在制定符合实际的防控政策，并不是盲目随意的。如此成效在人类防疫历史上都是巨大的，是值得认真总结的，而能够取得抗疫成功离不开以习近平同志为核心的党中央的科学决策。

（四）清华大学的抗疫贡献

溯源新冠一直是全球关注的问题。2021年，世界卫生组织组建了一个中外专家联合溯源团队，外方17位专家是公共卫生、病原学等领域的顶尖专家，中方同样也派出了17位顶尖专家。我们的溯源报告是在武汉共同工作28天，经过一系列的研究得出的，在世界卫生组织网站与我国国家卫生健康委网站上都可以查询，包含中英文两版。报告给出了四条技术路线，其中极不可能的病源是实验室，而最有可能的病源是野生动物，即野生动物传染给家畜然后再传染给人，剩下两种相对有可能的传播方式是由野生动物直接传染人和冷链系统传染人。

我国众多疫情防控专家的所在单位都是清华大学，除了我作为专家组组长，还有公共管理学院的薛澜教授、法学院的王晨光教授以及其他多个学院的多位教授，我们向党中央、国务院、卫生健康委等有关部门提交新冠疫情调研报告、研究报告、咨询报告30余份，部分报告还得到了中央领导的肯定性批示。此外，清华大学还系统整理了《国际卫生条例》的评估意见、总体立场和修订建议，完善了与健康和疫情相关的室内空气质量标准体系，以及首次报告了新冠疫情期间人群饮食行为及营养质量，为全球各国饮食指南的制定提供了重要参考。

在基础研究方面，清华大学进行了新冠病毒生命过程的机制研究和抗病毒手段研究。医学院的饶子和院士及其团队对生命过程机制和抗病毒手段进行研究，这为药物研发和检测检验提供了基础。其实当年SARS流行的时候，饶子和院士也研究了SARS病毒结构，并为后来SARS疫苗和治疗药物的研发奠定了基础。

此外，清华大学提出了采用空间流动影响因子的Wells-Riley改进模型，指导方舱医院功能区域布局。在建立方舱医院时，必须思考病人之间的传播流向、病人如何安排以及功能区如何布局等问题。清华大学建筑学院的团队做了这个模型，进行感染风险的分析，提升了空气净化防护技术，为合理划分方舱医院区域提供了非常有力的指导。

再如，清华大学机电系的罗海云教授及其团队也进行了大量科学研究，指导不同场合选择合适的净化方式及口罩，这为我国成功举办冬奥会发挥了重要作用。

还有，清华大学环境学院的团队重点研究了飞机机舱病毒传播风险评估问题。在SARS流行时期，机舱内出现感染者则其前后三排的乘客要被隔离，后来变成了整个机场的乘客及机组人员都要被隔离，而清华大学为更合理地判定密切接触者提供了科学依据。

清华大学医学院的程功教授则带领团队解析蚊媒病毒感染与传播的机制，随着气候变暖，蚊媒传染病将会越来越多，例如最典型的疾病是登革热，而程功教授及其团队则从机制上探究了气候变化、蚊媒及其传播之间的关系，为疫苗药物的研发提供了依据。这项成果是全球领先的。

清华大学还研究了社会科学方面的项目，例如揭示用户情感行为与传播内在机理的关联规律。采取疫情防控措施的过程中需要考虑群众接受程度，这项研究则为之提供了模型认证，对于制定决策具有重要的指导意义。

清华大学等高校和单位还为冬奥场馆开发了气溶胶新冠病毒监测系统，该系统能够在30分钟内高效采集12立方米空间内的气溶胶至病毒灭活采集液中，仅通过检查空气浓度就可以判断是否存在感染者，大幅缩短检测时间，为保障冬奥会顺利举行提供了重要的技术支撑。

全球重大突发传染病智能化主动监测预警系统是由万科公共卫生与健康学院牵头，由我作为项目负责人来组织的一个科技部重大专项，聚集了来自全国的科学家，其中涉及核心问题发现、提前预警、形势研判等一系列问题，利用清华大学工科优势与计算优势，主动抓取信息，自动研判分析。

解析新冠病毒复制机制的药物靶点，是清华大学药学院的专家在做的一项工作。我校医学院张林琦教授在我国新冠抗体药物上实现了零的突破，在世界上首次研发出大分子抗体药物。习近平来到清华大学考察新冠疫情防控科研攻关工作的时候，还参观了他的实验室。

清华大学还建立了国内首个新冠患者体外仿生呼吸系统，这是由我与建筑学院的刘荔副教授合作研究的，即研究新冠病毒的传播大概以什么样的速度、在多远的距离内传播，研究地点包括云南省瑞丽市、北京协和医院和地坛医院等。这个项目，我们努力实现从人的生理结构来判断通过呼吸道传播的超级传播者，即建造仿生系统，检查 CT 片，这样可以对超级传播者施加特别的干预措施，提高防控针对性。目前我们已经找出了一定的规律，也申请了一些相关专利。

基于数字 PCR（核酸分子绝对定量技术）的新冠病毒精准检测，是程京教授及其团队所研究的项目，是全球首个基于数字 PCR 的新冠诊断产品，应用于 40 余家新冠重点诊治单位。另外，清华大学等单位研发了六项呼吸道病毒核酸检测芯片试剂盒，这是全球首款 1.5 小时内可检测 6 种呼吸道常见病毒的芯片试剂盒，当然也包含新冠病毒在内。

关于疫情的研判与防控，清华大学提出了一个三角理论模型。其中第一个要素是疾病本身，第二个要素是人类的处置能力与抵抗力，第三个要素是社会干预措施。社会干预措施发挥着调节器的作用，使前两个因素之间呈现平衡的关系，这是因为人类往往难以消灭疾病和病毒，但我们有力量将其控制在可以承受的范围之内。同时，随着现实的发展，这个三角理论模型还可以进一步丰富和完善。

除此之外，还有全集成新冠病毒核酸检测碟式芯片系统、新冠病毒核酸检测移动实验室等一系列研究，我在此不一一列举了，这些都是清华大学的抗疫贡献。从这些贡献中，大家可以看出，抗击重大传染病不仅仅是公共卫生领域的责任，不仅仅是医学院、药学院的责任，工科、理科、文科都可以大有作为，各个院系的学生都可以投身其中彰显自身的价值。

总的来说，我们能够取得优异的抗疫成绩，离不开党中央的坚强领导，离不开我国的制度优势、民族精神以及基层治理，也离不开专业力量、科技力量与宣传力量。此外，我们还要看到中医药的力量。中医药是中华民族的瑰宝，在这次抗疫与此前抗击 SARS 的时候，身处一线的我都对中医药的力量深有体会。所以，一方面我们要坚定民族自信和文化自信，另一方面我们要借助科技进步加深对于中医药的研究与认识，更好地发挥中医药在重大疫情防控中的重要作用。

三、建立有韧性的公共卫生体系

（一）公共卫生与公共卫生体系

公共卫生体系建设是我国未来高质量发展的重中之重。新冠疫情期间，我们专门成立了国家疾病预防控制局，现在已经开始运行。那么什么是公共卫生？公共卫生是"公共"与"卫生"两个视角的有效协同，以群体作为研究对象来研究某一种健康状态及其影响因素，并且研究要改变某一种健康状态、控制某一种影响因素或者病因而应该采取的策略和措施，同时要反过来评价所采取的这种策略和措施的效果。什么是公共卫生体系？对于这个概念的理解有微观、中观与宏观三个角度，微观是指卫生健康系统内部一些专门的特定机构，例如疾病预防控制中心（CDC）、采供血、传染病、职业卫生监督、健康教育和促进机构等；中观是指一些最核心的要素部门，与健康和卫生紧密连接的相关部门，包括相关的群体或者个体的有效结合，如基层的社区卫生机构、乡镇卫生院、村卫生室，以及农业、林业、海关等与公共卫生密切相关的领域；而宏观是指从政策到法律，到具体的物质的供应保障，再到相应的筹资系统的保障，以及一些干预措施的落地等。例如，武汉抗击新冠疫情时出台的第一个文件是要求落实"四方责任"，即属地责任、部门责任、单位责任以及个人责任，这种思维是中国独特的创造。可以说，我们的抗疫斗争是一场人民斗争，每一个人都是抗疫的先锋，无论是在家自我隔离上网课的学生，还是派送快递的骑手，抑或是物业的工作人员，其实都是抗疫的积极参与者。总的来说，公共卫生体系这个概念的三个层次，实际上包含了公共卫生的内涵和外延，而如何进行改革、建设和发展来适应不断变化的需要是我们必须考虑的重要问题。

（二）建立有韧性的公共卫生体系的路径

构筑强大的公共卫生体系对于国家安全和民族安全来说极为重要。2020年9月8日，习近平在全国抗击新冠肺炎疫情表彰大会上的讲话中指出："要构筑强大的公共卫生体系，完善疾病预防控制体系，建设平战结合的重大疫情防控救治体系，强化公共卫生法治保障和科技支撑，提升应急物资储备和保障能力，夯实联防联控、群防群控的基层基础。"此外，2020年6月2日，习近平在主持召开专家学者座谈会时还提出："要建设一批高水平公共卫生学院，着力培养能解决病原学鉴定、疫情形势研判和传播规律研究、现场流行病学调查、实验室检测等实际问题的人才。"

2020年3月2日，习近平到清华大学考察新冠疫情防控科研攻关工作，2020年4月2日，仅仅一个月的时间，清华大学便成立了万科公共卫生与健康学院，这是清华大学彰显责任担当的表现。在成立万科公共卫生与健康学院之时，邱勇书记就将公共卫生与健康学科定位为交叉性学科，并希望发挥清华大学多学科的优势在这个领域进行交叉融合，来共同应对公共卫生和健康问题，特别是重大疫情。清华大学万科公共卫生与健康学院将学科交叉作为自身特殊优势不断发展，努力打造交流平台，借助校内工科、理科、文科的强大力量来协同发展，解决公共卫生和健康问题。清华大学万科公共卫生与健康学院虽然成立不久，但入选了全国高水平公共卫生学院建设行列。同时，清华大学也在做未来布局，万科公共卫生与健康学院与其他相关院系紧密配合，围绕重大疫情防控科学开展基础研究，涉及的内容包括从传播规律到影响因素，从疫情防控创新技术到产品，从关键的预警、研判技术到决策支撑系统，以及全球视域下的重大疫情防控科学理论。我们已经组织形成了100多人的团队在这四个领域持续研究，联合攻关，共同搭建重大疫情防控科学平台，主要目的就是为国家有效应对未来可能出现的大流行贡献清华力量。

清华大学万科公共卫生与健康学院成立

建立有韧性的公共卫生体系，首先要整合公共卫生体系。这里，要讲解一个词语"CDC"，它一般指疾病预防控制中心，在SARS之后大家开始逐渐熟悉。CDC其实是公共卫生体系的一个子体系，以此为例，要想建立良好的CDC，首先要做好三件事——强体、延伸与融合。强体是指增强自身能力，促进体制机制逐渐完备；延伸是指CDC不能只局限于省市层面，还要延伸到基层社区和医院；最后要进行融合，实现医防融合与防治结合。其次要提升公共卫生能力，从监测预警、风险识别、流行病学调查、检验检测和组织协调多个方面共同发力。在疫情最严重的时候，我与我的团队在《柳叶刀》发表了一篇关于公共卫生体系建设的述评文章，讲解如何从制度和结构层面使公共卫生体系从以疾病为中心转向以健康为中心，改变过去公共卫生被大家忽视和低估的状态。再次要完善公共卫生治理。从法律法规到标准规范，再到全球卫生健康治理以及融入社会治理体系，这些方面都需要进一步强化。单独讲卫生健康治理就会使其变成无源之水和无本之木，必须将其融入我国国家治理体系和治理能力现代化的进程当中，不断加强跨部门沟通与合作，加强物资储备，加强人力资源保障，培养、吸引与激励最优秀的人才加入公共卫生领域，提供优厚的薪资待遇与良好的职业发展空间牢牢留住人才。最后要强化科学研究。科学研究是最强大的武器，要加强对疫苗和药物的研发，不断提高检验检测水平，研发面向家庭与个体的可穿戴式设施设备，研发将防护、治疗、追踪等功能融为一体的简便易行且灵敏的设备，这样就能够有效应对传染性疾病的危害，节省许多防治成本。

总而言之，不同专业的同学都可以思考，面对重大疫情时我们可以做什么，无论是成为领导者，还是成为具体工作的承担者，我想清华人在重大疫情面前，总能承担起他应当承担的责任，为以中国式现代化全面推进中华民族伟大复兴贡献清华力量。同学们，要勇于担当，努力成长为堪当民族复兴重任的时代新人！要终身学习，努力成为时代需要的复合型人才！

本讲小结

大流行始终是人类健康、社会经济发展乃至国家安全的重大威胁，有效防控大流行是全球的重大命题。公共卫生体系在大流行的预防和应对处置中发挥着重要作用，能让我们迅速查明病原、传播规律和流行特征并及时研发疫苗、药物及检验检测试剂等。经过持续深化改革，覆盖城乡居民的中国特色基本医疗卫生制度建设基本建立，改革成果广泛惠及群众，并经受住了新冠疫情考验，为推进健康中国建设奠定了坚实基础。在未来，公共卫生体系要与社会治理体系有效协同联动，做到有效防范大流行，对已知的传染病有能力，对未知的传染病有准备。

第十讲

"双碳"目标与能源革命

姜培学

清华大学副校长
中国科学院院士

　　工程热物理专家，长期从事低碳能源与空天动力领域中极端条件热质传递理论、方法与关键技术的研究。研究成果应用于航天航空、可再生能源、二氧化碳利用与地质封存等领域。获国家自然科学奖二等奖、国家技术发明奖二等奖、何梁何利基金科学与技术进步奖各1项。获授权国家发明专利60余项、美国专利2项。

能源强国建设是实现碳达峰碳中和的重要抓手。党的十八大以来,以习近平同志为核心的党中央高度重视能源发展与能源强国建设,我国的能源发展取得了历史性成就,为全面建成小康社会、开启全面建设社会主义现代化国家新征程提供了有力支撑。近年来,全球气候变化风险加剧,推动能源绿色低碳转型已经成为国际社会的普遍共识。为应对全球气候变化的挑战,以习近平同志为核心的党中央统筹国内国际两个大局,向世界庄严承诺:中国将提高国家自主贡献力度,采取更加有力的政策和措施,二氧化碳排放力争于2030年前达到峰值,努力争取2060年前实现碳中和。积极稳妥推进碳达峰、碳中和,是着力解决资源环境约束突出问题、实现中华民族永续发展的必然选择,也是构建人类命运共同体的庄严承诺,体现了我国对人与自然前途命运的主动担当。

一、能源利用与气候变化

(一)能源与动力工程

能源对一个国家、对一个社会来讲,都是非常重要的,它被我们称为"国家的命脉"。那什么是能源?能源泛指那些通过开采、加工和转化而获得有用能量的各种资源。包括大家熟知的煤、石油、天然气等传统能源,也包括太阳能、风能、生物质能、海洋能等新能源。近些年来,氢能越发重要,对氢能的开发利用也逐渐增多。除此之外,能源还包括页岩油、页岩气、可燃冰等,这些都是大家在网络上经常能看到的一些"热词"。

要讲能源,就不能不讲能源工程。所谓能源工程,就是传统能源的利用和新能源的开发,以及如何更高效、更清洁地利用能源。能源是清华大学非常重要的研究领域,大概有1/3的老师从事与能源相关的研究。

关于能源分类，我们则一般将之分为一次能源与二次能源。一次能源是指在自然界里存在的、没有经过加工转化的能源资源，像煤、石油、天然气、核能、水、风等。二次能源就是指经过加工转化，方便人类使用的能源，像照明用的电、洗澡或取暖用的热以及开车用的成品油、气都是经过加工的，它们都属于二次能源。

能源和动力在很多情况下是紧密相关的。动力工程是研究工程领域中能源的转换，比方说电的转换、传输和利用等相关的理论和技术。动力设备是一切能量的来源，例如锅炉、汽轮机、燃气轮机、水轮机、航空发动机、空天动力内燃机、制冷微机等，这些都属于动力设备。有些大家一听这名字便可以知道，航空发动机、同学们乘坐的飞机、军用的战斗机，以及火箭、导弹等其中都有发动机。此外，发电用的燃气轮机、水轮机也是动力工程的研究范围。为了帮助大家更好地理解能源和动力，我来打个比方，我们人体要想运动，就需要有能源、有动力，人体的能源就是我们所吃的食物。人吃下食物，通过生化反应把食物转变成力量，我们能跑步、能举重、能写字，这一切都是动力给我们提供了可能。这不是工业中的机械动力，而是一种生化反应的动力，但工业跟我们人体很相似，都需要能源和动力。

接下来，我向大家介绍一些能源动力的装备，加重型燃气轮机、航空发动机、水平起降组合发动机，属于空间动力领域的长征9号火箭、长征5号火箭，还有大型发电用的水轮机等。我们国家现在大力发展航空发动机和重型燃气轮机，就是因为它们太过重要，对国家的工业以及国防都具有重大意义。这两类机器也就是我们俗称的"两机"，它们被称为工业领域"皇冠上的明珠"，同时"两机"也是工业里面最难发展的，在一定程度上代表着一个国家的工业发展水平。

说个插曲，不知道大家有没有看过电影《钱学森》，当时钱学森先生刚从美国回来，周总理问他："中国应该是先发展航天呢？还是先发展航空？"钱学森思考了一两个星期，然后写了一份报告上交给周总理。那么同学们知道钱学森给出了什么建议吗？非常正确，是航天。此后，中国的航天事业发展很快，我国的卫星很快升空，后来原子弹与导弹也逐一研发出来。那么为什么要先发展航天呢？很重要的一个原因便是当时中国的工业化水平比较低，工业基础比较差，更适合发展航天事业。因为航天更偏重一次性，例如火箭、卫星、导弹等都是一次性打上天，而航空要求工业技术更加严格，像航空发动机，它是需要在高温、高压、高速旋转条件下长时间工作的发动机，需要耐高温材料、每分钟上万转旋转的机械，20 世纪 50 年代中国的工业技术水平基本满足不了这些要求。所以钱学森当时建议，我们国家先发展航天，再发展航空。我讲这个例子，是为了说明发动机对我们国家十分重要，同时也说明我国发动机发展的道路非常艰难。

能源动力发电技术的实例包括燃煤火力发电、水力发电、风力发电、太阳能发电、地热发电等。大家知道，2021 年清华大学的老校长王大中院士获得了"国家最高科技奖"，王校长当时主要做的项目就是高温气冷堆，高温气冷堆就是高温的气冷核反应堆，主要以核能来发电，现在这个核电站建在山东，正在进行并网发电，此外我国还有一些试验堆也都成功并网发电。

以上我讲了许多例子，都是为了说明为什么要重视能源和动力。党的二十大报告将能源安全提高到与国家安全相关的高度，是因为能源的确涉及我们国家的各个领域，包括日常生活中的做饭、交通、用电，以及工业中的飞机、火箭，等等，都需要大量的能源动力作为基础。所以有人讲，能源是 21 世纪发展当中的三大前沿领域（能源、信息、材料）之一。

（二）能源电力与人类生活

我们再看看能源电力与人类生活，截至 2023 年末，我国总发电装机容量是 29.2 亿千瓦，比 2022 年末增长了 13.9%。可能许多非能源动力专业的同学对此没有概念，其实这是一个非常庞大的数字，我国三峡水电站的装机容量是 2 250 万千瓦，29.2 亿千瓦就相当于 130 个三峡水电站的装机容量。在 29.2 亿千瓦的装机容量中火电，也就是燃煤或天然气发电仍占主导，占 47.6%，并且装机容量增长了 4.1%；水电占 14.4%，增长 1.8%；并网风电占 15.1%，增长 20.7%；并网太阳能发电占 20.9%，增长 55.2%；核电占 1.95%，增长 2.4%。可以看出，火电仍占据我国电力的主导地位，水电、风电、太阳能发电等可再生能源发电比例逐步增加，说明我国能源转型在逐步加快。煤电是传统的发电方式，我国的火电也主要是煤电，即用煤炭来发电，现在则逐渐向水力发电、太阳能发电、风力发电等同时过渡。另外，2023 年我国居民人均的生活用电量是 959.3 千瓦时，也就是 959.3 度，换算下来，平均一个人一天约用 2.6 度电。

上面我们所提到的火电量只是装机容量，而在我国真正的发电量中，火力发电占比更高。2023 年火力发电占全国发电量的 66.3%，其中最主要的是煤电，包含少量的天然气发电与生物质发电，而水力、风力、核能、太阳能等可再生能源发电加在一起仅占比 33.7%。然而，烧煤会产生二氧化碳，如果不减少煤电就很难把二氧化碳排放降到零。所以同学们一定要记住这些数据，这样在接下来的介绍中，才能够体会到我们国家实现"双碳"目标，实现碳达峰、碳中和是多么的不容易。

为什么装机容量与发电量之间存在差异？为什么我国风力发电、太阳能发电装机容量那么大，最后发电量所占比例却不大。那是因为风力发电只有在有风的时候才能实现，太阳能发电只有在白天天气晴朗的时候才能实现，换言之，太阳能发电与风力发电都是间歇性的，而只有火力发电才是稳定的。所以对于我们做能源的人来讲，能源电力发展的趋势就是"安全高效、清洁低碳和灵活智能"，这也是我国能源电力的总发展趋势。

和大家分享一个新数据，来自2024年2月29日国家统计局发布的《中华人民共和国2023年国民经济和社会发展的统计公报》。首先向大家解释，我们国家计算能源的方式是把油、气、太阳能等多种能源换算成标准煤。那么同学们可以看到，2023年，我国能源消费总量是57.2亿吨标准煤，同比增长5.7%。其中，煤炭消费量增长5.6%，原油消费量增长9.1%，天然气消费量增长7.2%，电力消费量增长6.7%，另外天然气、水电等清洁能源消费量占能源消费总量的26.4%，上升0.4个百分点，煤炭是55.3%，下降0.7个百分点。非常好的一点是，我国2023年的能耗在下降，重点耗能工业企业单位电石的综合能耗下降0.8%，这就是说，同样生产1万美元的产值，我国的能源消耗在下降，这一点对我们国家未来发展非常重要。

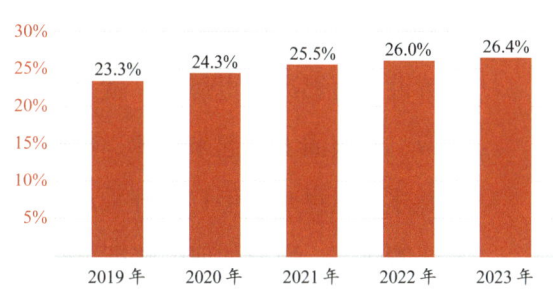

2019—2023年清洁能源消费量占能源消费总量的比重

（三）人类社会的能源利用

其实大家知道，人类早期是不太会使用能源的，猿人是钻木取火，即钻木头或者用石头摩擦来取火，慢慢知道了烤制的食品更加美味。从我国唐代著名诗人白居易写的《卖炭翁》中，同学们就可以看出那个年代已经有了煤炭能源，再后来就是石油、天然气等能源，特别是英国的工业革命，大大推动了整个人类社会的发展，其间发明的汽轮机、蒸汽机就是通过烧煤等获取、利用能源。

  随着社会的发展，现在也发现了许多非常规化石能源。常规化石能源一般是指煤、石油、天然气等。非常规化石能源，就是不同于一般的化石能源，主要包括页岩油、页岩气、致密油、可燃冰，等等。可能许多同学今天第一次听到非常规化石能源这个概念，之前也没听说过页岩油、页岩气等名词，其实页岩油与页岩气就是指页岩层系中所含的石油与天然气。页岩油、页岩气存在于微米级和纳米级的致密孔隙里，并且深埋在一两千米的地下，必须要有一定的技术支撑才能把它们开采出来。美国研究页岩气已经有几十年的历史积累，所以它们的技术在前些年发展非常迅速。而我国的中石化、中石油近年来在技术上有了很大进步，采用压裂技术，即把岩石压出裂缝，使得地下的页岩油与页岩气顺着纳米孔流出来，所以我国现在页岩油气的产量也是非常大的，并且在不断地增长。此外，大家是否听说过可燃冰？可燃冰，就是天然气水合物，主要存在于深海或者冻土地带，它表面上看起来像冰，但却可以点燃，因为其中含有天然气。我国可燃冰储量可观，但目前开采成本较高，所以现在我国有许多人都在做这方面的研究，研究如何能够把可燃冰安全、经济地开采上来。

  前面我们还提到过新能源，例如地热资源、核能资源、水力资源、太阳能、风能等，使用它们几乎不排放二氧化碳，因此它们都属于清洁能源。但正像我刚才问大家的，为什么太阳能、风能的装机容量很大，真正发出的电却少，就是因为它们是间歇性的。这就要求我们发展储能技术，储能技术包括压缩空气储能、飞轮储能、抽水蓄能与化学储能等。2020年，教育部、国家发展改革委、国家能源局三个部委联合制定印发《储能技术专业学科发展行动计划（2020—2024年）》，拟经过5年左右努力，增设若干储能技术本科专业、二级学科和交叉学科，这就是因为储能技术对我国未来可再生能源的发展来说是一项非常重要的技术手段。

（四）气候变化与能源利用

我国每年真正使用的煤炭量为 40 多亿吨，而每吨煤燃烧后，大概要产生 2.6 吨的二氧化碳，所以我国每年烧煤产生的二氧化碳总量在 100 多亿吨。由此可见，我国要实现 2030 年前碳达峰、2060 年前碳中和的目标着实不易。

从 2000—2021 年全球能源消费数据看，全球总体的能源消费在增加，我国用煤较多，而西方发达国家用油和气更多。总体来看，全球石油和煤的使用比重在逐年降低，而天然气的比重有所增加，可再生能源的使用占比总体上在增加。

工业革命以来，全球化石能源燃烧产生的二氧化碳达到了 2.2 万亿吨。可能有同学们没学过火电的发电原理，简单来讲，就是通过燃烧，把煤和天然气中的化学能转变成大量的热能，借助热能把大量的水变成水蒸气，再利用高温高压的水蒸气推动汽轮机的涡轮旋转发电。在燃烧的过程中，碳和氧发生反应，形成二氧化碳，这进一步导致了全球地表平均温度一直上升。与 1850 年至 1900 年平均值相比，近些年全球的地表温度大概升高了 1.1 摄氏度，按照这个趋势，到本世纪中叶也就是 2050 年，有可能升温超过 2 摄氏度，这是什么概念呢？如果全球的平均温度升高超过 2 摄氏度，会导致海平面升高超过 1 米，许多海岛国家的海岸线就会收缩，甚至一些海洋小国会被淹没，所以它们特别急迫地希望世界上的大国们能够赶紧把二氧化碳排放量控制住。对于中国来讲，一方面，我们希望为遏制全球气候恶化做出中国的贡献，承担大国责任、展现大国担当；另一方面，气候变化对一个国家的生产和生活来说颇具危险性，可能会引起台风、洪水、过冷等问题，所以应对气候变化对于我国自身发展也具有重要意义。

随着科技的进步，发电效率在逐年增加，发电成本在逐年降低。由于科技发展带来的能源效率提高,最终全球能源需求可能在2030年至2040年期间到达峰值,所以我国也提出2030年前碳达峰的目标,在达峰之后,能源需求将缓慢下降。所以全球能源结构未来会呈现四个趋势:一是碳氢化合物的作用下降,如煤和石油;二是可再生能源会快速增长,像太阳能、风能、地热等都会增加;三是电气化增加,现在我们的日常生活中煤电气热都会经常使用,但是未来的话,可能电气化程度会更高,即家中用电的比例可能会增加,而热和气的比重会减少;四是低碳氢的使用量增加,这是一个总的趋势。

不同阶段能源结构

从能源结构来看,过去人们以化石能源为主,化石能源占据总能源的90%以上;但目前已经是多元的能源结构,非化石能源占比已经超20%;而预计几十年之后会步入以非化石能源为主的阶段,非化石能源可能占比90%以上。大一的同学们今年才十八九岁,现在距2060年实现碳中和还有不到40年,那个时候你们才50多岁。所以同学们有很多的机会来从事与能源和动力相关的工作,还能赶上碳中和的年代,那个时候气候会更好,生活也会变得越来越好。要实现这些目标需要煤炭和石油的高效净化利用,也要逐渐提高天然气的比重,以及高质量、高比例发展非化石能源,进一步改善能源结构。

二、"双碳"目标和能源转型

(一) 2030 年前碳达峰、2060 年前碳中和——中国政府的国际承诺

习近平在很多场合都讲到过碳达峰与碳中和。第一次是 2020 年 9 月 22 日，习近平在第 75 届联合国大会一般性辩论中讲道："中国将提高国家自主贡献力度，采取更加有力的政策和措施，二氧化碳排放力争于 2030 年前达到峰值，努力争取 2060 年前实现碳中和。"这是中国在国际上作出的一次非常庄严的承诺。党的二十大报告中，习近平强调，我们要"积极稳妥推进碳达峰碳中和。实现碳达峰碳中和是一场广泛而深刻的经济社会系统性变革。立足我国能源资源禀赋，坚持先立后破，有计划分步骤实施碳达峰行动"。

2021 年 9 月 22 日，清华大学成立了碳中和研究院，全校十几个院系的老师和研究生集合在一起，共同来探讨和研究实现碳中和的路线与技术。在碳中和研究院举办的第六次碳中和技术论坛上，中国工程院原副院长杜祥琬院士做了第一个报告，他的报告主要讲述了中国碳中和发展的路线图，也包含他自己的一些独到思考。那么杜祥琬院士如何解读"立足我国能源资源禀赋"这句话呢？他认为，曾经有一句俗语描述我国的能源禀赋状况——"富煤、少油、缺气"，但是还要再加后半句话，即"可再生能源非常丰富"，包括太阳能、风能、海洋能、地热能等。我国地大物博，每个地区都有许多可以利用的资源，所以立足能源资源禀赋要先立后破，先把新的、好的、清洁的、低碳的或者零碳的能源系统立起来，之后再把原来落后的破除掉。这是非常重要的，为什么这么说？大家可能还记得，2021 年的时候，我国许多省市出现缺电情况，进而拉闸限电，这是因为有的地方领导或企业没有遵照先立后破的指示，反而先破再立，直接把原来

的煤电厂给关了，不烧煤也不发电，导致老百姓和企业都没电用，这是肯定不行的，所以后来国家采取很多措施应对能源需求，并且在能源发展上采取了先立后破的路线。

（二）碳中和的基本概念与战略意义

碳达峰这个概念相对容易理解，它意味着二氧化碳排放达到了顶峰。什么是碳中和？碳中和不是要求我们的碳排放要减少至零，而是要实现碳排放与碳削减平衡为零。那么，有一个问题需要大家思考，如果碳达峰后，碳排放开始下降，这意味着什么呢？如果技术没有进步，那么碳排放的下降是否意味着经济在倒退？从某种角度来看，二氧化碳排放量反映了一个国家的经济发展状况。尽管我国的经济和生活水平持续提高，国内生产总值不断增长，我们已经成为全球第二大经济体，仅次于美国，但如果我们的能源技术没有相应的进步，仍然依赖旧技术，那么经济发展能源消耗量一定会增加，碳排放量也会不可避免地增加。因此，如果我们要在碳排放达到顶峰后实现降低，技术就必须进步，否则就会对经济发展造成巨大的负面影响。为什么我国许多大专家在减排问题上面对西方国家的要求时据理力争，这是因为我国必须寻找到适合自己的发展道路，不能在不提高技术水平的情况下一味地减少二氧化碳排放，实现碳达峰和碳中和必须依靠巨大的科技进步来发展新的能源系统。

碳中和是指通过平衡碳源和碳汇，实现二氧化碳排放为零。碳源是指二氧化碳的排放来源，包括自然的碳源，例如火山爆发或动植物的呼吸，此外还有人工的碳源，例如火力发电厂和交通运输所排放的二氧化碳。碳汇则是指二氧化碳的吸收，包括自然碳汇，例如农田、森林和海洋等吸收二氧化碳，此外还有人工碳汇，是指通过将二氧化碳储存到地下来减少它在大气中的浓度，自然碳汇和人工碳汇在这一过程中都发挥着重要作用。

遗憾的是，我国自然碳汇，包括农田、森林和海洋，每年只能吸收大约 11 亿吨二氧化碳，然而我国目前每年的二氧化碳排放量超过 100 亿吨，所以单靠自然碳汇是不够的，我们还需要寻找其他解决办法。

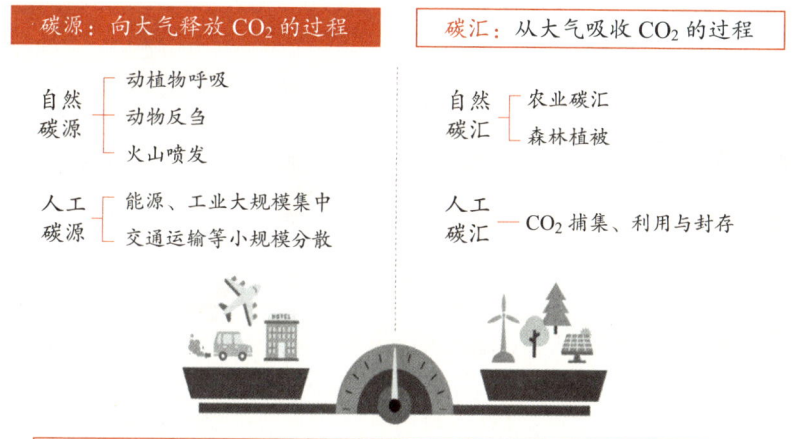

人工碳汇，我们叫 CCUS，也就是二氧化碳的捕集、封存与利用技术，变得极为重要。目前全球已经形成了碳中和的共识，超过 120 个国家和地区宣布了碳中和目标。总的来说，实现全球碳中和目标取决于以下因素：首先是科学认知不断明确，其次是政治进程不断加速，最后还有产业行动持续推进。例如，2018 年 11 月欧盟提出了一项技术路线，旨在实现碳中和的长期战略愿景；2019 年 12 月，他们还发布了《欧洲绿色协议》，其中包括绿色转型路径；2021 年 6 月，《欧洲气候法》也正式出台，它的主要目的是通过多种手段加速欧盟及整个欧洲地区的碳中和进程。

碳中和对中国式现代化也有着十分重要的作用和意义。例如能源系统，大家知道，我国的石油和天然气资源相对匮乏，但飞机、坦克、军用

二氧化碳捕集、利用与封存（CCUS）技术

二氧化碳捕集、利用与封存（CCUS）指将 CO_2 从能源利用、工业过程等排放源或空气中捕集分离，通过罐车、管道、船舶等输送到适宜的场地加以利用或封存，最终实现 CO_2 减排的技术手段。

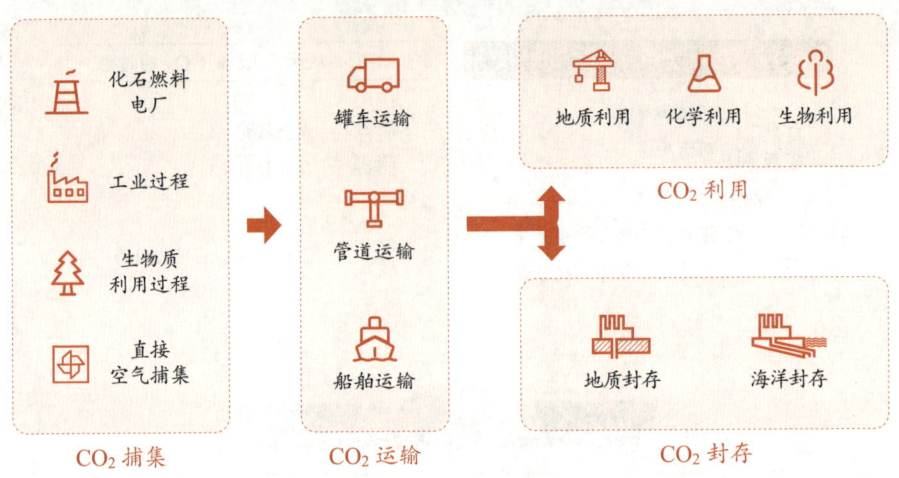

CO_2 捕集：将 CO_2 从工业生产、能源利用或大气中分离出来

CO_2 输送：将捕集的 CO_2 运送到可利用或封存的场地

CO_2 利用：通过工程技术手段将捕集的 CO_2 实现资源化利用

CO_2 封存：通过工程技术手段将捕集的 CO_2 注入深部地质储层，实现 CO_2 与大气长期隔绝

化石能源+CCUS（FECCS）：将 CO_2 从工业排放源中分离后运输至特定地点加以利用或封存

生物质+CCUS（BECCS）：从生物质利用过程中捕集 CO_2 运输至特定地点加以利用或封存

直接空气捕集（DACCS）：从空气中直接捕集 CO_2 运输至特定地点加以利用或封存

车辆等都需要大量燃油，所以我国对化石能源的依赖度较高，但对油气过度依赖将使能源供应不安全。能源安全是至关重要的，因此，我们必须追求能源的独立自主。此外，我国拥有大量的可再生能源，如风能和太阳能，这对我们国家是非常有利的。另外，如果我们成功实现碳中和，将有助于推动我国产业的升级，并对生态环境产生积极影响，这些方面的改善将有助于实现中国式现代化的目标。

碳中和的概念提出后，在全国范围内都引起了广泛关注，不仅教育界和科技界非常重视，金融界和经济界也格外关注，许多大企业都表现出极大的积极性，认为这是一个巨大的产业投资机遇。

（三）我国实现"双碳"目标的挑战与路径

我国实现"双碳"目标面临着巨大的挑战。首先是二氧化碳排放总量大。正如我之前所提到的，2023年我国约有66%的电力主要来自煤炭，这导致了大量的二氧化碳排放。在2019年，我国的二氧化碳排放统计达到了98亿吨，而在2020年，这一数字更高，大约为116亿吨，这意味着2022年和2023年的排放量更大。中国一个国家的二氧化碳排放量现在占了全球的1/3，这让人们不得不认识到这一数量的巨大。这一趋势预计会在未来持续，预测显示2025年至2030年，我国的年二氧化碳排放都将达到100亿吨，排放量仍然非常庞大。从全球排放量的角度来看，2019年，我国的二氧化碳排放超过了美国、欧盟（由28个国家组成）、印度等。不过，我国的人口比美国多得多，因此如果考虑人均排放量，我国排放量仍然比美国低。所以在国际舞台上，我们要处理好两方面的问题：一方面，我们有义务减少碳排放；另一方面，与美国相比，我国的人均排放量较低，因此我们也需要争取自身的发展权利。

其次，二氧化碳排放量区域差异大。我们国家各个省份的碳排放差异较大，排放最多的是山东、内蒙古、河北等北方地区，这是因为北方地区以重工业或能源基地为主。而碳排放大省主要在东部地区，中部和西部地区相对较少，这与我国的经济社会发展水平以及人口密度有关。

再次，碳排放强度较高。目前，我国与印度、英国、欧盟、德国以及日本相比，每千美元的国内生产总值所排放的二氧化碳量是最高的，这并不是好事，因此我们国家在这方面还需要努力做许多工作，以降低碳排放强度。

最后，实现碳中和的目标于我国而言还有一个挑战，就是时间相对较短。习近平在2020年提出的碳达峰和碳中和的目标要求，从2030年实现碳达峰到2060年实现碳中和之间只有30年的时间。与此相比，美国实现碳中和设定了43年的时间，欧盟则计划用71年来实现碳中和。虽然他们的碳中和目标比中国提前了10年，但他们用的时间长，而我们只有30年的时间来实现从碳达峰到碳中和的目标，我们面临的时间压力非常大。

对于碳中和的实现路径，主要有两个方面需要考虑。首先是需求侧，我们需要提高能源利用效率，在使用能源时更加高效，并且也要采取节能措施。在清华大学，我们有"节能校园"和"绿色校园"计划，每位同学和老师都应该努力节能。其次是供给侧，例如低碳和零碳能源的开发、化石能源的低碳利用以及负碳技术。这个领域涵盖了各种新技术，包括风能、太阳能、地热能、核能、水电能以及生物质能等，这些都需要发展新的能源动力技术。在清华大学，有多个院系致力于能源动力研究。例如，能动系在发电领域有很多工作，电机系致力于电网研究和太阳能发电等，工程物理系和核研院在核能发电方面有所贡献，化工系也在研究化石能源的低碳利用以及能源转化等问题。此外，化石能源低碳利用方面也有一些挑战，包括如何捕获煤炭和石油燃烧后产生的气体，并将其转化为有用的资源。另外，还有负碳技术，如果能源转化后的利用量不足，我们是否能够将二氧化碳封存在地下，这可以通过 CCUS 技术实现。将二氧化碳封存在地下咸水层，长达成千上万年，最终转化为碳酸钙，变成固体，从而达到封存的目的。因此，有许多不同的技术需要我们共同努力研究和发展。

但要注意一点，任何单一的技术路径都难以单独解决碳中和问题。尽管节能和提高能源效率在减少碳排放方面起着重要作用，但它们无法单独实现最终的碳中和目标。同样，零碳能源虽然不排放二氧化碳，如风力发电和太阳能发电，但它们有间歇性的缺点，因此也难以单独依靠它们来实现碳中和。想必大家都知道，目前中国拥有庞大的电网系统，其中最主要的是两大电网公司——国家电网公司和南方电网公司，这两家公司主要负责国内的电力供应和调控。中国国土广阔，电力系统是相互连接的，如果出现大规模的不稳定性冲击，将对电网的安全造成很大威胁。前几年纽约和伦敦相继发生了大规模停电事件，这种停电通常是由多种原因造成的，主要与电网问题有关，所以零碳能源本身无法单独解决这种问题。此外，化石能源的定向利用也不能完全满足我们的需求，因为每年排放的 100 多亿吨二氧化碳很难通过碳封存或自然碳汇完全吸收掉。另外，考虑到我国的煤炭资源，尽管有专家估计它可能能够供应 100 年甚至更长时间，但最终煤炭资源也会枯竭。我们需要为子孙后代考虑，不能只考虑我们这一代人的需求。

由此可见，碳中和中包含一系列系统性问题，从开始的转化到后续的使用，其中包含大量的新技术，例如太阳能、风力发电，再如传统的煤炭发电通过加入 CCUS 技术来实现零碳电力的目标，以及二氧化碳排放和封存等。我国科技部制定的碳中和路线图五大领域，分别是零碳电力，零碳非电能源，原料、燃料与工艺替代，CCUS 及碳汇以及集成耦合与优化。

碳中和关键技术及其重点脱碳领域，则主要包括零碳电力、储能技术、零碳燃料与负碳技术。具体来说，零碳电力领域包括新型能源电力和高碳电力零碳化，比如对煤炭或石油燃烧发电后产生的二氧化碳排放，可以通过CCUS技术捕获并存储在地下，从而实现零碳化。这意味着即使原本是高碳电力，经过零碳化处理后也能成为零碳电力。储能技术包括储能电池、热力蓄能、压缩空气储能、抽水蓄能、飞轮储能等。零碳燃料包括氢能和合成燃料。而负碳技术涵盖了CCUS和农林的碳汇，可以应用在不同的工业领域。

不同能源的碳循环和碳排放强度存在显著差异，总体而言，含碳能源的排放强度较高。例如，燃煤发电和天然气发电的碳排放较高，而化石能源结合CCUS技术的碳排放则较低。相比之下，风力发电、太阳能发电和生物质能源的碳排放几乎可以视为零，而如果再将生物质能源与CCUS技术结合使用，那么它们甚至可以实现负碳排放。这就是说，树叶、秸秆等燃烧发电后虽然释放了二氧化碳，但如果将这些排放物捕获并存储在地下，就相当于将整个生命周期的碳都储存在地下，因此成为一种负碳技术。这是一种将生物质能与CCUS相结合的负碳能源技术，也非常重要。

当然，目前的问题是这种负碳技术在经济上并不太具可行性，因为收集大量的树叶、树枝和秸秆需要投入大量精力和资源。不过，在某些特殊情况下还是可行的，比如在大型林场或者像东北地区的某些粮食基地更有机会实施，这就需要我们进行能源转型和能源革命。中国在很多年前就已经开始了能源转型和能源革命的工作，习近平在10多年前就已经多次提到了能源转型和能源革命，在2020年进一步提出碳达峰和碳中和目标。能源革命涵盖了能源消费的革命、供应的革命、技术的革命以及能源体制的革命这四个方面，我们需要思考如何改变生活方式和生产方式以适应这一变革。

积极推动我国能源生产和消费革命 加快实施能源领域重点任务重大举措

（四）对碳达峰和碳中和的基本判断和认识

对碳达峰和碳中和的"三个基本判断和认识"是杜祥琬院士来清华所作报告的重要内容，这里选取其中关键的部分向大家讲解。

第一个判断是，实现碳达峰、碳中和是顺应绿色发展时代潮流的必由之路，也是推动经济社会高质量发展、可持续发展的必由之路。这一观点已经成为全球的共识，并正在深刻地影响着全球的价值体系。关于"双碳"目标，即碳达峰和碳中和，有一些老百姓甚至专家教授会认为是美国等西方国家的阴谋，即西方国家试图限制中国的发展。正如我之前所提到的，经济社会发展必然伴随着能源消耗和二氧化碳排放的增加，这是关系到我国发展的重要问题。不管这背后是否存在政治因素，对中国来说，积极应对碳达峰和碳中和对于我们自身发展而言是重要的和必需的。因此，应对气候变化是中国自愿承担的责任，而非他人强加于我们的，这应该是我们共同的认识。

目前，我国正在利用碳达峰和碳中和的目标来推动我国实现技术创新和发展转型。大家可以看到，在过去的10年里，北京的雾霾问题得到了很大改善，这实际上是推动能源转型带来的结果，同时也要感谢众多的环境保护工作者做出的贡献。因此，碳达峰和碳中和不仅是经济社会高质量发展的内在要求，也是生态环境高水平保护的必然要求，是缩小与主要发达国家发展水平差距的历史机遇。这一观点已经形成了广泛的共识，因为我们意识到了环保和可持续发展的重要性。与此同时，我国作为全球最大的发展中国家和温室气体排放量最大的国家，也应承担起保护地球环境的责任，这是我们作为负责任大国应该承担的义务。

第二个判断是，我国碳达峰碳中和战略面临减排幅度大、转型任务重、时间窗口紧等诸多困难和挑战。从2030年实现碳达峰后，中国只有

30年的时间来实现碳中和，而相比之下，美国和欧盟等发达国家拥有更长的时间。但他们的工业化水平更高，发展也更早，因此被称为发达国家，而我们则是发展中国家。因此，中国在实现碳达峰和碳中和方面面临着巨大的压力。2020年，我国的温室气体排放总量，包括二氧化碳、甲烷以及其他温室气体，相当于139亿吨二氧化碳当量，其中二氧化碳排放量为116亿吨，不同的算法和口径可能会有所不同，但大致都在100多亿吨，所以我们面临的任务非常艰巨。

2020年，我国人均温室气体排放量是全球平均水平的约1.5倍，人均二氧化碳排放量是全球平均水平的约1.7倍，已经超过英国和法国，但低于美国。总的来说，我们的碳排放量依然相当大，因此在这种情况下，实现碳达峰和碳中和面临着巨大的困难。在这一背景下，我国存在一些困难和问题。首先，我们的产业结构偏向重工业，第二产业（重工业）的国内生产总值占比超过40%，能源消费占比约68%。保留强大的重工业对于我国这样的大国来说非常重要，但同时也对碳中和目标提出了挑战。另外，我国的能源结构偏向煤炭，煤炭在能源结构中占据了相当大的比例。此外，我国的能源利用效率相对较低，我们的能源强度是世界平均水平的1.5倍，因此总的来看，我们仍然需要在提高能源利用效率方面付出更多努力。

第三个判断是，通过积极探索、主动作为，加快推动技术进步和发展转型，可实现高质量碳达峰和如期碳中和。这首先要坚持行业和地区梯次有序达峰的原则。举例来说，我国西部地区的人口相对较少，重工业相对较少，但却具备大量的风力和光伏发电潜力，所以西部地区更有可能更早地实现碳达峰和碳中和。在行业方面同样如此，有些行业可以更快地实现碳达峰，例如电力行业给自己提出了更高的要求，计划在2050年实现碳中和，这比我国2060年实现碳中和的总目标早了10年。此外，还要鼓励易于实现碳达峰的地区控制排放不再增长,维持在一个平台期,并鼓励可再生能源丰富的地区尽早实现碳达峰,鼓励钢铁和水泥行业率先实现碳达峰。所以,这就需要采取降碳、脱碳和碳移除等措施来实现碳中和。比如刚才讲到的CCUS,这项技术每年可以帮助我国减少10亿至14亿吨碳排放,再加上农田、森林和海洋等碳汇可以减少10亿吨二氧化碳,那么即使总排放量在一年内达到20亿至30亿吨,也可以采取措施将其移除,这就给二氧化碳排放留存了一定的空间。实现碳中和并不是让排放量达到零,因为即使是养牛等活动也会产生二氧化碳排放,我们真正要实现的是将二氧化碳的排放与移除相抵消,从而实现碳中和。

三、能源科技现状与未来

(一)我国能源发展趋势与总体思路

我国能源发展的总体思路包括以下三个方面:一是使化石能源变得更加清洁,无论是煤炭、天然气还是石油,都必须朝着清洁化和低碳化的方向发展;二是清洁能源规模化,包括风力发电和太阳能发电等,虽然一家一户也可以采用小规模的太阳能和风力发电系统,但考虑到我国巨大的电力需求,我们仍然希望通过规模化发展来降低成本和提高效率;三是新旧能源综合化。我们的重点任务包括改善煤炭的使用方式、发展可再生能源、推动核能技术、建设智能电网、研究氢能技术、发展储能技术以及优化能源消费等。这些任务都旨在实现清洁、高效和可持续的能源体系。

国家统计局发布的2023年国民经济和社会发展统计公报显示,我国在能源发展方面取得了显著进展。总体来看,2023年我国水电、核电、风电和太阳能等清洁能源发电量较上一年增长了7.8%,清洁能源在能源消费总量中的占比也提高了 0.4 个百分点，达到了 26.4%。这表明我国几大电力集团近些年在可再生能源和非化石能源方面做出了重要努力，在煤电方面也在致力于提高效率和降低碳排放。

（二）煤炭——支撑能源转型的地位和作用

煤炭在我国的能源结构中占有主体地位。从事电力系统相关工作的人普遍认为，为了保持电力系统的稳定性，需要有一定比例的火电发电来提供稳定的电力，这是风力和太阳能发电所不具有的，所以电网中的电力至少要有 15%～20% 是处于稳定状态的，而其他不稳定的发电可以采取相应措施进行调整。电力系统领域的专家们非常擅长应用数学和各种信息技术，确保一部分电力始终保持稳定，并确保电网的安全运行，由此可见，煤电仍然具有重要作用。未来煤炭的主要用途将集中在发电领域。今后，许多现在仍然用于工业锅炉和家庭供暖的煤炭燃料，例如农村家庭用于取暖和烹饪的煤球，都可能逐渐减少甚至消失。我们希望未来更多的煤炭用于发电，而通过电热泵进行取暖以及使用电力进行烹饪，将成为未来的发展趋势。

关于煤电领域的发展，我国已经制定了许多重要方向。我国煤炭的发展目标是推进煤炭由主导能源向基础能源战略转变，形成煤炭清洁高效低碳利用技术体系，实现煤炭生产和消费的革命。我国煤炭发展的重点任务主要包括以下三个方面：一是煤炭清洁高效灵活智能发电，我国正致力于更加高效、清洁地开发煤炭以减少对环境的污染。二是煤炭清洁转化，包括工业煤和民用煤的高效转化和利用。三是二氧化碳的捕集、利用和封存以及污染物的控制，我国正在研究如何有效地捕集、利用和封存二氧化碳，以减缓温室气体的排放，这是一个国家层面非常重要的方向。

具体来说，第一项任务是要增加可再生能源的比例，提高电力发电效率，减少煤炭发电的碳排放。其中有一个非常重要的技术，即提高火力发电的变工况性能。稳定性是火力发电的优点，但也是其缺点，火电的惯性较大，工业设备通常庞大而复杂，调整工况时需要较长的过渡期。因此，当前的技术发展方向之一是发展灵活智能的发电技术，以提高火力发电的灵活性和响应能力。这一领域正处于发展前沿，备受关注。

第二项任务是实现煤炭的清洁转化，即将煤炭转化为化工产品或者制备氢气，并在氢气制备完成后将其直接转化为石油产品，这样可以提高煤炭的利用效率，同时也使二氧化碳的补给、封存和再利用变得更加容易。

第三项任务是碳捕集、利用与封存。这涉及将二氧化碳以低成本大规模地捕获并储存于地下。此外，二氧化碳也可以用来驱油、驱气等。现在石油开采不再像过去那样简单，只需钻井后油就会喷涌而出，取而代之的是，一些地方采用水或二氧化碳来提高石油开采量，尤其是在一些特殊情况下水的驱动效果不佳，就要使用二氧化碳来推动石油采收。而二氧化碳被注入地下，一方面可以推动石油采收，另一方面也起到了碳封存的作用。此外，还可以进行矿化、生物固定、化工转化等处理，以进一步减少二氧化碳的排放。

（三）可再生能源——全球能源转型的关键驱动力

2014 年，习近平就曾在中央财经领导小组会议上强调我们需要发展新能源和可再生能源，以构建多轮驱动的能源供应体系。这表明我国在 10 年前就已经着手进行能源转型和能源革命的工作。到了 2022 年，习近平在中央政治局集体学习时进一步强调，要加快发展有规模有效益的风能、太阳能、生物质能等新能源。

深入分析推进碳达峰碳中和工作面临的形势任务 扎扎实实把党中央决策部署落到实处

同时，可再生能源在国际上也备受关注。预计到 2050 年，全球范围内可再生能源将成为主要能源之一。目前，我国正加快可再生能源从补充能源向替代能源和主要能源转变。根据国家发展改革委的预测，到2050年，我国可再生能源将占据总能源消耗的62%，而在发电方面，可再生能源比例将高达86%。需要指出的是，这仅仅是一种预测，是否能够实现取决于多种因素，但可以肯定的是，可再生能源的比例将不断提高。

（四）氢能燃料电池——高比例可再生能源和低碳能源结构的重要支撑

氢能燃料电池是一种新的能源，但氢本身并不算是一种能源，而是一种能源载体。通过使用能源将水电解成氢气，然后将氢气用于发电或其他工业应用，这就是氢能燃料电池的工作原理。氢气燃烧的唯一产物是水，不会排放二氧化碳，因此被认为是一种清洁能源。国际上，包括日本、韩国、美国和欧盟都在大力支持氢能技术的研发和应用，我国也同样在积极推动氢能技术的发展。根据国际预测，到2050年，氢能在全球能源消耗中的比例将达到18%。我国在氢能技术领域已取得了显著进展，包括煤制氢、变压吸附、钢质气瓶储氢等方面都处于世界领先水平。

综上所述，我国的能源发展目标是建设一个清洁、低碳、安全、高效的现代能源体系，以满足我国未来能源需求，并为可持续发展提供支持。这一工作对于我国未来能源战略的制定和可再生能源技术的推广具有重要意义。

四、零碳与负碳能源技术

（一）构建未来碳中和能源系统

我们在能源科技方面即将迎来重大变革。随着碳达峰、碳中和目标的提出，包括金融、经济、气候变化、化工能源等多个领域的专家都积极参与并呼吁实现碳达峰和碳中和。然而，从技术角度来看，能源领域是其中最关键的，如果我们不能在能源技术方面取得进步，就很难实现碳达峰和碳中和的目标，所以能源领域正面临着巨大的压力与挑战，同时也有着巨大的发展机遇。从历史上看，农业社会存在小规模分散的可再生能源，即化石燃烧，变热，继而做功，这是一种较为原始的技术。到了工业化时代也就是我们目前的阶段，我们主要依赖大规模的、集中的化石能源，例如煤和天然气，燃烧后做功发电。然而，未来可能会采用更新的能源形式。比如多能互补，使太阳能、风能和海洋能与火力发电相互协同运用。再如集中和分散共存，以前我们的能源供应都依赖于大电网和大型发电厂，但未来农村和城市小区可能会有属于自己的分布式的供能系统，以提高能源利用效率。因此，这个领域需要物理、化学、环境科学等多个学科的交叉合作，当然也包括能源工程和工程物理等专业领域，这些领域的交叉合作将推动未来能源领域的发展。

构建未来碳中和能源系统有三条科技主线：第一条主线是高碳能源低碳利用，就是以低碳方式利用煤炭和天然气进行发电，降低其碳排放量，并提高其能源利用效率，或者通过采用 CCUS 技术来减少碳排放。第二条主线是零碳能源安全利用，例如通过储能技术或更好的调控措施，使得风力发电、太阳能发电、生物质发电更加安全、高效。第三条主线是碳中和能源系统集成，建立融合电力系统和终端用户等为一体的系统，推进碳中和的实现。未来的碳中和能源系统发展基本要走这三条路，这也是能源领域里大家正在做的重要工作。

（二）碳中和目标下的 CCUS 技术

CCUS 技术是一项非常时髦的技术，尤其在美国、欧洲和日本等地，有许多研究人员长期从事相关研究。这一技术领域涵盖了二氧化碳的捕集、输送、利用和封存等多个方面，所以这是一个广泛研究的领域，涉及许多硬件和重要科技元素。

在碳中和目标下，研究的重点包括化石能源与 CCUS 技术相结合以实现零碳排放，以及生物质能与 CCUS 技术相结合而实现负碳排放，此外还包括直接从空气中捕集二氧化碳的负碳技术。在 CCUS 负碳技术体系中，涵盖着多种方法，包括"空气捕集 + CCUS""生物质能源 + CCUS"等，除此之外还有土地碳化、海洋碱性、海洋铁施肥和生物炭等，这些都旨在通过人为手段增加二氧化碳的捕获和存储能力。

目前，CCUS 的负排放潜力备受关注，技术方面也在不断发展，比尔·盖茨等科技领域的巨头已经投入了大笔资金用于开发清洁技术。比尔·盖茨认为 CCUS 技术是负碳技术的关键，并投资了约 20 亿美元用于开发清洁技术，他预计在未来 10 年内，碳捕集成本将降低到每吨 100 美元以下。这个价格还相对较高，中国目前捕集每吨二氧化碳约 400 元人民币，希望未来将捕集成本降至每吨 120 元甚至 100 元人民币以下。因此，我们未来的目标是使捕集成本更加经济实惠，同时封存的价格也进一步下降到不超过百元，使每吨二氧化碳捕集与封存等的总体费用保持在 200 元人民币以下的水平，以更好地推动 CCUS 技术的发展。此外，我们国家的腾讯公司也表现出了极大的积极性，计划投资数亿资金用于支持与二氧化碳转化、利用和封存等先进技术相关的项目，以促进碳中和工作。总而言之，CCUS 技术对于我们国家实现"双碳"目标至关重要。

（三）CCUS 技术的重要意义

根据我国的"双碳"目标，预计到 2030 年我国每年的碳排放量将保持在 70 亿～80 亿吨之间，每年的碳封存量为 2.3 亿吨，预计到 2060 年每年的碳排放量将降低到 15 亿～20 亿吨，每年的碳封存量则达到 14 亿吨。

那么为什么我们需要 CCUS 呢？根据联合国政府间气候变化专门委员会（IPCC）的一个报告，如果不采用 CCUS 技术，全球减排成本增幅预计高达 138%，这无疑是一个巨大的经济负担。另外一个技术方案是采用太阳能和风力发电，再加上储能技术。这两个技术路径都需要不断进步，才能保证在经济上可行。制定能源发展方面的国家政策需要各方专家的共同努力。

生态环境部在 2021 年发布的一份报告中预测，在所有封存类型中，深部咸水层封存占据主导位置，封存容量占比约 98%；我国深部咸水层的封存容量约 2.42 万亿吨，是主要的地质封存类型。这就是说，如果每年封存 10 亿吨二氧化碳，那么这个封存能力足够维持 2 400 年，即使每年封存 100 亿吨二氧化碳，深部咸水层的封存能力仍然足够维持 240 年，这表明地下空间的二氧化碳封存潜力足够支持我们实现碳中和这一伟大的目标。

（四）CCUS 技术的发展状况与重大问题

在国外，二氧化碳深部咸水层大规模封存项目发展迅速。例如，挪威早在 1996 年就开始每年封存 100 万吨二氧化碳，建立了全球首个咸水层项目，并已经成功封存了超过 2 000 万吨二氧化碳。此外，2004 年阿尔及利亚、2008 年挪威、2014 年澳大利亚、2015 年加拿大以及 2017 年美国都已经实施了大规模的二氧化碳深部咸水层封存项目。与此相比，我国在这个领域的实践相对较少。我国在这方面的探索可以追溯到 10 多年前，也就是 2011 年。当时，神华集团（现国家能源集团）在鄂尔多斯开展了一个每年封存 10 万吨二氧化碳的试验项目，历时三年，共计封存 30 万吨，项目完成后，井口被封闭，目前正在进行监控工作。这也是我国的第一个二氧化碳地质封存试验项目。

我国海上首个百万吨级二氧化碳封存工程投用

近期,我国的CCUS技术取得了一些可喜的新进展,其中包括其被纳入宏观战略和规划中。这一点可以从我国许多政策的提法中看出,二氧化碳封存技术得到了越来越多的重视。此外,投融资方面也为CCUS技术注入了新的动力,例如绿色债券、碳减排自制工具以及气候投融资的试点项目,这些举措表明目前有许多投资者正在投资碳中和CCUS技术。同时,我国各个行业也加大了应用示范的力度,特别是电力、钢铁、水泥和化工等行业。一些重要企业,如国家能源集团和其子公司,以及齐鲁石化,也都在积极开展CCUS项目,并计划进行大规模的二氧化碳捕集和封存工作。例如,齐鲁石化计划每年封存100万吨二氧化碳,这意味着我国在这方面的实践正在不断深入。不过,尽管我们已经有了巨大的封存潜力,如前所述的2.42万亿吨的封存量估算,但实际上是否能够安全地进行大规模的地质封存,仍然需要进行详细的研究,包括长期的安全性和经济可行性方面更多的研究工作,例如将二氧化碳储存在地下1 000米或2 000米深度是否安全。因此,我们在CCUS领域取得了进展,但仍然有一些技术和安全性方面的问题需要深入研究和解决。此外,还需要考虑经济可行性。一项技术有生命力的首要条件就是它必须在经济上是可行的,不能一味地依赖国家的财政支持,而是要进行经济核算,确保成本合理。需要强调的是,这是一个具有挑战性的领域,大规模利用二氧化碳地质封存仍然面临许多问题需要解决。

另外,我们的团队正在承担一个重要任务,即研究大规模的二氧化碳地质封存,这个任务面临一系列科学、技术和工程方面的挑战。我们的主要研究方向包括碳封存物理模拟系统的开发和实验平台的建设,其中也包括模拟软件的开发。因为目前我们使用的许多软件都是美国公司的软件,我们希望能够开发中国自己的软件。此外,我们还在研究封存潜力评估和监测方法。对于一个涉及 10 亿吨二氧化碳的大型工程来说,我们需要开发一套通用的监测手段和方法,包括地震监测、光纤监测和遥感监测等先进技术,以确保我们能够准确监测地下二氧化碳的位置,防止地壳产生裂纹,以及避免地球表面出现鼓起等问题。

在本讲最后,我想向同学们提出三个问题,希望大家进一步思考:第一个问题是中国式现代化道路与实现"双碳"目标有什么关系?第二个问题是实现我国的"双碳"目标为什么要进行能源革命?第三个问题是如何在未来实现"双碳"目标的过程中体现青年人的担当?希望同学们认真思考,仔细查阅资料并积极讨论。

最后,欢迎不同专业的同学投身到能源革命的伟大事业中来。

本 讲 小 结

2020年9月,中国明确提出2030年前"碳达峰"与2060年前"碳中和"目标。能源领域是实现"双碳"目标的关键,亟须破解能源安全、经济发展、环境保护和碳排放约束之间的矛盾。习近平在党的二十大报告中指出,积极稳妥推进碳达峰碳中和。立足我国能源资源禀赋,坚持先立后破,有计划分步骤实施碳达峰行动,同时要深入推进能源革命,加强煤炭清洁高效利用,加快规划建设新型能源体系,积极参与应对气候变化全球治理。这为"双碳"目标下我国能源体系构建和能源战略部署指明了方向。

第十一讲

"双碳"行动中的中国与世界

| 中国式现代化十二讲

贺克斌

清华大学碳中和研究院院长
中国工程院院士

长期致力于大气复合污染特别是 $PM_{2.5}$ 的研究，在大气颗粒物与复合污染识别、复杂源排放特征与多污染物协同控制、大气污染与温室气体协同控制方面开展深入细致研究。现任中国工程院环境与轻纺工程学部主任、国家生态环境保护专家委员会副主任、国务院学位委员会环境科学与工程学科评议组召集人、教育部高等学校环境科学与工程类专业教学指导委员会主任、教育部科学技术委员会环境学部主任。

大家好!非常高兴今天有机会跟大家一起探讨"碳达峰、碳中和"(简称"双碳")这个话题。"碳达峰、碳中和"可以说对全球未来几十年的发展都有深远意义,当然,它对我们推进中国式现代化也有非常重要的意义,因为无论是现在还是未来,中国在世界发展中发挥极为重要的作用。

为什么"碳达峰、碳中和"会对未来几十年世界发展有深远影响?从数字来看,截至2023年9月,全世界包括中国在内已经有150多个国家给出了碳中和的承诺。我们把这150多个国家加到一起,可以用3个90%来概括。这些国家几乎代表了全世界90%的人口、90%的二氧化碳排放量、90%的国内生产总值。

一、"碳中和"影响力形成的背景

"碳中和"是对未来世界经济、社会发展具有深远影响的、备受关注的话题。那为什么各国都这么在意这个话题?

(一)"碳中和"影响力形成的现实背景:气象灾害加剧

1. 全球气候变暖导致极端气象灾害频发

我们都有越来越明显的感受——气温越来越高了。2023年7月的全球平均气温达到有气象记录以来的最高值。按照美国国家海洋和大气管理局的统计,全球距地表2米处的平

利比亚干旱的土地

均气温在7月3日那天达到了历史最高。这个纪录保持了多久？保持了1天，到7月4日又破了纪录。可以肯定的是，2023年的6、7、8三个月已经成为有气象记录以来的最热时间段。温度高会带来一系列的气象灾害。气象是一种资源，一个地方需要阳光和水分，风调雨顺就意味着各方面发展，特别是农业的发展会非常顺利。在气候变化过程中，和风细雨是资源，暴风骤雨可能就成了灾害。2023年的北京经历过7月初的高温，7月底8月初的暴雨，这些气象资源都变成了我们身边的灾害，造成了经济的损失，甚至还有生命财产的损失。可以看到，即便在一个现代化大都市，也不能完全抵御这些灾害。

2. 全球气候变暖导致野火发生强度和概率持续增加

美国加州山火

除了高温、强降雨之外，气候变化还形成了积累性的、区域性的干燥。干和燥叠加，就容易出现森林的自燃，即野火。近年气候变暖有使极端野火发生增加的趋势。我们早期经常会看到一些新闻，美国加州出现野火，时间通常会持续两三个星期，有时从8月一直到10月黄金周还能从新闻中看到它在烧。最近几年，它的持续时间更长了，有的会持续两三个月。不仅美国，欧洲2023年也出现了大量森林野火。在7月，希腊和西班牙都出现了野火；加拿大全年累计发生6 600多处野火，过火面积超过了韩国国土面积。

野火会带来什么问题？这可以参考联合国给出的影响人类可持续发展

最主要的三个威胁：气候变化、生物多样性丧失和环境污染。而野火把三个威胁全都占了。首先，气候变化引发大量野火，而野火会排放大量的二氧化碳。人类想了很多办法去减碳，实现绿色发展，一把野火就抵消了很多努力。其次，野火会加剧生物多样性丧失的威胁。澳大利亚野火发生时，大家最心疼最揪心的是什么？是电视上播放的大家觉得很可爱的考拉被烧死了不少。生物多样性丧失意味着受到破坏的不仅有种类丰富的动物，还有大量的珍贵植物，包括原始森林中的稀有植物，同时还破坏了碳汇。最后，野火造成了极大的环境污染。在纽约街头采访时，有人的回答是"好几十年没有见过纽约的污染这么重"。数据表明，20世纪野火在全世界都烧得非常厉害，之后野火发生频率非常快地下降了。下降是怎么来的？这是由于人类社会消防技术的发展，那个年代是可以把它抑制下去的。目前就全世界来看，中国是抵御野火做得比较好的一个大国。给我们造成最大损失的是20世纪80年代的大兴安岭大火，由此我们痛定思痛，不断完善消防技术和消防工作体系。与全世界相比，中国每年的起火点并不少，但是我们能够迅速地遏制，让它不蔓延成大的野火，说明我们整体消防工作体系还是非常有效的。

3. 极端气象灾害造成极大经济损失

极端的气象灾害会极大地影响我们的经济。应急管理部发布的2021年十大自然灾害事件，除了第八和第十是地震以外，其余都是极端气象灾害造成的。虽然保护生态环境要花很大的成本，但要是不保护它的话，损失会更大。这些都是显性的，还有大量隐性的损失并没有在这里展现出来。

4. 高气候风险对全球粮食供应的影响巨大

从全球看，地球宜居的一个基本条件是大家有饭吃。大家已经体会到，最近乌克兰危机导致了粮食危机问题。这个粮食危机问题的本质不是粮食不够，而是因为战争，粮食的运输通道不畅。但如果气候变化发展下去的话,会出现粮食长不出来的问题。粮食运不出来的问题和长不出来的问题,哪个更好解决,哪个更难解决?对此,大家心里都有非常清晰的答案。高气候风险不仅会引起主要的粮食产品减产,而且还会导致咖啡、可可等产品减产,这些减产情况意味着基本宜居条件的破坏。气候变化正在使我们的地球变得不太宜居,甚至于变得不宜居,使我们的基本生存条件受到威胁。

(二)"碳中和"影响力形成的理论背景:共识度不断提升

20世纪80年代以来,全世界一直存在三个非常典型的问题,我们在网络上也经常会看到这些问题。第一个问题是地球一直在升温吗?第二个问题是升温的主要原因是人类活动造成的以二氧化碳为代表的温室气体排放吗?第三个问题是如果这种升温持续下去,就一定会出现灾难性的后果吗?有什么依据?

20世纪80年代以来,联合国政府间气候变化专门委员会(IPCC)组织几千位科学家持续撰写了关于气候变化及其影响与应对的评估报告,截至目前,已经发布了六次。从第一次到第六次,全世界的科学家对这三个问题的肯定性回答的共识度在不断提高。从诺贝尔奖可以看出,2007年和平奖、2018年经济学奖、2021年物理学奖,都授予了专门为应对地球气候变化作出贡献的科学家、组织和一些知名人士。这里面的知名人士就是阿尔·戈尔先生。2001年,他跟小布什竞选美国总统失败,从此转向呼吁全球要重视应对气候变化问题。他用什么形式来呼吁?写书、演讲、拍电影。他写了一本书叫《难以忽视的真相》,呼吁大家要注意这个问题。他拍的纪录片同样呼吁大家重视气候变化,并在全世界引起了非常大的反响。2007年戈尔与联合国政府间气候变化专门委员会共同获得诺贝尔和平奖。

科技界对气候变化问题的共识度不断提高,就会推动联合国框架下政治家们的决策进程,决策进程的每一步都伴随着科学家认知的提升。可以看到,从20世纪80年代末开始,全球已经有几十个关于应对气候变化相关的法律文件。比较有代表性的有三个:1992年《联合国气候变化框架公约》、1997年《京都议定书》和2015年《巴黎协定》。《巴黎协定》提出了要在全球实现碳中和的目标。

碳中和是什么意思?跟我们化学里酸碱平衡的中和没有关系,跟财务里的收支平衡有点相似。也就是说,到某一年排放到整个地球或者某一个地域范围里的二氧化碳跟其所拥有的生态系统能吸收的二氧化碳基本相当。我们可以看到,在实现碳中和或者"双碳"目标的过程中,中国已经在全球发挥着越来越重要的作用,将来还会发挥更重要的作用。接下来,我们具体讲解中国的碳中和情况。

二、中国碳中和:难点、意义与举措

从1995年到2020年的数据上看,中国经济发展对世界经济增长作出了非常重要的贡献。经济的快速发展需要一个基本条件,就是要有基本的能源支撑。现在支撑各个国家和地区发展的化石能源占比基本上差不多,主要大经济体的化石能源消费比例均高达80%。区别只是在于,三种主要化石能源中,我们煤比较多,他们的天然气比较多。化石能源的燃烧过程中就会排放二氧化碳。经济发展需要能源来支撑,而化石能源消费比例高,二氧化碳的排放占比就会高。中国的国内生产总值从1995年世界第八到2020年世界第二,二氧化碳排放也一定是随之增加的,这是一个基本的支撑条件。

从2005年开始,中国超过美国成为二氧化碳排放量最大的国家。到现在为止,全世界排放的二氧化碳,中国大概占了30%。在未来的发展中，中国的减碳会发挥举足轻重的作用。从总量看，我们比美国排放的二氧化碳更多，但还要看到美国有多少人，中国有多少人，要有人均的概念。如果按照人均的排放，在很长时间里我们是远远低于美国的。但是在2013年，中国的人均二氧化碳排放量已经超过了欧盟。在减碳这件事情上中国是负责任的大国，在未来会发挥越来越重要的作用。

2020年9月22日，习近平在第七十五届联合国大会一般性辩论上代表中国就碳达峰碳中和做出庄严承诺。他指出："中国将提高国家自主贡献力度，采取更加有力的政策和措施，二氧化碳排放力争于2030年前达到峰值，努力争取2060年前实现碳中和。"

党的二十大报告在第十部分提出了"推动绿色发展，促进人与自然和谐共生"，具体提出了四个方面的任务，虽然在第四个方面才提到"双碳"，但前三个方面，即：加快发展方式绿色转型，深入推进环境污染防治，提升生态系统多样性、稳定性、持续性，都与减碳增汇有关。这就是节能增效减碳、碳污协同减碳、巩固提升碳汇，积极稳妥推进碳达峰碳中和。

（一）中国碳中和：面临四大难点

在推进中国式现代化的进程中，要实现"双碳"目标是一场广泛而深刻的变革，不是轻轻松松就能做到的，必须付出艰苦努力。

中国要实现碳中和，目前有四大难点，即"三高一短"。其中"三高"跟中国的发展结构有关系。

1. 能源结构高碳

所谓"三高"，第一高是高碳的能源结构。支撑中国经济发展的是高碳的能源结构。前面提到了我国化石能源的比例高，而在三种化石能源里煤炭是占比最高的。大家知道，若煤、石油、天然气燃烧过程中产生

习近平关于碳达峰碳中和的重要论述

2020.9.22 在第七十五届联合国大会一般性辩论上的讲话

中国将提高国家自主贡献力度，采取更加有力的政策和措施，二氧化碳排放力争于2030年前达到峰值，努力争取2060年前实现碳中和。

2020.9.30 在联合国生物多样性峰会的致辞

采取更加有力的政策和措施，二氧化碳排放力争于2030年前达到峰值，努力争取2060年前实现碳中和，为实现应对气候变化《巴黎协定》确定的目标作出更大努力和贡献。

2020.11.17 在金砖国家领导人第十二次会晤上的讲话

二氧化碳排放力争于2030年前达到峰值，努力争取2060年前实现碳中和。我们将说到做到！

2020.11.22 在二十国集团领导人利雅得峰会"守护地球"主题边会上的致辞

中国将提高国家自主贡献力度，力争二氧化碳排放2030年前达到峰值，2060年前实现碳中和。中国言出必行，将坚定不移加以落实。

2020.12.12 在气候雄心峰会上的讲话

进一步宣布：到2030年，中国单位国内生产总值二氧化碳排放将比2005年下降65%以上，非化石能源占一次能源消费比重将达到25%左右，森林蓄积量将比2005年增加60亿立方米，风电、太阳能发电总装机容量将达到12亿千瓦以上。

2021.3.15 在中央财经委员会第九次会议上的讲话

实现碳达峰、碳中和是一场广泛而深刻的经济社会系统性变革，要把碳达峰、碳中和纳入生态文明建设整体布局，拿出抓铁有痕的劲头，如期实现2030年前碳达峰、2060年前碳中和的目标。

2021.4.30 在中共中央政治局第二十九次集体学习时的讲话

　　各级党委和政府要拿出抓铁有痕、踏石留印的劲头，明确时间表、路线图、施工图，推动经济社会发展建立在资源高效利用和绿色低碳发展的基础之上。

2021.10.12 在《生物多样性公约》第十五次缔约方大会领导人峰会上的主旨讲话

　　为推动实现碳达峰、碳中和目标，中国将陆续发布重点领域和行业碳达峰实施方案和一系列支撑保障措施，构建起碳达峰、碳中和"1+N"政策体系。中国将持续推进产业结构和能源结构调整，在沙漠、戈壁、荒漠地区加快规划建设大型风电光伏基地项目。

2021.12.8 在中央经济工作会议上的讲话

　　我国经济发展面临需求收缩、供给冲击、预期转弱三重压力；2022年经济工作要稳字当头、稳中求进；正确认识和把握碳达峰碳中和。

2022.1.24 在中共中央政治局第三十六次集体学习时的讲话

　　实现"双碳"目标是一场广泛而深刻的变革，不是轻轻松松就能实现的。我们要提高战略思维能力，把系统观念贯穿"双碳"工作全过程，注重处理好4对关系：一是发展和减排的关系。二是整体和局部的关系。三是长远目标和短期目标的关系。四是政府和市场的关系。

同样的热值，二氧化碳排放系数是按照这个顺序逐渐递减的。煤的比例高，产生同样的热值就要付出更多的二氧化碳排放量。

2. 产业结构高碳

第二高是高碳的产业结构。2000年到2020年的20年时间里，中国大宗工业产品总产量快速上升，大部分大宗工业产品都占到世界总产量的50%以上，其中铝已经占到80%以上。这些全部是高耗能、高排放、高排碳的高碳产业。中国作为发展中国家正好处在高碳产业结构的阶段，就减碳来讲，比发达国家要更加困难。

3. 发展进程中高速

第三高是作为发展中国家，中国工业化、城镇化还在中高速发展之中。这个进程会带来什么？世界各国的发展按碳排放分成了三组。第一组以美国、加拿大为代表，在人均国内生产总值达到3万美元的时候，人均碳排放量才稳定，然后逐渐下降。第二组以日本和欧洲为代表，人均国内生产总值达到2.5万美元以上，才实现稳定达峰。中国现在承诺的2030年碳达峰时，人均国内生产总值很可能是在2万美元左右，甚至略低于2万美元，因此我们的碳达峰难度系数是相当大的。

4. 实现碳中和时间短

讲完"三高"，我们来说"一短"。欧洲在20世纪80年代初经济总量发展比较稳定，产业结构和二氧化碳排放量在当时就稳定了。所以，到2050年欧洲从碳达峰到碳中和有70年的时间。美国是2005年碳达峰，可以有45年到50年左右时间去实现碳中和。中国力争2030年前碳达峰，到2060年实现碳中和，相比欧美我们仅有30年左右的时间，用时大幅缩短。我们下的是一个陡坡，欧美下的是缓坡，这之间的难度差别可想而知。

（二）中国碳中和：三大战略意义

既然这么难，我们能不能缓一缓？我们为什么那么着急？因为除了地球宜居需要以外，中国自身发展也需要。实现"双碳"目标，不是别人让我们做，而是我们自己必须要做。为什么我们必须做？这里我想讲三大战略意义。

1. 气候履约意义

第一大战略意义就是气候履约。我们刚刚已经讲到了，作为负责任的大国，中国在加入《巴黎协定》以来发挥了越来越重要的作用。

2. 产业竞争意义

第二大战略意义与产业竞争有关。世界经济进入"双碳"时代，正在迎来一个白热化的产业竞争阶段。在未来发展中，全世界都要实现碳中和。大家现阶段的共识就是必须根本性地改变能源结构，从现在以化石能源为主，逐步发展到以风能、光能为代表的可再生能源为主。

第一个问题是以风、光能源为代表的资源量够不够？现在大家都在讨论，全球现有的化石能源在未来50年到200年可能会耗尽。即便不是50年到200年，把时间乘以2，100年到400年，那也是很短的时间。这个时间我们怎么来看？如果到21世纪后半叶，我们逐步实现了碳中和，用可再生能源带动全人类的发展，走向以风、光为代表的能源结构能否持续？会不会哪天也用完？根据国际能源署给出的分析，达到碳中和的目标时，用全世界拥有的风、光等可再生能源是足够支撑全球发展的。这个足够不是高出几个或十几个百分点，而是高出好几倍。仅仅从资源总量的角度看是足够用的，能够在很大程度上解除我们化石能源耗尽的危机。当然，也有地质学家开玩笑说地球上的化石能源是取之不尽、用之不竭的。如果我们有足够的耐心等上一亿年，新的煤炭和石油又产生了。和自然相比，人是很脆弱的，地球有它非常强的循环发展的过程。但是我们现在的努力，是在拯救地球吗？确切地说是在拯救人类的宜居条件。没有人类的时候地球还会在，地球上其他生物还会在。人与自然和谐共生，首先要把人类的位置摆正。转变成以新能源为主的能源结构，会使我们大大地解除、根本性地摆脱化石能源可能会用尽的威胁。

第二个问题是现在的化石能源除了总量不够外，还有分布不均匀的特点，而且是一种极不均匀的局面。不均匀到什么程度？排前五位的储量国可以占据全球煤炭总量的3/4，油气的2/3。现在世界上出现的地缘政治和局部战争都跟这个有一些关系。其实风、光能源在全球分布也是不均匀的，但它们的不均匀程度跟化石能源完全不可比。也就是说绝对找不出四五个国家能占到某种能源总量的2/3，甚至1/2，抑或20%都没有。世界上很容易找到一些国家根本没石油，根本没天然气，根本没有煤，但哪个国家没有光和风呢？只是占有的程度不同而已。所以从能源支撑经济发展的角度来讲，未来世界各国都有机会去利用风、光能源发展自己的经济。但是谁能够更好更快地利用风、光能源，完全取决于谁能抢先建成使用这些新能源的大规模的、稳定技术体系。所以归结起来，世界经济从"双碳"开始，正在从对能源的资源依赖型发展转变成对能源的技术依赖型发展，对技术的敏感性远远超越了对资源量的敏感性。基辛格博士曾说过，谁拥有石油，谁控制石油，谁就控制世界经济。未来的格局是谁掌握了新能源技术，谁就掌握了未来世界经济发展的主动权。我们需要在技术竞争中掌握主动权，因为这是实现中国式现代化的过程中必须要迈过去的一道坎儿，必须要突破的一道难关。

世界的主要经济体都在紧锣密鼓进行技术创新。《欧洲绿色新政》把能源、建筑、工业、交通四大排碳板块和农业、生态、环境三大碳汇板块全部放在科创产业技术的布局中去推进，目的就是要抢占技术先机。

美国提出了"五个零"的战略目标：零碳电力、零碳交通、零排放汽车、零碳建筑、零废物制造，用六大核心技术来支撑"五个零"目标的实现。这个目标中提到，2035年实现100%零碳排放乘用车销售，2040年实现100%零碳排放中重型卡车销售。也就是说，从2035年开始，美国不再销售烧汽油的小汽车，从2040年开始，不再销售烧柴油的大卡车。

技术竞争是非常激烈的，也有人说是白热化的、惨烈的，尤其是中美之间的竞争。我们在新能源发展上有先机和基础条件，在某些方面我们也有领先的地方。第一个是光伏发电。我们光伏发电成本现阶段比美国低20%，比欧盟低27%。但美国能源部提出，2030年各类光伏发电成本要降低60%。如果我们停下来，美国继续按照降低60%目标来发展的话，用不了两三年我们就没有优势了。第二个是制造绿氢。我们现在用新能源来制造绿氢的成本比美国低30%，比欧洲低50%。美国的目标是到2030年左右制造绿氢的成本要降低80%，这是你追我赶的白热化竞争程度。日本推出"绿色增长战略"，提出在能源、交通、制造业等板块发展技术。除了海上风电、氨氢的技术路线，以及我们熟悉的燃料电池车、电动车以外，还可以看到日本在发展大型运载工具的电动船、混动船、氢动力飞机，这些都是脱碳的。可以想象，技术如果出现了落后和代差，以碳作为杠杆会对外向经济带来多么大的压力。也可以看到，一旦形成了技术优势，竞争对手就会用各种方式来抑制我们经济的发展。

欧盟建立碳边境调节机制和气候俱乐部。在减碳这个事情上，当欧盟有一定技术优势，可以利用碳关税减少其他经济体对自己的冲击时，欧盟一反决策缓慢的常态，一年之内就通过了相关举措，并在三个月、六个月内不断地推进加码，这里就不一一列举了。对于这些快速到来的举措唯一能够不被影响的条件就是自身的技术跟它是同代，甚至领先。一旦出现落后，甚至代差，就会"挨打"。我们讲"落后就要挨打"，这种挨打不一定全在国防上，在经济发展上也是同样的道理。这是一个技术必争之地，竞争的基本道理大家都很清楚。

3. 国内减污意义

第三个方面，除了气候履约、产业竞争以外，中国作为世界上最大的发展中国家本身还要完成国内减污任务。在碳达峰、碳中和的事情上，发展中国家和发达国家有一个最大的区别，就是发展中国家不仅有全球减污的义务，还有自己国内减污的任务。大家都知道我们自己的生态环境治理，虽然目前生态环境质量已经有了明显的改善，但是我们还没有彻底解决一些深层次问题。所以我们还要努力推进生态文明建设、完成建设美丽中国的目标，实现人与自然和谐共生的中国式现代化。减污和降碳之间是有非常强的协同作用的。我们正在闯一个无人区——如何在这么大体量经济体的发展过程中，把减污和降碳协同结合起来。在过去的西方历史上，没有出现过这种局面。我们现阶段很重要的任务，就是在实现生态文明建设、建设美丽中国目标的过程中，要解决好减污和降碳的问题。党的二十大报告里有八个字：降碳、减污、扩绿、增长。最重要的点落在了增长上，前边是要降碳、减污、扩绿，把这八个字都做齐了，一定会形成高质量绿色发展格局。

所有的发展中国家都有自己国家减污的任务，在中国来讲就是生态文明建设、建设美丽中国。前面提到了大气污染治理，现在讲高质量绿色发展。2005—2015年，中国分别实现了二氧化硫达峰、氮氧化物达峰、一次$PM_{2.5}$排放量达峰。这个达峰指的就是污染排放指标在全国降下来的同时，国内生产总值在增长，能耗在合理地增长。全世界公认的高质量绿色发展，就是经济指标往上走，污染排放指标往下走。2005年前欧美专家讲发展经验的时候，非常清晰地讲道，他们已进入了绿色高质量良性发展阶段，即经济涨污染降的喇叭口曲线。我们那时候非常羡慕。2005年以前,我们经济与排污所有的参数都在同时增长,尤其是污染排放量同步增长。那时候我们很发愁,说哪年才能做成自己的喇叭口曲线?经过了这些年的努力,我们把它做成了,并且我们将来的曲线喇叭口子还会越张越大。现在我们的高质量绿色发展正体现得越来越清晰。

2008年北京奥运会主体育场　　　　2022年北京冬奥会单板滑雪U型池赛场

举个例子,北京现在是世界上唯一的"双奥之城"。若将夏奥和冬奥时候北京的空气质量进行对比,在2008年的时候,我们还没有$PM_{2.5}$的官方数据,2013年才开始有,可以对比的只有颗粒粗一点的PM_{10}值,夏奥和冬奥PM_{10}浓度降低了,而$PM_{2.5}$年均浓度则从2013年的89.5微克/立方米降到2022年的30微克/立方米。颗粒物这种污染物浓度越低代表能见度越好。大家要知道,每年冬天中国北方会供暖,北京从11月到次年3月供暖季,所有的污染物排放量会增加30%左右。在这种情况下,数值下降背后的含金量是不言而喻的。美国芝加哥大学发表的一篇文章给出了一个基本结论:中国最近7年$PM_{2.5}$下降的幅度相当于美国历史上30年干成的事情。也就是说,我们7年走过了美国30年的路。

从2000—2006年我们传统的控制$PM_{2.5}$的方式跟不上经济和社会发展,排得多、控制得少,所以$PM_{2.5}$浓度是涨的。到2007—2012年,基

本上把 $PM_{2.5}$ 的增量控制住了，但是存量还在，浓度上不去也下不来。党的十八大以来的这十多年时间，我们把增量和存量都降下去了。无论在中国的哪个城市，都能明显地感受到蓝天越来越多，能见度越来越好，只是变化程度和幅度不一样。再继续巩固发展，接下来就是要促进减污降碳协同。

按照 2030 年前碳达峰、2060 年前碳中和目标，我们做过模型推演，以 2020 年中国 337 个地级及以上城市的 $PM_{2.5}$ 平均浓度 33 微克/立方米为基数，如果只有环保的措施，没有"双碳"加持，到 2060 年，我们 $PM_{2.5}$ 能降到 25 微克/立方米。如果 2030 年碳达峰，2060 年就能降到 20 微克/立方米。如果 2030 年前，假设 2028 年碳达峰，2060 年就能降到 18 微克/立方米。碳达峰之后，如期实现碳中和，最终全国 300 多个城市的 $PM_{2.5}$ 平均浓度能降到 8.4 微克/立方米。2060 年的中国老百姓能够享受的空气质量是什么样的呢？以两个城市为例。深圳 2022 年 $PM_{2.5}$ 浓度是 16 微克/立方米，海口是 13 微克/立方米，因此还会在深圳基础上降一半，海口基础上再降 1/3。所以我相信那个时候美丽中国建设会对健康中国建设贡献非常重要的一份力量。这不仅是因为污染物颗粒的减少，还因为情绪也是影响健康的一个非常重要的因素。大量的雾霾会压抑情绪，蓝天白云则会使人愉悦。在这种情况下，美丽中国的建设一定会给健康中国的实现作出巨大的贡献。

（三）中国"五碳"并举，实现碳中和目标

中国要在 2060 年前实现碳中和，必须具有每年减少 100 亿吨二氧化碳的能力。我们通过"五碳"并举来实现碳中和目标，"五碳"即资源增效减碳、能源结构降碳、地质空间存碳、生态系统固碳、市场机制融碳。

1. 资源增效减碳——节能与能效提升

第一个举措是资源增效减碳。达到同样的经济目标，在现有的基础上少用能了，就是少排碳了。现阶段的中国跟过去几十年比，万元产值能耗降低已经取得了长足进步。跟世界平均水平比，我们单位国内生产总值能耗是它的1.3倍左右。跟技术体系相对先进的发达国家水平比，我们是它的2~3倍。从产业结构看，中国的重工业相对多一些，这都是我们将来要去调整的。所以，我们在能效和能耗的节能方面，有非常大的发展和提升空间。党的二十大报告提到促进人与自然和谐共生有四大任务，第一个就是加快发展方式绿色转型，其中讲到要实施全面节约战略，这一战略就和能耗有关。全面节约战略里还涉及废弃物的循环利用，报告里也讲到，加快构建废弃物循环利用体系，这就跟"无废城市"建设有关，跟垃圾分类有关。我们所在的城市大部分都在做垃圾分类，这样能提高资源利用率，本身就是在减碳。

2. 能源结构降碳——新能源和可再生能源为主体

第二个举措是能源结构降碳。现在的能源结构是80%的化石能源和20%的非化石能源，我们将来基本上要实现能源比例对调。到2060年的时候，要做到80%都是非化石能源、可再生能源。可能有人会问我们的资源量够不够？前面讲到全球够，那中国够不够？根据国家气候中心给出的结论，我们资源十分充足，全球在很多的光伏、风电指标上会把中国作为一个重要的参考。可以非常明显地看到，2000年以来，中国的风、光发电是倍增式的发展。中国风电、光伏发电装机总量均为世界第一，而且远远超过了其他的国家。未来在净零排放和碳中和目标驱动下，全球和我国太阳能光伏、风力发电占比与装机容量将迅速提升。无论是全球还是中国，未来的风电、光伏电都会高速增长。这说明能源结构的调整对降碳起到了非常关键的作用。

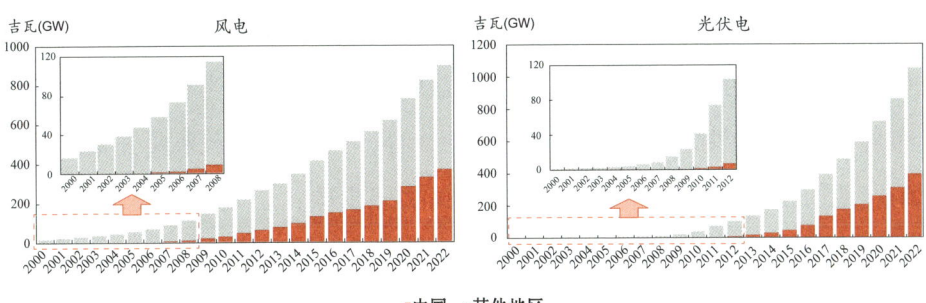

2000—2022年世界及中国风电、光伏累计装机量（IRENA可再生能源统计数据）

3. 地质空间存碳——未来产业集群的区域分布

第三个举措是地质空间存碳。即使到2060年，能源结构中还有20%的化石能源，能源总量也会涨很多。总量越多，产生的二氧化碳也越多，大约会产生几十亿吨的二氧化碳。那这些二氧化碳怎么处理？这就要解决它的捕集、利用与封存。碳捕集、利用与封存的英文缩写是CCUS。早期国际专家给出来的是CCS，就是碳捕集和封存。U是怎么来的？U是英文"利用"的缩写，这是我们中国作者在参与编写《全球能源展望2005—2008》的时候将"U"加入进去的。当时斯坦福大学的一位女教授牵头写CCS那章，实际上捕集并封存在地质空间里要花很大成本。这期间越来越多的中国作者指出，在很多产业里，二氧化碳本来就是它的原料，需要去花钱买，如果捕集下来后，在合理的运输半径里卖给需要的产业，经济上更合理。在中国作者提供了越来越多的工程案例后，牵头的这位美国女教授才终于认同了。后来我一直琢磨她为什么想不到，她不是想不到，她是没有了解到更多的产业链之间的互补。中国的工业产业门类齐全，拥有很多产业链互补的案例，而欧美则不然。所以正是中国拥有的大量产业链互补案例使得全球的存碳模式对"利用"更加重视，英文就改为CCUS，代表整体碳捕集、利用与封存。大家经常讲一句话，说中国的就是世界的。有很多案例可以证明这一点，这也是其中一个案例。

二氧化碳地质封存受地质条件限制，只有具备特定大规模沉积盆地地质条件的地区才能开展。中国有六大盆地，在六大盆地半径合理的范围内布局的产业有多少可以把自身的排碳封存，这是我们未来要去精细设计的。地质工程专家经常讲，CCUS能解决多少碳？不是看捕集了多少碳，而是要通过工程计算知道整个地质空间能有效存多少碳。

4. 生态系统固碳——主要技术途径

第四个举措是生态系统固碳。山水林田湖草沙这个生命共同体，生态功能越强，固碳能力越强。按照碳中和的基本概念，生态系统能力越强，固碳能力越强，意味着允许往天上排的碳就越多，前边提及的几个举措特别是能源结构调整降碳的压力就越小，这之间可以有互补关系。这就是生态系统固碳，做法不一一列举，具体操作包括生态保护、生态修复等。

5. 市场机制融碳

第五个举措是市场机制融碳。前面讲的这些新技术要纳入市场发挥作用，首先要有国家和国际的政策标准，更重要的是企业产业的发展必须要符合市场规律。2021年7月16日，中国经过七年的试点后，正式上线了全国的碳交易市场。中国从这个时刻开始，碳有价了，以后还会逐渐地加价。我们刚刚在电力这个行业实施碳交易，但目前这还不是完全健全的市场。现在我们碳价是每吨70多元人民币，欧美市场是每吨100欧元左右。我国和欧美还有很大差异。在与国际接轨的过程中，碳涨价是肯定要发生的。这意味着各类创新研发的工程技术板块会由于碳价的上升，带来准入市场的机遇与合理性。也就是说，在与地方和企业谈合作的时候，要开始用经济的杠杆撬动新技术准入市场，这是非常关键的。这里内外结合，可以促进新技术合理快速地进入市场。在竞争市场从资源依赖走向技术依赖的过程中，我们要快速形成自己的技术体系，这就需要对这些政策和市场工具进行非常合理有序的应用。

"五碳"并举来推动我们实现碳中和的目标,实际上是把政府、企业、个人全都关联起来了,它会对我们未来的社会经济产生非常深刻且全面的影响。那么,有哪些影响呢?产业重构和科技挑战是其中非常重要的两大块。

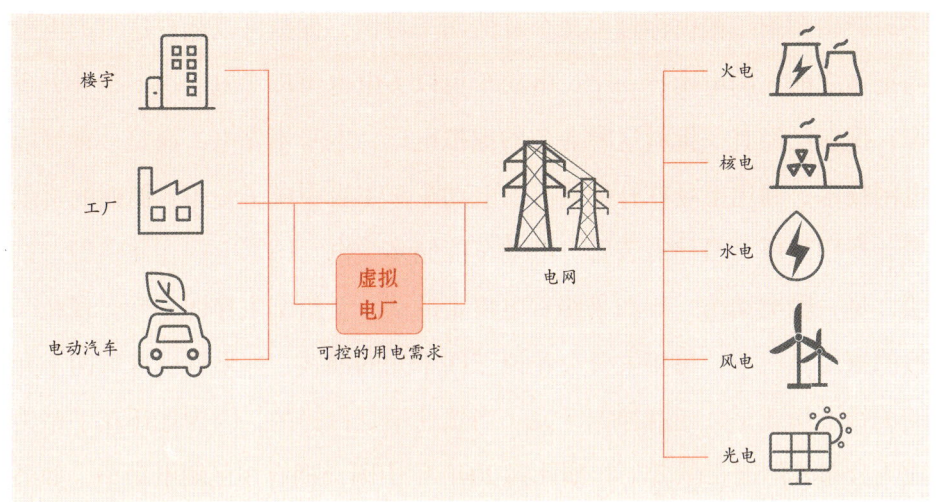

未来产业重构后的产业链条

举一个最典型的产业重构例子,就是电力系统。电力在整个经济社会运行中发挥着极其重要的作用。现阶段看,我们的电力系统是一个典型的以需调供系统。如果一个城市用电量达到高峰,超出负荷,就一定要使发电端加大发电负荷,就要去找燃料,燃料公司要找煤,运煤等燃料。这就叫保供,如在冬天要保供保电力等。这叫以需调供系统,需求大就调供给。如果未来会转变成以风能、光能为代表的可再生能源为主,就不能说需求大了就多加点风、光,那是科幻小说里的说法。风能、光能是不可调但可预知的。现在天气预报和大气科学的发展,正在把天气预报变成风、光发电的资源预报。利用这种科学工具,就可以非常精准地知道未来几天风、光发电的情况,根据供需矛盾就会出现电价的波动,利用这个电价来调节市场。大家知道油价是波动的,国家发展改革委价格司根据国际油价波动三个月就会调节国内成品油价。遇上调油价大家会干什么?说明天要涨价了,今天晚上12点以前赶紧把油加满,这是很自然的。那以后可以调电价的时候,天气预报未来三天北京要下雨,电价会涨百分之多少,你一定会做一件事,赶紧把电动车的电充满。充满了之后,预报还会告诉你三天之后会出太阳。根据你过去几个月的用车习惯,你也可以趁着这三天电价高把你之前充的电卖掉一半,电动车可以买电也可以卖电。这不是天方夜谭,现在已经有一批做这种业务的虚拟电厂,本身不发电,而是一种智能电网技术,利用市场杠杆把所有的电动车车主吸引成了分布式储能的贡献者,不用建那么多储能装置。电动车能储多少电?国家电网在北京做过试验,每一辆电动车一年如果跟着电价走的话,会给车主挣四千元。现在一般的家用小汽车,每年大概会花掉三四千元的油钱,如果以后这三四千元的油钱不用花了,还能挣四千元。当然这不是白挣的,因为你还花了精力成为分布式储能贡献者了。预计到2040年中国会拥有3亿辆电动车,如果把它们的电量全释放出来,就跟中国一天的用电量差不多。其实用不着全释放出来,根据供电波动的调节,只要释放出来10%就够了。除了电动汽车外,还有楼宇和工厂。工厂在生产环节可以调节错开用电高峰。楼宇夏天会用空调,空调25度或26度大家坐这儿的感受没有太大的不同,因为大家身体调节能力都非常强。你们家里的冰箱停止工作20分钟再恢复,你是不知道的,反正冷冻的东西没有化,也没有影响使用功能,但是这20分钟在调节上就起了作用。那谁去你们家把冰箱电源关了?现在不用去你家,远程就可以做到,冰箱在设计过程中就有这个功能。类似将冰箱停电20分钟的操作,未来AI通过电网系统就可以轻松做到。

谁在做这件事?虚拟电厂的人可以做这件事。所以我们看到,要做到这一点,对电网的要求就提升了,包括数据处理和对应敏感性等。在未来的发展中,数字技术就能应用进去,人工智能也会助力碳中和。碳中和应用需求很大,我们都能做贡献,如智能电网、新型电力系统、泛在电力物联网等,都和这个有关系。这是未来人工智能技术一个很重要的应用场景。

三、全球碳中和：面临四大挑战

碳中和很重要,我们很清楚可以这么干那么干,但却不容易干,全世界都面临着挑战,因此我们要付出艰苦的努力。实现碳中和,全球面临四大挑战：

（一）关键核心技术创新挑战

从资源依赖走向技术依赖的过程中,大家都要去抢技术创新,这是不太容易抢到的。前面介绍的一个报告认为未来风、光能源足够支撑全世界实现碳中和,但是另一个报告指出,未来支撑风、光能源大规模应用的技术,现在全世界刚刚完成一半,还有一半等着全球共同努力。根据科技部对中国支撑碳中和技术的分析,现在相关支撑技术有 1/3 已经商业化,1/3 还在示范阶段,还有 1/3 在概念或基础研发阶段。

在这个过程中,我们需要去研究更多技术,归类的话有四大类技术。在硅能、储能、氢能、智能四大板块中,现阶段比较成熟的是硅能,相对来讲挑战比较大的是储能、氢能和智能。雷达图原点的地方是概念研究,到最外边的地方是商业应用,圈张得越向外说明成熟度越高。整体来讲硅能这部分成熟度是相对高的。

储能和氢能这些方面基本上都在向原点缩,说明国内外还有大量需要努力的地方。我们将来要去竞争的,有可能就是达到世界级水平的技术,这样才能一步步支撑起人类实现碳中和的目标。

除了硅能、氢能以外,还有一个非常重要的是智能。大家都知道新型电力系统,那谁来做电力系统的工作呢？不只需要能源、电气、建筑等相关专业的人才,还需要经济、金融、管理、信息等方方面面的人才。

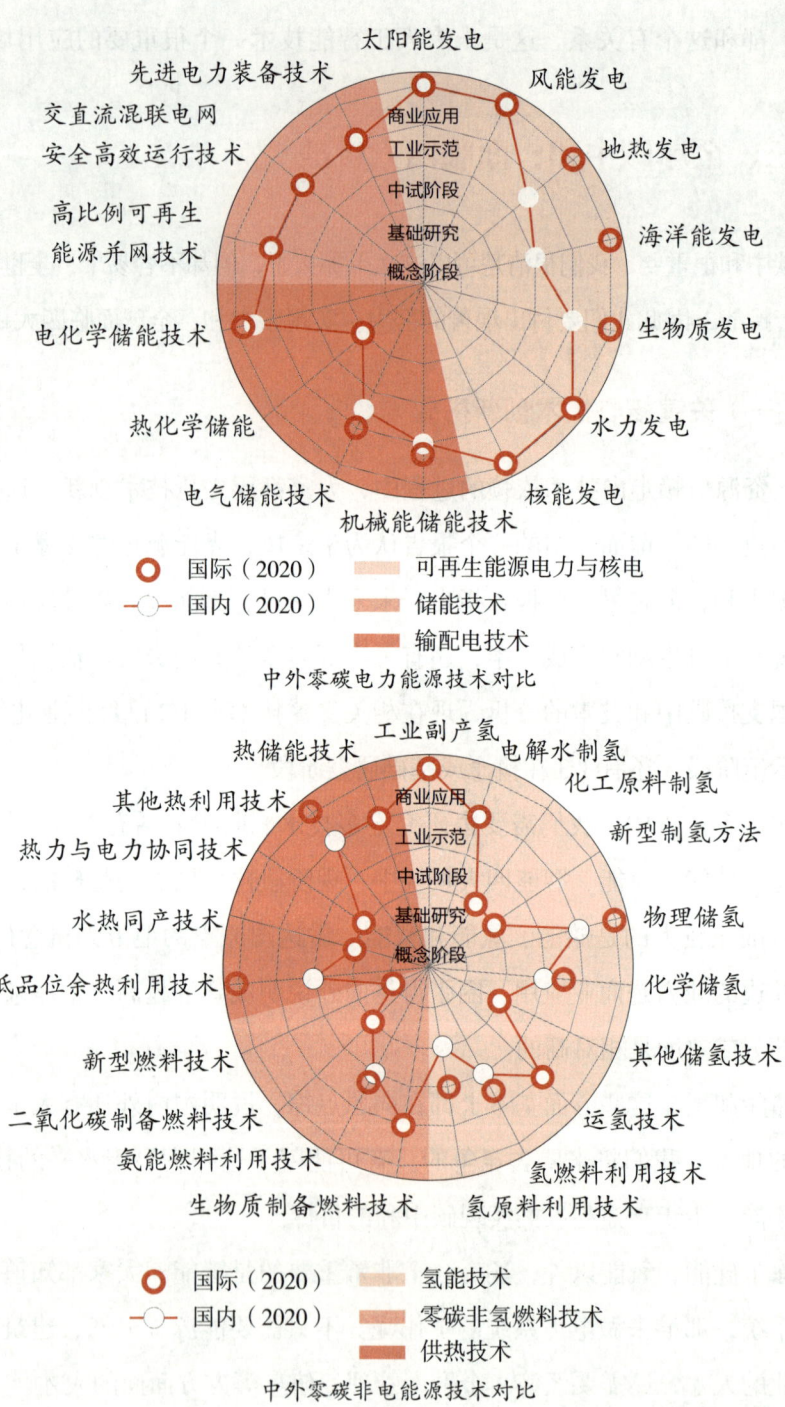

中外零碳电力能源技术对比

中外零碳非电能源技术对比

(二)供应链中关键材料挑战

第二个挑战需要解决的是新能源产业供应链中关键材料的问题。什么是关键材料？这个问题需要说明一下，以免产生误解。从对能源的资源依赖走向对能源的技术依赖，这说明以后能源生产对煤、石油、天然气资源的依赖不敏感了，而不是对所有矿产资源的依赖不敏感了。大家知道要利用风、光资源的话需要有装备，装备制造要使用特定材料，这些材料是什么？正是关键矿产资源，这些敏感资源用量会越来越大。英国石油公司2023年发布的《BP世界能源展望》指出，与装备制造相关的镍、锂、铜矿产资源的需求会大大增加。

一个德国研究者写过一篇文章，标题大致含义就是未来中国将会变成新的沙特阿拉伯。文章的含义是什么？沙特阿拉伯可以通过石油输出国组织（OPEC）控制石油的产量，进而影响石油每天的价格。乌克兰危机之后，拜登专门去了一趟沙特阿拉伯，希望它能够增加产量。有人会问，我们又不产石油，这跟我们有什么关系？我们要知道未来经济发展要依赖风、光能源，风、光能源最关键的就是其装备需要关键的稀土元素和稀有金属。这两类东西，地下矿产储量最多的是非洲，第二位是中国。最关键的是这些关键材料的精加工技术现阶段几乎全部掌握在中国。这篇文章讲的意思就是，如果未来几十年西方社会不能找到替代材料且自己也研发不出精加工技术，理论上中国就可以通过控制中间的这些关键材料的价格去间接影响风、光发电的价格。这就跟控制石油价格的沙特阿拉伯类似。

西方的担忧不无道理。看全球的光伏设备生产能力，从初级材料、光伏硅晶片、光伏电池片、光伏面板到产业链生产能力，中国占比均超70%，其他国家占比不多，光伏硅晶片我们几乎占到了近97%。这是国际能源署给出来的数据。

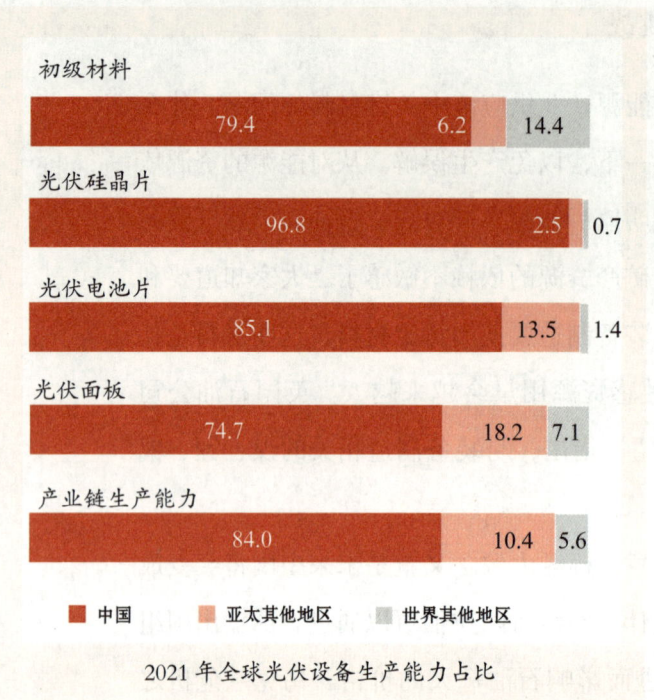

2021年全球光伏设备生产能力占比

前面讲了，预计到2040年中国会拥有3亿辆电动车，做到分布式储能，又能买电又能卖电，就能在新型电力系统里发挥非常好的作用。但是电动车生产也有风险，一辆电动车用到的材料几乎占了元素周期表里的一半，用量超过1公斤的就有7种，还有4种是毒性比较大的，所以还要解决电动车生产的环保等问题。

我们刚才谈到光伏生产，在锂电池的产业链里我们以宁德时代为代表的龙头企业问鼎世界，2022年全球动力电池装车量中国企业占比将近60%。但我们的锂储量仅排全球第四位，占比约7%，前面三位是智利、澳大利亚、阿根廷。2022年10月，加拿大牵头的一个企业团体中标了阿根廷的锂矿开采项目，随后加拿大政府宣布要把参与的三家中国公司剔除，理由是国家安全，减少对中国依赖等。从现在的情况来看，我们参与了大量的项目，全世界正在开采锂矿资源的项目有很大一部分是中国主导的。如果世界各国不能公平合作，逐渐走向共识，那么应对气候变化的绿色技术开发的周期会更长、成本会更高。

在资源利用方面，未来要解决一个问题——矿产资源不够。要解决这个问题就要加大它的循环利用。特别是现在，大家认为这个循环利用技术成本高，碳价10美元的时候认为它高，那20美元时怎么办？50美元时怎么办？100美元时怎么办？所以要及时转变观念，现在正在研发和储备的技术将会形成不同发展阶段的竞争力。

（三）全球风、光能源协同挑战

第三个挑战是全球风、光能源协同，这是需要全球合作的地方。清华大学牵头联合国内外研究者一起，对过去 40 年全球 40 个主要经济体拥有的风、光能源做了基本分析。分析出的一个基本结果是：面积比较大的经济体，比如中国、美国、俄罗斯、欧盟，由于地域比较大，所以自己的风、光能源可以在时空上形成互补，在一个相对合理的储能规模上能够实现供电的相对稳定性。一些面积较小的经济体，比如英国、韩国，即使建立了工程经济上相对不合理的大规模长时储能，仍然可能出现每年有 2 000 小时供电不足的局面。所以，我们传播的理念就是未来全球在新能源利用上，如果要达到既安全又便宜的水平，就要建成一个人类命运共同体。要达成全球互补的新能源互联网，中国拥有的特高压输电技术将会发挥独特的作用。在全球风、光能源协同上，只有全球各国应对共同的挑战，才能找到一个比较便宜、比较稳定、比较好的技术方案。

（四）气候与环境协同治理、综合决策的挑战

第四个挑战是气候与环境协同治理综合决策的支撑。未来几十年，人类活动排放的温室气体和大气污染物，会从原来的增转向减。进入碳中和时期，人类社会的能源版图、产业布局等变化，会进一步对空气质量、水环境质量、氮磷循环、环境承载力等生态环境指标产生重大影响。如何对相关变化和影响做定量分析，以制定气候与环境协同治理、科学稳妥的综合决策？这就需要相应的工具系统和数据系统。设立一套立体化的碳源、碳汇监测技术获取相关数据，开发可靠的计算模型平台是极其必要的。

四、总结

我这个年龄的人,或许能看到实现碳中和,那谁能做到?现在正在学习成长的年轻人才能真正做到。这些人才要求的知识结构,包含自然科学、工程科学、社会科学,以及刚才谈的设计碳市场的应用性文科等。有人讲影响中国过去40年发展的四个字是改革开放,那影响中国未来40年发展的四个字是什么?是"双碳"行动。这是干什么吆喝什么吗?不完全是。严格地说,没有一个人敢说我就是干碳这一行的,碳是大家合起来干的事。所以说"双碳"行动对于未来的影响是非常深刻的。那么我们应该培养怎样的人才?

清华成立了碳中和研究院,设立了八大中心。这八大中心涉及十几个院系,基本构架是供能、用能、储能、流程再造、减污降碳。供能是能动系和其他相关院系负责,用能最大的两个用户,一个是建筑,一个是交通,那建筑学院和车辆学院要加入,储能则是化学储能,需要化工系、材料系的参与。还有流程再造,未来的石油化工流程再造是燃料变材料、能源变资源。汽油柴油燃烧会产生二氧化碳,但我们把它转化成三烯三苯,最后生产成橡胶、塑料、纤维等。这是经济发展里需要的大宗产品,这些产品推动我们流程再造。减污降碳是由我们环境学院负责,这些都具有非常重要的意义。

碳中和研究院建成以后,我们要逐渐地形成研究的成果。同时我们也建立起了与碳相关的人才培养体系,设立了碳中和系统科学与技术交叉的一级学科,培养博士生、硕士生。除此之外,我们还设计了一个"X+C"培养模式。C是碳,不管是哪个学科的,都可以加碳,加未来职业发展的燃料。我们希望各个专业的同学都能增强与碳中和相关的竞争力。

在课程结束之前,我们一起期待中国早日实现碳中和,让蓝天由过去的奢侈品变成老百姓的日用品！尤其希望在座的各位同学都能成为实现碳中和的参与者！

本 讲 小 结

实现2030年前碳达峰、2060年前碳中和的"双碳"目标彰显了中国应对气候变化的大国担当，也是开启全面建设社会主义现代化国家新征程的应有之举。当前，全球经济发展模式正在从资源依赖型走向技术依赖型。中国式现代化是人与自然和谐共生的现代化，中国正在倡导绿色高质量的发展方向，我们必须要加强科技创新，迎接全球性挑战，以新质生产力驱动经济社会发展全面绿色转型。

第十二讲

可持续发展与三江源治理

| 中国式现代化十二讲

王光谦
清华大学水利水电工程系教授
中国科学院院士

全国政协副主席，民盟中央常务副主席。曾任水沙科学教育部重点实验室主任、水沙科学与水利水电工程国家重点实验室主任、青海大学校长、清华大学副校长等职。主要研究方向为水沙科学与江河治理，曾获中国青年科技奖，国家科技进步奖一等奖、二等奖等。第九届全国政协委员，第十、十一、十二、十三届全国政协常委、第十四届全国政协副主席。

同学们好！非常荣幸能够有机会和同学们交流、讨论。结合我的专业，今天这一讲的主题是"可持续发展与三江源治理"。

一、习近平生态文明思想的形成与发展

习近平生态文明思想在何处萌芽？习近平不满 16 岁到黄土高原的一个小村庄插队，在黄土高原一待就是 7 年，期间有两件事对他生态文明思想的形成影响很大。第一件事是冬天老百姓离不开砍柴烧柴，这导致黄土高原变得光秃秃的，出现了严重的水土流失问题。于是，当时担任生产队长的习近平就带领大家到四川省学习，回来修建沼气池。第二件事是习近平带领百姓修建拦沙坝，把山坡上冲下来的黄土拦起来。黄土高原插队的小村庄，在我看来就是习近平生态文明思想的萌芽之处。习近平说："我曾在中国黄土高原的一个小村庄生活多年，当时那里的生态环境受到破坏，百姓生活也陷于贫困。我那时就认识到，对自然的伤害最终会伤及人类自己。"此后，习近平在福建省担任省长时提出要建设"生态福建"，当时我第一次到福建省，参与了"生态福建"的一些工作。2005 年时任浙江省委书记的习近平提出"两山论"，即绿水青山就是金山银山。2023 年初，在新进中央委员会的委员、候补委员和省部级主要领导干部学习贯彻习近平新时代中国特色社会主义思想和党的二十大精神研讨班上，习近平强调，"要深刻理解中国式现代化五个方面的中国特色"，明确"中国式现代化是人与自然和谐共生的现代化"是中国式现代化的"鲜明特点"。

习近平关于人与自然和谐共生的中国式现代化的重要论述，是中国共产党在新时代对人与自然关系的深刻洞察和理论创新。这一论述不仅奠定了中国特色社会主义生态文明建设的理论基础，也为构建人与自然生命共同体提供了重要指导。其核心意义在于中国式现代化生态观视角下，探索

如何利用高质量的生态环境来支持高质量发展，加速推进人与自然和谐共生的现代化进程。"人与自然和谐共生"的理念体现出的生态文明思想已经最大程度上融入现代化建设进程当中。因此，面对当前生态环境问题的复杂化、多样化，迫切需要找到切实可行的生态建设路径。

"山水林田湖草沙"是一个生命共同体，所以生态建设也要走一体化的路子。2023年3月28日举办的全国政协专委会主任会议，我作为政协人口资源环境委员会的副主席参加了此次会议。政协人口资源环境委员会有一项重要任务就是推进建设美丽中国。我们如何建设美丽中国，做好生态保护工作？2013年4月，习近平在海南考察时指出："对人的生存来说，金山银山固然重要，但绿水青山是人民幸福生活的重要内容，是金钱不能代替的。你挣到了钱重要，但空气、饮用水都不合格，哪有什么幸福可言。"这就要树立先进的理念。还记得十几年前，我国的雾霾问题十分严重，甚至出现空气污染爆表的情况，一些体质敏感的人出门甚至会出现眼睛疼痛的状况，今天这种情况已经几乎不再出现了。2013年9月7日，习近平在哈萨克斯坦纳扎尔巴耶夫大学回答学生们的问题时指出，"我们既要绿水青山，也要金山银山。宁要绿水青山，不要金山银山，而且绿水青山就是金山银山。"改革开放初期，我们想避开先污染后治理的路子，但遗憾的是，我们没能完全实现。后来我们的思想发生了转变，强调"绿水青山就是金山银山"。这一理念有着两重重要含义：第一，必须要绿水青山；第二，绿水青山可以转化成为金山银山。我们要实现国家富裕，实现人民对于美好生活的向往，这都要在保证绿水青山的前提下实现。

人的命脉在田，田的命脉在水，水的命脉在山，山的命脉在土，土的命脉在林和草，这个生命共同体是人类生存发展的物质基础。2013年11月9日，习近平在《关于〈中共中央关于全面深化改革若干重大问题的决定〉的说明》中指出："由一个部门负责领土范围内所有国土空间用途管制职责,对山水林田湖进行统一保护、统一修复是十分必要的。"曾经我国部委数量很多管理比较分散,例如农业农村部管理农业、水利部管理水利,甚至在水利部内部还有进一步的划分。部门间也存在交叉,如地矿部管理地下水、生态环境部管理地表水、城建部管理居民供水等,俗称"九龙治水"。但是生态系统需要进行系统治理,因此这种分散的管理模式其实并不能取得很好的效果。2021年全国两会期间,习近平参加内蒙古代表团审议时强调"沙"这一字之增,他指出:"要统筹山水林田湖草沙系统治理,这里要加一个'沙'字。"2021年6月习近平到青海调研时,青海省主要负责同志向他汇报时讲到要对"山水林田湖草沙冰"进行统筹治理。习近平对此表示肯定:"我注意到你们加了一个'冰'字"。民盟中央主席丁仲礼带领8位院士咨询时,姚檀栋院士也指出"冰"对于青藏高原来说是十分重要的。总而言之,最重要的理念是系统治理。如果我们经济上富裕了,但是环境上却恶化了,甚至东北虎、白鳍豚等物种灭绝,生态链被破坏,那这就不是真正意义上的现代化。

现在,我国的生态环境已经明显好转。曾经黄土高原地区满眼都是黄沙,现在植被大大增加;曾经是沙进人退,现在则是绿地前进,我国北方的森林绿地覆盖线朝着西北方向推进了数百公里。再拿青海三江源来说,习近平多次谆谆告诫要保护好"中华水塔"。青藏高原是"中华水塔",保护三江源地区的生态环境具有重要意义。此外,党的十八大把生态文明建设纳入中国特色社会主义事业"五位一体"总

护林员对防风固沙"草方格"进行推护

体布局，使生态文明建设的战略地位更加明确，有利于把生态文明建设融入经济建设、政治建设、文化建设、社会建设各方面和全过程。习近平指出，"我们提出了建设生态文明、建设美丽中国的战略任务，给子孙留下天蓝、地绿、水净的美好家园"。"生态文明是人民群众共同参与共同建设共同享有的事业，要把建设美丽中国转化为全体人民自觉行动。"生态文明建设应该成为全国人民的自觉行动，同时，我们也要向世界宣传内含生态文明思想的人类命运共同体理念。

以生态系统一体化建设为出发点，对"山水林田湖草沙冰"的综合统筹治理，不仅体现了对于人与自然和谐共生理念的长远规划，也符合新时代生态文明建设对世界观和方法论的明确要求。新的统筹治理观念突出了整体性和系统性视角对待生态环境问题的重要性，保障了生态文明建设的科学性与有效性，展现了尊重自然、顺应自然、保护自然，促进人与自然和谐共生的中国式现代化的重要特征。

回到我的专业，我毕业于水利系，1978年到1982年于武汉水电学院读大学本科，1982年到1989年于清华大学水利系攻读硕士学位和博士学位，之后留在清华大学任教。习近平于2014年3月14日提出了十六字治水方针——"节水优先、空间均衡、系统治理、两手发力"。其中，"节水优先"是说，虽然我国水资源总量较多，但人均水资源占有量较少，且水资源浪费问题比较严重，所以节约用水应该永远摆在第一位。"空间均衡"主要是针对我国水资源南北分布不均衡、东西分布不均衡的问题。"系统治理"就是刚才讲到的"山水林田湖草沙冰"统筹治理的方式，而非树少了种树、水少了打井的片面治理方式。"两手发力"则是指凝聚政府与市场共同的力量。例如，我国曾经在农村饮用水供水方面存在严重问题，十几年前约有3亿农民喝不上干净的水，于是政府花了十余年时间治理和改善，保证农村都能够获得干净的饮用水。我国城市供水与污水处理则主要借助于市场的力量。

近年来,我国生态整体格局发生了根本性的转变,逐步向好。1998年我国遭遇特大洪水灾害之后,时任总理朱镕基提出了"退耕、还林、还草"的方针。这是因为我们曾经把一些草地与坡地改成耕地,导致了严重的水土流失问题,后来要求将坡度25度以上的耕地恢复为草地,将在坡地上散养牲畜的模式改为圈养模式,改善生态的工作取得了较好成效。以黄河源头的水土流失为例,黄河每年平均输沙量为16亿吨,平均每年会有4亿吨泥沙淤积在黄河下游,导致河床每年增高约0.1米。按照这个速度,黄河河床100年就会增高10米,而一般河底比地面高10米就会导致河流改道,这也是为什么历史上黄河平均每百年就会改道的原因。但是现在黄河的两岸有着大量的村庄与居民,为了保证百姓生活无忧与经济社会发展,必须解决黄河改道问题。曾经我们给出的解决方案是加固大堤,但这导致了黄河大堤越来越高。习近平指出,要加强黄河源头的保护,从源头解决水土流失的问题。例如,黄河泥沙的一个重要源头——山西省右玉县,在20世纪50年代是风沙口,了无树木,现在右玉县的植被覆盖率则超过了60%,水土流失问题得到了很好的解决,降水量也不断增加。而且,随着生态环境的改善,当地还建立了国际性马场,获得了较好的经济效益。黄河流域生态保护和高质量发展是我们近期的重要工作,也是我国的重要战略,我国2023年4月1日正式开始施行《中华人民共和国黄河保护法》。

黄河流域生态保护和高质量发展战略是习近平提出的区域战略之一,这些区域战略还包括京津冀协同发展战略、长三角一体化发展战略、粤港澳大湾区战略、长江大保护战略,等等。例如,2016年习近平在推动长江经济带发展座谈会上指出,"要把修复长江生态环境摆在压倒性位置,共抓大保护,不搞大开发"。所以大家可以看到,长江两岸曾经工厂密布、污水排江，近年来逐渐拆迁了这些工厂，对污水实行截流等措施，大大改善了长江流域的生态环境。推动人与自然和谐共生的中国式现代化要恪守节约优先、保护优先、自然恢复为主的方针，坚定不移走生产发展、生活富裕、生态良好的文明发展道路，为实现中华民族的永续发展开辟广阔前景。

实现中华民族伟大复兴，必须解决好母亲河黄河的两大问题。第一个问题，是清华大学自动化系陶建华院士问我的，黄河流域的生态环境能否支撑中华民族伟大复兴的实现？我回答他，汉唐时期巴彦淖尔、鄂尔多斯等地区均因水草丰美而得名，现在我们就是要对标汉唐盛世，治理水土流失问题，进行人工干预，让毛乌素沙地等沙漠都转变成草原，让各处生态环境都恢复到历史上最好的水平。第二个问题，能否实现黄河流域的高质量发展？历史上黄河流域是最富庶的地方之一，现在为了实现"两个一百年"奋斗目标，步入中等发达国家行列，我们必须提升黄河流域的经济发展水平。这点我们充满信心，因为未来我们将进行"两个革命"。

实现黄河流域经济高质量发展就必须进行能源革命，这是第一个革命。黄河源头的太阳能上网电价从最初 0.7 元可以上网，到后来的 0.4 元，再到现在只需 0.1 元多便可以上网，按照这种发展速度，将来总有一天新能源上网电价会低于 0.1 元，这样就会推动新能源发电代替煤炭、石油等传统发电方式，实现能源革命。目前，黄河源头曾经因人为破坏而形成的黑土滩地逐渐恢复为草地，水土流失问题也得到极大缓解。更引人注目的是，青海省共和县借助新能源建设产生的 800 千伏特高压直流电电网，一直可以供应到河南地区。

实现黄河流域经济高质量发展要依靠科技革命，这是第二个革命。三江源地处青藏高原腹地，其生态环境十分敏感，如果全球气温升高 1 摄氏度，这里就会升高 2 摄氏度，所以抓住三江源治理、保护三江源地区的生态环境具有典型意义。2016年，习近平到青海视察时指出："青海省最大的价值在生态，最大的责任在生态，最大的潜力也在生态。"习近平关于生态保护的这一指示是我们建立三江源生态学的根本遵循，也是青海大学建设一流学科的根本遵循。青海大学创立国家重点实验室时设立了三个方向，分别是高原水文学、高原生态学与种质资源学，这正对应着习近平提出的三个要求。习近平在考察青海时还提出，要保护好"中华水塔"，确保一江清水向东流。而把种质资源学作为重要方向之一，是因为我国有着全球最大的种质资源库。以往我国主要是集中式保护种子，如中国农业科学院保存了68万份种子，这样就存在很大风险。如果一个种质库被毁坏就可能使全部种子资源毁于一旦，所以目前正在青海大学建立国家作物种质复份库，共计44万份种子，其中还有4万份青藏高原独特的种子。好的种子能够给农牧民带来更多的产出，帮助他们过上更富裕的生活。

黄河流域的高质量发展体现了"中国式现代化是全体人民共同富裕的现代化"。能源和科技革命不仅促进了生态环境的恢复和保护，也为地区内的人民提供了更多发展经济的机会，有助于共同富裕目标的实现。

总而言之，立足区域经济高质量发展，以"两个革命"为核心动力，并逐步调整经济增长、生态环境与社会进步之间的相互作用力，是实现中华民族永续发展的关键。同时，我们要重视基础科学的发展，也要重视各个学科的应用性发展，我们的学科设置第一要服务于国家战略，第二要服务于区域发展战略，推动经济社会发展不断向前。

二、三江源基本情况与气候变化

三江源地区是青藏高原的一部分，是黄河、长江、澜沧江三条河流的源头，占地面积共39.5万平方千米，我国在此建立了三江源国家公园。

按流域边界计，三江源内长江流域面积（直门达水文站以上）13.8万平方千米，占44%；黄河流域面积（唐乃亥水文站以上）12.2万平方千米，占39%；澜沧江流域面积（昌都水文站以上）5.3万平方千米，占16.9%。我们去青海省进行科学考察时遇到很多有意思的事情，在青海一般名为"曲"的水系就是发源于一个泉眼，而名为"江"的水系则发源于冰川。

建立三江源国家公园是习近平生态文明思想的一个重要实践。在此之前，我们虽然有众多地质公园、自然公园、世界遗产公园等，但这些公园未能真正达到生态文明的目标。以青海丹霞地貌旅游区为例，它实际上是提供给游客观赏的，难以体现生态文明的核心价值观。生态文明的核心价值在于促进人与自然、社会以及个体之间的协同进化，促进人与自然和谐共生，实现从传统的利益导向向整体的生态伦理和可持续发展价值观转变。尽管旅游是必要的，但是这本身不能完全体现生态文明的核心价值观。2020年，三江源国家公园正式成立，包括青海可可西里国家级自然保护区，三江源国家级自然保护区的扎陵湖、鄂陵湖、星星海等地，园区总面积19.07万平方千米。我们采用国家公园体制来贯彻习近平生态文明思想，以保护为主导，而非根据喜好随意改变地貌或饲养生物，彰显了对"两山论"的实践。同时，国家将对保护区行使实际权力，真正保护生态的多样性。

三江源国家公园黄河源园区风光

我们在保护一个地区的生态环境的同时会面临一些社会问题，即如何解决原本生活在这片地区上的农牧民的生活问题。具体来看，原本的居民由于破坏生态多样性或者人口过多，所以要对其进行撤离，但如果没有有效的管控，就难以较好撤离。现在，我们采取了国家公园这种新方式，为需要撤离的人员提供护林员、护水员等工作职位，他们上岗后负责监测水源、观察草地、保护森林等，由国家提供相应的补贴，这种新方式使我们同时成功完成了生态保护工作和居民生活保障工作。生活保障工作凸显了"中国式现代化是人口规模巨大的现代化"的显著特征，人口规模巨大是中国的特殊国情。面对庞大的人口基数，中国必须应对一系列复杂而艰巨的问题，包括食物供应、就业机会、资源分配和教育等领域的挑战。每一个问题的解决都非易事，这表现出中国式现代化的艰巨性和复杂性。我国首批国家公园包括：三江源国家公园、大熊猫国家公园、东北虎豹国家公园、海南热带雨林国家公园和武夷山国家公园。目前，像神农架等地区也逐渐被纳入这一体系，相信未来我国大部分生态保护地都将以国家公园的形式来展现。生态保护工作体现了"中国式现代化是物质文明和精神文明相协调的现代化"的崇高追求。自人类诞生之初，便不仅是被动地适应自然环境，也主动地对其进行改造，使自然更好地服务于我们的需求。人类在改造客观世界的同时，也在改造着自己的主观世界。人与自然的和谐共生便是物质文明和精神文明相互制约、相互促进，相辅相成、共同发展的重要体现。

前面我们已经提到，三江源地区非常敏感，青藏高原升温速率为全球同期平均速率的两倍。同时，升温还会带来连锁反应。秦大河院士指出，气温每上升 1 摄氏度会导致空气中含水量增加 7%，上升 2 摄氏度则为 14%。这样一来，降水量就增加了，而降水又反过来导致全球温度进一步上升。如果我们再深入研究这个模式，根据联合国气候变化框架公约《京都议定书》的规定，温室气体变化涉及六种气体，但不包括水蒸气。最近有一篇非常有趣的文章解释了温度升高与水汽含量增加之间的正反馈关系，以青藏高原为例，白天太阳暴晒会导致云消失，出现晴天，地表温度随之升高。而由于空气中的含水量增加，太阳下山后云就会重新生成。青藏高原的特殊现象值得我们更深入地研究，从而更清楚地理解其原理。

回顾历史，近6 000年植被生物群分布演变的历史可以分为四个阶段。第一阶段以升温为主，第二阶段以变干为主，第三阶段以变冷为主，第四阶段则以变暖为主。这样导致冰川逐渐退缩，曾经在海拔3 800米的高度就可以看到冰川，现在则要到4 400米才能看到冰川，而冰川的融化进一步导致径流增加，同时冻土融化，两者形成类似泥石流一样的灾害，对生态环境造成严重破坏。从具体数据来看，过去50年，青藏高原冰川面积退缩了15%，多年冻土面积减少了16%；大于1平方千米的湖泊从1 081个增加到1 236个，湖泊面积从4万平方千米增加到近5万平方千米，部分内流湖泊满溢。需要注意，内陆湖泊水位上升过高就会溢出溃决，这是我们要时刻提防的问题。

我在1989年博士毕业后，从事了10年与长江三峡泥沙相关的工作。犹记1997年11月8日下午3点，时任总理李鹏宣布长江三峡大江截流成功合龙，当时我正站在大江截流龙口前的船上，听到这个消息欢呼雀跃。从研究的角度来说，大江截流一般是一项工程的第一个阶段，这项任务的完成也就表示水库泥沙淤积的问题基本解决了。然而，1997年出现了黄河断流的问题，在这一年黄河断流长达226天，当年张光斗先生联合160多位院士在《人民日报》上发文呼吁拯救我们中华民族的母亲河，这时我便转入黄河研究，直到现在。2002年，南水北调工程开工，我从事了其中一段工程的相关工作。2013年的时候我被派往青海大学负责对口支援工作，我十分愿意承担这项任务并积极参与其中，只是担心自己的学术水平会下降从而跟不上学界的进展，但后来发现这份担心完全是多余的，经过这次深入的支援工作，我在学术上反而取得了突破性的进展，可以说，站在青藏高原上，我的眼界更高了，我的学术水平也更高了。

三、三江源"空地水"循环特征

地球圈层结构主要包括大气圈、冰冻圈、岩石圈、生物圈、水圈五个主要圈层，以及我添加的第六个——碳圈新概念，其中水圈关系人类命运。我的专业主要负责研究水圈，首先就要明确水圈的概念以及边界。其次，圈层之间是相互作用的，但对于各圈层之间如何相互作用，我们尚未有这些问题的准确答案。到达青藏高原之后，我们要从这些方面开展研究。

原来在清华大学时我只研究三峡泥沙、黄河水沙以及南水北调等较为局部的工程，而到青海之后，我的研究发生了改变。众所周知，青藏高原的海拔极高，初到这里我觉得仿佛云朵就压着自己的头顶，伸出双手就能轻松抓下一片云彩，这就不由得引发了我的联想——天上的云和地上的水是怎么联系起来的呢？这也是我第一次思考这个问题，进而我意识到水和云是紧密相关的。当我乘坐飞机时，发现大部分情况云就在1万米左右，于是我把水圈上方的界限划定在海拔10公里处，到了此处，便几乎再没有物质传递。认识到了天上的水都是从地上来的，地上的水都是天上下来的之后，我们便一改之前气象部门只负责研究大气层、水利部门只负责研究地表水的情况，开始将"空地水"转化作为重要问题，研究水在天地之间的循环规律。

以往我们的研究更多关注的是天空中的水有多少能降落到地面上，当时我们只看到了这一过程。现在我们已经可以研究出来有多少水能够回到天空中。清华大学之前有一个水沙科学与水利工程全国重点实验室，其中的"水沙"就是河流中的水能带走多少泥沙，例如黄河历史上有16亿吨的泥沙，雨水从黄土高原流下的过程中冲下这 16 亿吨泥沙，其中 12 亿吨入海、造地，通过这种方式每年可以造地 23 平方公里，剩下的 4 亿吨则淤积于河道，将其每年抬高 0.1 米，这便是通常的水沙动力学的研究内容。现在全国重点实验室重组，我们把这个实验室改名叫作水圈科学与水利工程全国重点实验室，运用水圈动力学研究全球的水循环。我们想回答的问题是水对全球气候变化产生了怎样的影响，从而研究清楚水、热、碳这个圈层。就像我们在光学中用棱镜区分不同颜色的光及其各自的作用，为了方便研究水圈中的水是如何循环的，我们将其分为白水、蓝水、绿水、青水这四个类别。白水指的就是云层中能够降下来的水；蓝水就是指存在于河流或海洋中的水，也就是我们一般意义上所认为的水资源。1993 年的时候，一位瑞典科学家在非洲草原发现了一个现象，那就是草能在没有河流的草原上长得很好，这是蓝水所无法解释的，于是他发现了绿水——植物蒸发的水。青水便是背景水或者存在于空气中的水，可以通过空气中的含水量来表示。

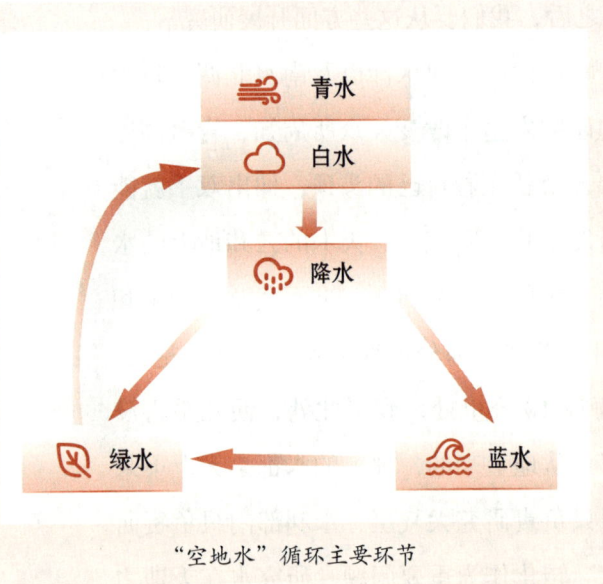

"空地水"循环主要环节

有了这种水圈的分类，我们便可以开展进一步的研究。例如，我们最近定义了白水并且计算了其转换率，这个转换率在长江流域是 16.6%，也就是说长江流域天空中的水有 16.6% 可以降落到地面，但在新疆的塔里木盆地这个转换率就是 6.2%，通过这种对比我们可以看到，新疆地区不是没有水，而是天上的水无法降落到地面上。那么问题在于该如何人为地提高这个自然的转换率,在 70 年前美国人发现了一种化学方法,即通过在空中播撒干冰来产生晶核,促使空气中的水降下来。我们想到了一个更简单的办法,那就是通过震动空气让其中的小水珠产生碰撞,从而产生大水珠并降落下来。而震动空气最有效的方法便是声音,我们把清华大学工程力学系年逾 90 的席葆树老师于 20 世纪 70 年代原本设在厦门、用于往金门喊话的大喇叭搬到了青藏高原,在那里通过"喇叭喊雨"的方式促成了一场降雨,我们今天在泥沙室就可以看到声波增雨的数学和力学原理,所以问题的关键在于:不是塔里木盆地没有水,而是如何使天空中的白水降落。正如前面所说,白水正是天空中的云,让白水降落最简单的方式便是使其碰到山。而作为球形波的声音也正像一座"大山",同样能够让白水降落。我们最近在雷州半岛放置了一台声波装置,云只要进入到这个声波仪的范围内便能产生降水。这就体现出了我们如今研究白水的意义,即与其把水从地面上调到新疆,不如想办法从新疆天上降水来得方便。

关于蓝水我们也有相关的研究。正如大家所知道的,最近气候变化导致降雨增多以及冻土和冰雪融化,如此一来短期内河流水量增加,湖泊中的水也会满,各个湖泊也会随着这个过程的推进而连通。面对这种形势,我们的团队建立了全球的河网系统,对全球的河流进行了分类、编码,以便让我们能够在计算机中看到相关的信息,从而可以对河流的决口进行计算和预防。例如,最近可可西里的四个湖连通起来以后,原本往黄河流的水流向了长江,那么我们就经常需要把长江的水调往黄河。

绿水和白水反映的是一个相反的交换过程,一个是从地面到天空,一个是从天空到地面,我们最近通过一系列工作也研究清楚了这个交换过程,这也是我们最重要的一个贡献。从图中我们可以看到雨水落到地面以后,一部分通过汇流和下渗,以蓝水的形式存在于河流、湖泊,其余以绿水的形式存在于植物和土壤之中，绿水再通过一系列过程转化成天空中的白水再降落下来，这便是水圈的循环过程。

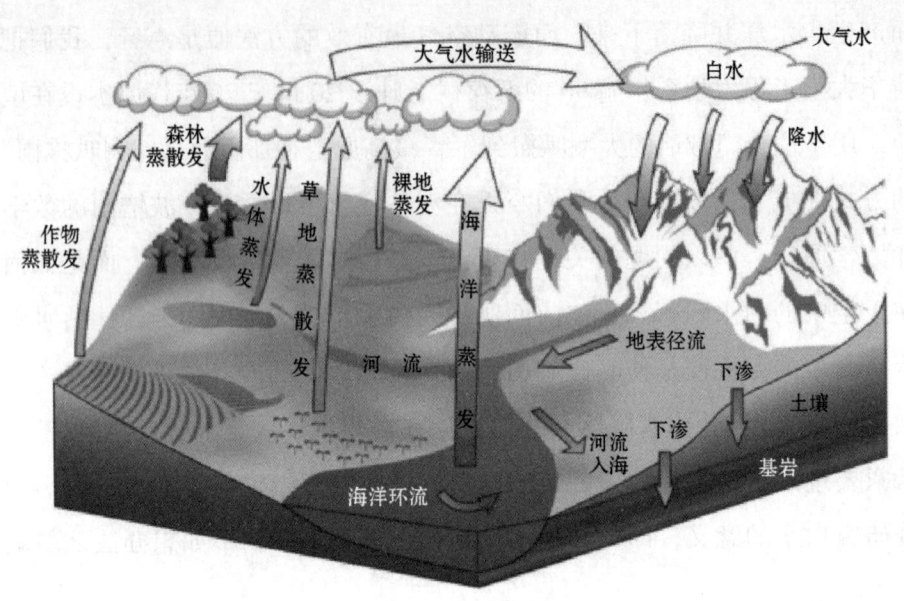

绿水陆地内循环的基本图景

例如，青海湖周边下雨较多是事实，问题是青海湖下的雨为什么比周边多？是因为青海湖自身水汽蒸发，还是外部水汽输入？研究表明，青海湖局部蒸发量大是降水的一个重要来源。再如，青藏高原也有70%的蒸发以降雨形式再返回地表，只有30%外流。这就是空中流域最重要的概念。在厘清"空地水"交换的基础上，绿水的内循环描述方法需要进一步阐明。绿水从地表蒸发，是全球循环还是在一个区域内循环？中国绿水内循环总量27 486亿立方米/年，绿水循环率为50.4%，自循环绿水占降水量比例为35.2%，我国绿水循环率高，对降水的支撑作用显著。

中国栅格尺度绿水循环率呈现西高东低的分布特征。高循环率网格主要集中在青藏高原、塔里木盆地、柴达木盆地、四川盆地、云贵高原等地，这些地区供给的绿水流在我国境内大量驻留并最终转化为降水，对当地及周边地区的降水发挥了重要的作用。

中国区域尺度绿水自循环率分成三个区。具体来看，第一级是青藏高原，自循环大于45%，青藏高原东、西部地区对本区域的循环率显著高于其他区域，分别为53.6%及47.9%。第二级是云贵高原，自循环大于15%，云贵高原、塔里木盆地、青海湖周边、四川盆地、柴达木盆地、准噶尔盆地、东南丘陵，主要位于西部地区。第三级是东部，自循环小于等于10%，阿拉善高原、东北平原、热带地区、内蒙古高原、黄土高原、华北平原、长江中下游平原，主要位于东部地区。

我曾经提出空中调水，南水北调调的是蓝水，调的是河流里面的水。我提出，既然是研究空中的河流，能否从天上改变水流的流动。为了证明这一观点的可行性，我们花了四五年时间绘制出中国的绿水格局。我国自南向北，热带地区到东南丘陵的绿水有587亿立方米/年，华北平原到东北平原的绿水有430亿立方米/年，热带地区和东南丘陵到华北平原的绿水有480亿立方米/年、到长江中下游的绿水有453亿立方米/年、到东北平原的绿水有267亿立方米/年，长江中下游到东北平原的绿水有210亿立方米/年、到华北平原的绿水有197亿立方米/年。长江每年大概有840亿立方米的水从天上自然地调到黄河。如果我们想增加榆林市的水，除了可以修水渠和管道引水之外，还可以通过在川北、岷江地区多下雨、多种树、多建湿地来实现。水分蒸发之后，自然就飘到榆林去了，这也是一种调水。

众所周知，三峡大坝修建后，三峡水库的水面蒸发影响到降水，这就是因为人为改变而增加了水。所以，森林、草地、耕地的互相转化都会改变水的格局。森林是东南丘陵、云贵高原、热带地区、四川盆地的主要雨水来源，青藏高原的东部、内蒙古高原、黄土高原也都有贡献。耕地对河套地区、新疆地区有比较大的贡献。滴灌可以节水，但有可能对雨水的贡献变小。通过分析可知，青藏高原地区给中国提供的绿水最多。

青藏高原是"中华水塔"，更重要的是，青藏高原是绿水循环关键区。青藏高原东部和西部地区为我国的绿水循环提供了最多的水量，分别约为4122亿立方米/年和4008亿立方米/年，高原大量降水也是来自国内绿水流动（总计7164亿立方米/年），是我国绿水循环中循环量最大的地区。青藏高原也是西部重要供水源区，为青海湖周边、四川盆地、云贵高原、黄土高原、柴达木盆地年降水分别提供了394亿、369亿、252亿、240亿、208亿立方米绿水。"中华水塔"一方面是针对地上，另一方面是针对天上。青海的实践调研对于我和团队提高学术水平、发现自然规律具有重要的作用。

不同的自然和人类生态系统对绿水交换的贡献不同。区域间绿水交换由绿水源区的主要植被类型控制，森林、草地、耕地控制的贡献各不相同。青海省政协主席公保扎西曾提出提案：要保护好青藏高原的草地，否则会出问题，因为养羊需要草，草地保护得不好，养羊的数量就少。实际上，草地最大的贡献来自"中华水塔"。空中的绿水是更重要的，如果有一天空中没有绿水的存在是要出问题的。

总而言之，我国绿水循环具有循环率高、循环量大的总体特点以及自南向北、自西南向东北、西部地区自循环显著的总体格局。我国绿水总量为5.45万亿立方米/年，其中50.4%通过绿水循环驻留于我国境内并转化为降水；华南和西南地区绿水向北流动，为华北和东北地区降水提供重要支撑；以青藏高原、云贵川地区、塔里木盆地为代表的西部地区，具有显著的绿水自循环（区域循环率超过20%）。青藏高原、南方丘陵、云贵川地区、长江中下游平原、黄土高原等是我国绿水循环的关键功能区。青藏高原提供的绿水量超过8000亿立方米/年，是绿水循环中循环率最高、循环量最大的区域；南方丘陵和云贵川地区是绿水循环中控制范围最广的绿水供应区，能够把将近2000亿立方米/年的绿水输送至长江中下游、华北以及东北地区；

长江中下游平原和黄土高原分别是沟通绿水由南向北、由西南向北方和东北地区输送的关键枢纽。以森林、草地、耕地为代表的自然和人类生态系统对我国绿水循环具有重要支撑作用。森林作为我国西南及东南地区的主要生态系统,为我国绿水循环贡献了超过9 000亿立方米/年的绿水量;草地作为青藏高原、黄土高原等地区的主要生态系统,为我国贡献的绿水量超过了7 000亿立方米/年;耕地作为东北平原、长江中下游平原、华北平原等中国粮食主产区的主要生态系统,为中国提供了近6 000亿立方米/年的绿水量。

关于长江、黄河的研究已经较为充分了,"天上的长江、黄河"是否存在是值得进一步研究的问题。有部纪录片叫《天空之河》,讲述的是亚马孙雨林、亚马孙河和天上水汽的循环。河流有两种形态,一种是有边界、有分水岭的,比如黄河75万平方公里就是一个边界;另一种是有河网。天上的河是否有边界,这就引出空中流域的概念。值得注意的是,原有认知中已有全球水循环概念,实际上要进一步认识到,天上最大的九条河,比地上的大,其中有内循环和外循环。由此可见,某种程度上青藏高原是由于降水多而被称为"中华水塔。"

雪山下的湖泊

四、关于水资源保护与利用的思考

水资源保护与合理利用的实践经验是对"人与自然和谐共生的现代化"的积极探索,是中国式现代化顺利进行的重要一环,也是人类生存与发展的必然选择。

鉴于"人口规模巨大的现代化"这一核心特征,中国式现代化的道路必然有自己的独特路径和推进方法,具有中国特色。

经过以上的学习,回过头来,我们再来思考一些关于水资源保护与利用的问题。我们学习贯彻习近平生态文明思想的关键是怎么使用研究成果服务于国家的生态文明建设。解决这个问题实际上要把握绿水国内大循环的格局,国内大循环,是包括人员、财富、物资等各个方面的循环,与此对应的是绿水的国内大循环。我们可以建立起国内7个重点生态区域,即东北森林带、北方防沙带、青藏高原生态屏障区、黄河重点生态区、长江重点生态区、南方丘陵山地带以及海岸带,同时用绿水的大循环来指导、评估我们国家生态安全屏障的建设。如果没有开始建设,我们就根据绿水的格局来建立。如果已经建设了,我们评估它建得是否合理。比方说对于我国"三北"防护林存在较大争议,持反对态度的人认为种一棵树就像安置一台抽水机,会消耗地下水资源。因此,我们希望基于绿水循环基础,建设国家的生态屏障或者是生态隔离带,从而形成以科学为基础的绿水格局。

在青藏高原植树或者建绿地可能对黄河、黄土高原的某一个区域带来影响,比如促进榆林地区降水量增长。所以,如果我们希望改善榆林地区的生态环境,可能在榆林之外的地区种树反而会取得更好的效果。这与我们原来的认知可能有一定的出入,所以我们需要根据绿水的运动规律从而形成生态的格局。调水工程其实也存在着较大争议。从实际理论出发,对过往工程的评价往往基于指标,而没有使用系统的概念,也没有形成一个水循环的格局。必须要认识到,"水"是一个活跃的因素,可以用"水"把山水林田湖草沙串联起来,水养树,树养水,形成一个良性循环系统。

我们的研究其实是为习近平提出的山水林田湖草沙系统治理提供一个

科学基础，即解决如何治理、在哪里种树、在哪里修水库、在哪里建湿地等一系列的具体问题。比方说现在我国东部地区重视湿地建设，也形成了十分美丽动人的景观，但从水循环上讲则不一定是科学的，我们就要为整个系统建设提供理论根据。水利系选择的研究方向有重要的两点，一是进行文献调研，二是响应国家的战略任务。例如习近平2021年考察黄河的时候指出，黄河的根本问题是水沙关系不协调，水少沙多、水易淤积、悬河决口，所以协调水沙关系是黄河治理的根本任务，也是我们重要的研究方向。再如，2023年的中央一号文件主题是乡村振兴，文件指出要发展戈壁农业，但是在不增加水资源总量的前提下发展。在戈壁上种粮食还要求水资源不变，这表面上看起来难以理解，但从国家战略、政府政策以及实施可行性上看，文件所指的水资源是传统水资源，也就是地表的蓝水，而没有包括天空中的降雨，所以可以通过增加降雨来解决农业发展的水需求问题。此外，还存在着水资源不均衡问题，之前通过建设调水工程实现南北均衡，现在还要在此基础上实现天地均衡，这也是习近平所提出的"空间均衡"四个字的含义。过去，北京市的一个副市长提出过"三要水"的概念，一是向人要水，节约用水，别浪费；二是向科技要水，科技才是一切的支柱；三是向天要水。一开始大家还不能理解第三点，后来当我们研究绿水后才发现，这是一条行之有效的路径。对生态文明建设中的"山水林田湖草沙"一体化治理用水，要以空间均衡的观念去理解，用水把系统串联起来，再把节水排在优先的位置。南水北调这个概念是有合理性的。一公斤粮食大概需要一吨水，假设南方依靠北方供粮，消耗一公斤粮食就相当于消耗了北方的一吨水，所以要从空间维度上来平衡。

综上所述，绿水循环是治水从流域"小循环"治理转向"大循环"治理的关键，我国治水理论与实践，应以我国绿水循环为依托，要牢牢把握绿水"国内大循环"格局，树立"全国一盘棋"的全局意识；绿水循环揭示了水循环与"山水林田湖草沙"的紧密联系,要统筹水土资源治理,克服"水土分治",践行"山水林田湖草沙系统治理";绿水循环与跨流域调水、虚拟水转移,从水资源、生态、经济视角共同构成了我国跨流域水转移的全景,要进一步完善绿水、虚拟水理论,为水资源"空间均衡"提供新方案。

本讲小结

党的十八大以来,我国生态文明建设发生了历史性、转折性、全局性变化。中国式现代化是人与自然和谐共生的现代化,蓝天、碧水、净土是我国在现代化征程上必须要打赢的三大生态保卫战。党的二十大报告提出了要加快发展方式绿色转型,实施全面节约战略,发展绿色低碳产业,推动形成绿色低碳的生产方式和生活方式,为广大科技工作者提出了方向指引和重要课题。要统筹好经济社会发展与人口、资源、环境的关系,实现在发展中保护、在保护中发展,为全球可持续发展贡献中国智慧、中国方案、中国力量。

后 记

清华大学自 2022 年 9 月对"形势与政策"课进行改革以来,得到学生的广泛好评,课程荣获教育部"2024 年度高校思想政治工作质量提升综合改革与精品建设项目",入选人民网"2023 年全国高校思政课改革创新典型案例",2023 年推出云端"克隆班"向全国 200 多所高校共 100 多万名学生开放课程内容。本书编写工作由清华大学"形势与政策"课程组统筹,收录了 12 位授课专家的课程精华,是清华大学推动思政课改革、与全国高校共享优质教育资源的又一尝试。

本书编写过程中,得到了有关专家和学者的指导与帮助。课程组主要成员包括:邱勇、聂建国、彭凯平、贺克斌、胡钰、白重恩、戴琼海、姜培学、李克强、张明楷、梁万年、王光谦、石中英。参与全书统筹和文稿修订工作的有:向波涛、彭刚、何建宇、朱安东、李蕉、于晓宁、刘桂珍、侯良健、刘柏才、夏阳、张浩、王紫微、赵英丽、李福利、裘若昕、荣珊、刁昕玥、崔曦元、孔奕淳、匡晓璐、孙洁民、陈艺文、龙腾、王思佳、张景宇、吴起民、黄日、李玓、李秋甫、张紫千、段明辉、徐宁、黄成、荆文锴、车宗凯、潘一坡、陈晓仪、程正雨、刘东浩、郎昆,在此一并表示感谢。

由于时间仓促,书中缺点和疏漏在所难免,不足之处,欢迎广大读者批评指正。

郑重声明

高等教育出版社依法对本书享有专有出版权。任何未经许可的复制、销售行为均违反《中华人民共和国著作权法》，其行为人将承担相应的民事责任和行政责任；构成犯罪的，将被依法追究刑事责任。为了维护市场秩序，保护读者的合法权益，避免读者误用盗版书造成不良后果，我社将配合行政执法部门和司法机关对违法犯罪的单位和个人进行严厉打击。社会各界人士如发现上述侵权行为，希望及时举报，我社将奖励举报有功人员。

反盗版举报电话　　（010）58581999　58582371
反盗版举报邮箱　　dd@hep.com.cn
通信地址　　北京市西城区德外大街4号
　　　　　　高等教育出版社知识产权与法律事务部
邮政编码　　100120

读者意见反馈

为收集对教材的意见建议，进一步完善教材编写并做好服务工作，读者可将对本教材的意见建议通过如下渠道反馈至我社。

咨询电话　　400-810-0598
反馈邮箱　　gjdzfwb@pub.hep.cn
通信地址　　北京市朝阳区惠新东街4号富盛大厦1座
　　　　　　高等教育出版社总编辑办公室
邮政编码　　100029

防伪查询说明

用户购书后刮开封底防伪涂层，使用手机微信等软件扫描二维码，会跳转至防伪查询网页，获得所购图书详细信息。

防伪客服电话　　（010）58582300